广东改革开放40周年回顾与展望丛书

陆　军◎主编

广东财政改革四十年

林江 等◎著

中国社会科学出版社

图书在版编目（CIP）数据

广东财政改革四十年/林江等著.—北京：中国社会科学出版社，2018.10

（广东改革开放40周年回顾与展望丛书）

ISBN 978-7-5203-3456-3

Ⅰ.①广… Ⅱ.①林… Ⅲ.①地方财政—财政改革—研究—广东 Ⅳ.①F812.765

中国版本图书馆 CIP 数据核字（2018）第 248753 号

出 版 人	赵剑英
责任编辑	喻　苗
责任校对	胡新芳
责任印制	王　超

出　　版	中国社会科学出版社
社　　址	北京鼓楼西大街甲 158 号
邮　　编	100720
网　　址	http://www.csspw.cn
发 行 部	010-84083685
门 市 部	010-84029450
经　　销	新华书店及其他书店

印　　刷	北京明恒达印务有限公司
装　　订	廊坊市广阳区广增装订厂
版　　次	2018 年 10 月第 1 版
印　　次	2018 年 10 月第 1 次印刷

开　　本	710×1000　1/16
印　　张	22
插　　页	2
字　　数	296 千字
定　　价	89.00 元

凡购买中国社会科学出版社图书，如有质量问题请与本社营销中心联系调换
电话：010-84083683
版权所有　侵权必究

总　　序

党的十一届三中全会，吹响了中国改革开放的号角，从此中国大地发生了翻天覆地的变化。时至今日，已经整整四十年，中国从一个贫穷落后的国家发展成为世界第二大经济体，外界称之为中国奇迹。四十年的改革开放，给中国人民带来了实惠，也给世界人民带来了福利，中国已经成为了世界第一贸易大国。四十年的风雨历程，四十年的探索前行，走出了一条中国特色的社会主义道路，向世人证明了中国特色社会主义制度的优越性。

广东地处华南，濒临港澳，是中国改革开放的试验田和排头兵。从蛇口工业区、经济特区到沿海开放城市，再到沿江沿边城市，形成全面对外开放的新格局，广东的先行先试以及"敢为天下先"的开创精神，为全国提供了很好的经验借鉴。2018年3月7日，习近平总书记在参加十三届全国人大一次会议广东代表团审议时发表重要讲话，充分肯定了党的十八大以来广东的工作，深刻指出广东在我国改革开放和社会主义现代化建设大局中的重要地位和作用，对广东提出了"四个走在全国前列"的明确要求。"进一步解放思想、改革创新，真抓实干、奋发进取，以新的更大作为开创广东工作新局面，在构建推动经济高质量发展体制机制、建设现代化经济体系、形成全面开放新格局、营造共建共治共享社会治理格局上走在全国前列。"从某种意义上讲，广东的改革开放就是全国的一个缩影，广东的经验就是全国的经验。党中央在充分肯定广东成绩的同时，对广东也提出了更高和更大的要求。

1985年我还在中山大学攻读研究生，到深圳参加广东外贸体制改革课题的调研，当年深圳建设时期晴天黄尘漫天、雨天泥泞的道路至今印象深刻。珠江三角洲河网密布，水系发达，改革开放前广东、特别是珠三角交通很不发达，广州到东莞要过五六个渡口，要用6个多小时的时间。如今粤港澳大湾区城市群通过高速铁路、高速公路、港珠澳大桥等连成一体，成为世界上最发达的区域。改革开放初期，以习仲勋、任仲夷等为代表的老一代改革开拓者，以大无畏的改革精神和实事求是的探索精神，给广东的发展打出来一片新天地。广东从改革开放前的一个偏远落后的省份，如今已经连续29年经济总量位列全国第一。广东"以桥养桥""以路养路"，率先到国际金融市场融资，率先成功采用BOT的建设方式，率先采用掉期等风险管理的方式，率先发行信用卡等，广东在中国不知有多少个全国第一！从经济特区的建立，对外开放以及"三来一补"的发展模式，助力广东取得发展的原始积累；到珠三角的迅速崛起，广东制造蜚声海内外；再到广东创造，成为创新创业的引领者，这中间不知凝聚了多少广东人民的勤劳和智慧。特有的广东经济发展模式，给各种所有制经济提供了发展的舞台，特别是民营经济以及家族企业开拓了一条特色发展之路。企业发展需要社会和政策的土壤，企业也在不断地回馈社会和国家，广东的企业家们也格外注重履行企业社会责任。经济的发展，更离不开政府的政策扶持和市场制度建设，金融、外贸、工业、财政、税收等各个领域的改革，在广东大地上全面推开。广东的发展离不开港澳两地的支持，同时广东的发展也给港澳的发展注入了新的活力。在"一国两制"方针的指导下，粤港澳经济合作的格局也在不断发展和壮大。最近粤港澳大湾区建设的战略设想，也给粤港澳合作提出了更高的要求，粤港澳三地人民将发挥更大的智慧来互补互助，解决发展的瓶颈问题，将会给世界大湾区经济建设和制度创新留下浓墨重彩的一笔。然而，发展也存在一定的问题，广东的区域发展极不平衡，粤东西北等地区的经济发展甚至滞后于全国平均水平，最富在广东，最穷也在广东。2020年我们要全面步入小康社会，广东的扶贫攻坚工作也尤为艰巨。

中国、特别是广东的改革开放走的是一条创新开拓之路，没有现成的经验可以借鉴，是中国共产党人，带领全国人民披荆斩棘，共建美好家园的探索之路，所以有人把改革称之为摸着石头过河。既然是走没有人走的路，就会出现这样或那样的问题，也会遇到这样或那样的困难。我们把这些解决问题的思路和克服困难的方法总结起来，这就是经验，是希望给继续前行的人点上一盏明灯。

中山大学地处广东改革开放这块热土，中山大学的众多师生全程参与了广东的改革开放，见证了广东改革开放的奇迹。在我的记忆中，广东改革开放四十年的不同阶段碰到的重要的理论与实践问题，都有我们经济学人参与研究。从最早的加工贸易、"三来一补"、鲜活农产品输港问题，到香港珠三角"前店后厂"、国际经济大循环、珠三角发展规划、产业升级转型、大湾区建设、价格改革、外贸改革、金融改革、国企改革、农民工问题等，中山大学的经济学人都积极地贡献着智慧。1989年成立的中山大学岭南（大学）学院，本身就是作为中国教育部和中山大学在中国高等教育改革开放方面的一个尝试。得益于广东改革开放的伟大成就，经过近30年的建设，岭南学院已经通过了AACSB、AMBER和EQUIS等国际商学院的三大认证，跻身于国际优秀的商学院之列。自2017年初，岭南学院就计划组织校内外专家学者编写"广东改革开放40周年回顾与展望"丛书，从经济发展、经济改革、对外开放、区域经济发展、民营企业、广东制造、财政改革、金融发展、企业社会责任以及粤港澳合作等视角全方位回顾广东的发展历程，总结广东的发展经验，并展望未来的发展方向。丛书的编写

▶▶▶ 总　序

工作,得到了中山大学领导的大力支持,学校不仅在经费上全力支持,而且在总体布局上给予了诸多指导。当然,由于团队水平有限,写作的时间较短,难免有所疏漏,错误在所难免,还请广大读者批评指正。

中山大学岭南(大学)学院　陆军教授
2018 年 10 月 21 日

目　　录

绪　论　为什么在改革开放四十年的今天需要探讨广东财政改革四十年 …………………………………………………（1）
　第一节　广东财政改革取得的成就 ………………………（1）
　第二节　广东财政改革存在的问题 ………………………（13）
　第三节　广东财政改革需要走出去 ………………………（27）

上篇　财政改革

第一章　从财政"分灶吃饭"、分税制改革再到深化地方财税体制改革 …………………………………………（33）
　第一节　分灶吃饭，财政包干 ……………………………（44）
　第二节　分税制改革下广东相应调整和完善省以下财政体制 …………………………………………………（49）
　第三节　深化财税体制改革下广东积极构建地方财税体系 …………………………………………………（53）
第二章　从基本公共服务均等化改革到财政公开透明化改革 ………………………………………………………（58）
　第一节　公共财政体制下广东政府的"钱袋子"如何花？ ……（60）
　第二节　共享财政阳光——惠州"首吃螃蟹" ……………（62）
　第三节　晒出明白账——广州财政公开领跑全国 ………（65）

目录

第三章　广东预算管理体制改革研究……………………（69）
第一节　广东省财政转移支付制度改革………………（69）
第二节　广东财政专项资金竞争性分配改革…………（77）
第三节　广东全口径预算制度改革……………………（83）

第四章　"营改增"背景下减税减负以配合供给侧结构性改革…………………………………………………（87）
第一节　广东如何率先"破题"供给侧结构性改革以促进经济转型升级？…………………………………（88）
第二节　"营改增"如何助力广东供给侧结构性改革…（97）
第三节　广东减负减税以配合供给侧结构性改革取得的阶段性成果与经验……………………………（103）

中篇　财政绩效

第五章　从建设型财政、公共财政到现代财政…………（109）
第一节　广东实现从生产建设型财政向公共财政的大跨越……………………………………………（109）
第二节　广东公共财政建设取得的成效与经验………（120）
第三节　广东书写现代财政新篇章……………………（135）

第六章　广东财政支出：经济建设与民生改善…………（147）
第一节　财税政策筑造广东"经济大省"………………（147）
第二节　幸福广东，民生财政…………………………（157）
第三节　广东财政支出绩效评价的实践………………（167）

第七章　国有资本经营和社保基金收支与广东财政40年…（176）
第一节　广东先行：为全国国有资本经营树立先进典型…（176）
第二节　广东民生：社保基金收支坚持民生为本………（187）
第三节　国有资本经营和社保基金收支的改革效益……（199）

下篇 财政管理与创新

第八章 广东财税体制改革服务实体经济发展的经验分析 ……（209）
- 第一节 税收服务环境不断优化 ……………………………（209）
- 第二节 精准实施财税政策 …………………………………（213）
- 第三节 开展财税服务机制创新 ……………………………（217）

第九章 广东地方政府债务管控及投融资体制创新研究 ………（223）
- 第一节 地方政府债务：定义、属性与功能 …………………（223）
- 第二节 广东地方政府债务现状分析 ………………………（226）
- 第三节 广东地方政府债务风险控制经验分析 ……………（232）
- 第四节 广东地方政府债务风险防控政策建议 ……………（236）

第十章 广东自贸试验区深化财税改革的主要成绩 ……………（240）
- 第一节 深圳前海蛇口片区的财税改革经验 ………………（240）
- 第二节 广州南沙新区片区的财税改革经验 ………………（243）
- 第三节 珠海横琴自贸片区的财税改革经验 ………………（247）
- 附件 10A 前海税收优惠情况 ………………………………（248）
- 附件 10B 广州南沙新区（自贸片区）产业发展资金管理办法 ……………………………………………（250）
- 附件 10C 珠海市横琴新区财政多措并举助力科技金融企业发展 ………………………………………（253）
- 附件 10D 广州南沙新区（自贸片区）促进科技创新产业发展扶持办法 ……………………………（254）

总结与展望 广东财政改革四十年值得全国借鉴和反思之处 ……………………………………………………（262）
- 第一节 广东财政改革可供借鉴的经验 ……………………（263）
- 第二节 广东财政改革值得反思之处 ………………………（271）

▶▶▶ 目 录

广东财政大事记(1978—2017年) ……………………………（275）

参考文献 ……………………………………………………………（294）

延伸阅读 ……………………………………………………………（299）
　　推进"一带一路"建设的财税协调机制研究 ……………（299）
　　现代财政制度下的预算制度改革 …………………………（310）
　　基于VAR的财政支出与经济增长关系研究
　　　——以广州市为例 ………………………………………（323）
　　有效管控地方债务风险是深化财税体制改革的
　　　重要挑战 …………………………………………………（338）

后　记 ………………………………………………………………（342）

绪 论

为什么在改革开放四十年的今天需要探讨广东财政改革四十年

财政是国家治理的基础和重要支柱，服务于改革发展大局的财政体制改革是经济体制改革的重头戏。广东作为改革开放的先行区，自改革开放以来，一直将财政改革作为经济体制改革的重要内容，不断探索深化财政改革先行先试，争做全国财政工作排头兵，在深化财政改革中始终走在最前列。通过财政体制改革，广东财政切实保障了广东省经济的长足有效发展，取得了举世瞩目的成就，为其他省市提供了丰富的经验借鉴。

第一节 广东财政改革取得的成就

一 中央和省高度重视财政体制改革，广东财政改革不断向纵深推进

广东是改革开放的排头兵、先行地、实验区，在我国改革开放和社会主义现代化建设大局中占据着十分重要的地位，发挥着相当显著的作用。1978年12月的十一届三中全会拉开了中国对内改革、对外开放的大幕，初步建立了社会主义市场经济体制。1979年7月15日，中央正式批准广东、福建两省在对外经济活动中实行特殊政策、灵活措施，迈开了改革开放的历史性脚步。自此，广东在改革开放大潮中获得了先行先试的优势，担起了探索改革开放之路的重任。

绪论 为什么在改革开放四十年的今天需要探讨广东财政改革四十年

1980年,中央对广东率先实行包干体制,改变了以往高度统收统支体制以及统一领导、分级管理体制,拉开了广东财政体制改革的序幕。根据中央对广东不同时期不同要求,广东探索建立了各种形式的包干体制。1981—1984年,在"划分收支,分级包干"的财政预算管理体制下,广东根据省内各市县的实际情况,对不同市县的包干层次和包干形式做了不同的划分。在包干层次上,区分为统一对省包干但省不直接管理县(市)和统一对省包干且省直接管理到县(市)。在包干办法上,采取了"总额分成""一(二)边挂"以及"定额补贴"等各种形式。1985—1990年,在认真总结前一阶段财政体制改革经验的基础上,广东扬长避短、因地制宜地领会中央关于财政体制改革的精神,一是坚持"统一领导,分级管理"的原则,对包干层次进行改革,结合我国市管县的行政管理体制,将辖区内的县(市)由各市自行决定包干办法,而市作为一级财政,统一对省负责,形成一级对一级包干的格局;二是坚持"适当调整,不挤不让"的原则,对前一阶段的收支划分和包干基数进行适当调整,用省级财力状况适当照顾有特殊困难的地区;三是坚持"从实际出发,区别对待"的原则,多样化包干办法,如"定额上交""收入全留、支出自行安排""递增包干""定额补贴"和"递增补贴"等。1991—1993年,为完成1988年开始的中央对广东上交收入年递增9%的新要求,广东调整了部分市的包干办法,调高了递增上交比例或者改定额上交为递增上交,保证完成对中央的财政任务。广东对财政包干制的实施和探索,为中央在其他省市开展包干制提供了良好的经验支持,进而启动了20世纪80年代末中央在全国范围内实施的不同省市不同形式的财政包干体制,为全国经济发展奠定了基础。

随着时代的发展和社会主义市场经济体制的逐步确立,财政制度中的包干制已圆满地完成了它的历史使命,1994年分税制登上历史舞台。广东省同样走在财政改革浪潮的前沿,探索了如何将财政体制由包干制平稳过渡到分税制的办法,进一步理顺各级政府间的事权和财权,促进了要素的合理流动和统一市场的形成,建立了省以下分税分成的财政体制以及省对市县的过渡期转移支付制度,在一定程度上健全了地方政府财政收入增长的内在机制。1994年实施的分税制改革和后续相关改革,初步搭建起了适应社会主义市场经济体制要求的财政体制。地方与中央既有共享税也有独享税,保障地方权益的同时,也增加了中央财政收入,财政收入占国内生产总值的比重和中央财政收入占财政收入的比重都有快速的增长。自分税制实施以来,确实更加快速地推动了广东经济的发展,但是这种制度仍是一种过渡性的安排,并不是真正的财政分权体系,与目标模式仍存在较大的差距,有待进一步完善。

2013年11月召开的党的十八届三中全会对我国财税体制改革进行了浓墨重彩的论述,将财政定义为国家治理的基础和重要支柱,从而将财税改革提升到了更加重要的地位,新一轮的财税改革拉开序幕。

财税体制在优化资源配置、转变经济发展方式、稳定税负、提高生产效率和管理水平、改进预算管理制度等诸多方面,具有十分重要的意义,可以为全面建成小康社会、实现中华民族伟大复兴的中国梦提供制度保障和战略支撑。党的十八届三中全会《中共中央关于全面深化改革若干重大问题的决定》指出,深化财税体制改革,建立现代财政制度。2014年是我国全面深化改革的开局之年,中国发展进入新常态,新时代下国家对财政体制改革也有了新要求。2014年6月30日,中共中央政治局召开会议,审议通过了《深化财税体制改革总体方案》,进一步明确了改进预算管理制度、深化税制改革、调整中央和地方政府间财政关系三大改革任务。2015年政府工作报告要求把改革开放扎实推向纵深,推动财税体制改革取得新进展。"实行全面规范、公开透明的预算管理制度,除法定涉密信息外,中央和地方所有部门预决算都要公开,全面接受社会监督。提高国有资本经营预算调入一般公共预算的比例。推行中期财政规划管理。制定盘活财政存量资金的有效办法。力争全面完成'营改增',调整完善消费税政策,扩大资源税从价计征范围。提请修订税收征管法。改革转移支付制度,完善中央和地方的事权与支出责任,合理调整中央和地方收入划分。"

绪论 为什么在改革开放四十年的今天需要探讨广东财政改革四十年

2016年政府工作报告要求进一步加快财税体制改革，"合理确定增值税中央和地方分享比例。把适合作为地方收入的税种下划给地方，在税政管理权限方面给地方适当放权。进一步压缩中央专项转移支付规模，今年一般性转移支付规模增长12.2%。全面推开资源税从价计征改革。依法实施税收征管。建立规范的地方政府举债融资机制，对财政实力强、债务风险较低的，按法定程序适当增加债务限额。各级政府要坚持过紧日子，把每一笔钱都花在明处、用在实处"。2017年3月十二届全国人大五次会议，李克强总理所作的政府工作报告要求深化重要领域和关键环节改革，继续推进财税体制改革，"落实和完善全面推开营改增政策。简化增值税税率结构，今年由四档税率简并至三档，营造简洁透明、更加公平的税收环境，进一步减轻企业税收负担。加快推进中央与地方财政事权和支出责任划分改革，制定收入划分总体方案，健全地方税体系，规范地方政府举债行为。深入推进政府预决算公开，倒逼沉淀资金盘活，提高资金使用效率，每一笔钱都要花在明处、用出实效"。2017年10月18日，党的十九大召开，为财政改革向纵深发展提供历史新机遇，要求财政体制建设必须提升到一个新高度。习近平总书记在党的十九大报告中指出，要"加快建立现代财政制度，建立权责清晰、财力协调、区域均衡的中央和地方财政关系。建立全面规范透明、标准科学、约束有力的预算制度，全面实施绩效管理。深化税收制度改革，健全地方税体系"。可见，自党的十八大以来，历次重要会议都将财税体制改革放在重要的位置上来统筹安排，其主要原因是财税体制改革事关我国一系列改革的成败。

广东深知财政是国家治理的基础和重要支柱，其改革成效密切关系到全面深化改革诸项改革的成败，所以广东省政府非常重视财政体制改革工作，要求省财政迅速行动，并且其各项工作必须服从服务于全省改革发展大局。广东省财政密切关注国家和省对财政工作提出的新要求，严格要求自己始终走在时代前列，牢记党和国家的要求，勇于改革，迅速行动，奋力推动财税体制改革取得新突破，为新常态下经济发展和财政收入增长保驾护航。

绪论　为什么在改革开放四十年的今天需要探讨广东财政改革四十年 ◀◀◀

广东省财政紧紧围绕中央深化财税体制改革总体方案各项部署，以率先基本建立现代财政制度为目标，以深化预算管理制度改革、探索研究财政事权和支出责任划分改革、深化税制改革为重点任务，同时结合广东财政改革发展实际，将推进基本公共服务均等化、创新财政投入和资源配置一并纳入重点改革范围，实行重点突破，坚持先行先试，争取在全国起到引领示范作用。广东省财政于2014年11月颁布实施《广东省深化财税体制改革率先基本建立现代财政制度总体方案》（以下简称《总体方案》），《总体方案》明确了广东省推进新一轮财税体制改革的路线图、时间表以及总体目标，注重整体设计，形成一个总体方案加若干子方案的改革文件架构。在国家要求和这些方案的指引下，广东省财政紧紧围绕中央全面深化改革战略部署，以率先基本建立现代财政制度为目标，在财政体制、财政分配、财政管理等方面推进了一系列改革，在财政改革领域进行了多项改革和创新工作，使财政收支保持稳定增长，财政调控经济发展的手段更加灵活、更有针对性，民生财政投入持续增加，财税体制改革持续推进，确保政策支持到位、资金保障到位，为广东经济社会发展提供更加坚实有力的财政支撑，取得了一系列的成就，齐心协力推动宏伟蓝图变为现实。

具体而言，深化预算制度改革是中央《深化财税体制改革总体方案》的首要任务，在《总体方案》中也被摆到了首位。2014年，《广东省人民政府关于深化预算管理制度改革的实施意见》制定印发，坚持预算管理改革先行，突出预算管理制度的基础和龙头作用。细化预算编制，所有项目支出原则上细化到具体实施项目。以2017年预算草案为例，该年预算草案编制详细，超过3200页，大账明了，细账清晰。在零基预算改革上，2017年预算草案覆盖全部省级一级预算单位，实现预算安排由"基数+增长"向"动态+标准"转变。在全面推进项目库管理改革上，项目库管理改革范围涵盖基本支出之外的全部省级财政资金，预算管理模式不再"以资金分配为主线"，而由以前的"先定预算，再定项目"转变为现在的"先定项目，再定预算"，突出"以项目管理为主线"。在跨年度预算平衡机制的建立上，突出

· 5 ·

中期财政规划，提前布局，"当年研究下年工作"，实施项目全周期滚动管理。在专项资金管理的规范上，修订《广东省省级财政专项资金管理试行办法》，建立省级财政专项资金管理平台，加大专项资金支出的信息公开力度和实时监督力度。在转移支付制度的完善上，弱化专项支出，强化省级一般性转移支付，提高市县理财自主权。通过强化预算约束，提高财政资金使用绩效。

在探索研究财政事权和支出责任划分改革方面，十八届三中全会后，广东财政先是在全省范围内展开详细的调研工作，之后于2017年3月印发《广东省省级与市县财政事权和支出责任划分改革实施方案》，明确了省级与市县财政事权和支出责任划分改革的目标任务及实施路径，为率先基本建立现代财政制度提供重要支撑。

在深化税制改革方面，在中央税制改革的部署下，广东省财政迅速响应，为实施改革做好准备工作。营改增是深化财税体制改革的重大举措，在营改增试点上，广东是全国营改增试点户数最多、任务最重的地区。但广东财政立马着手推进营改增试点工作，并不断扩大试点行业，各项工作任务居于全国前列，仅2016年就累计实现减税788.44亿元，基本实现各行业税负只减不增的目标。除直接减税效应外，营改增还带来了多重积极效应，由于技术研发的中间投入，均能纳入增值税抵扣范围，增强了企业创新的内生动力，优化了经济结构。可以说，广东财政营改增试点工作启动迅速，运行平稳，见效很快，积极争取多项创新改革税收政策在广东先行先试。在地方税收体系的优化上，广东省财政在省内开展地方税收体系专题研究，因地制宜地提出建立符合广东实际的地方税收体系。在落实资源税改革上，扩大资源税改革范围，由从量计征改为从价计征，促进资源节约使用，为环境保护税的开展做好准备工作。在个人所得税改革上，积极参与中央个人与收入财产信息系统建设，推进综合与分类相结合的个人所得税改革。在促进旅游业改革发展上，广东启动境外旅客购物离境退税试点工作。

在推进基本公共服务均等化建设方面，制定《广东省基本公共服务均等化规划纲要（2009—2020年）（修编版）》，全面总结评估自2012年以来基本公共服务均等化综合改革试点工作，开展基本公共服务常住人口全覆盖专题研究，根据既定的目标任务，探索体制机制创新和完善配套措施，持续加大财政民生投入力度和提高基本公共服务支出占比，加快推进基本公共服务均等化。

在创新财政投入和资源配置方面，突出经营性领域财政政策的杠杆性，通过实施股权投资、设立政策性引导基金等方式，提高资金效益。加快公共服务领域推广运用PPP模式，截至2016年年底，纳入省PPP项目库管理的项目合计147个，总投资额2293亿元；入选财政部的示范项目由4个增加到22个，已签约落地17个，落地率达77%；省级经清理规范后整合设立政策性基金15项，投入375.3亿元，基金计划规模2748.3亿元，财政资金平均放大7倍；在国内首创巨灾指数保险模式，开展巨灾保险试点等。

总之，广东省财政工作在新常态下，坚持立足实际、主动作为、统筹推进、重点突破相结合，开展了超过50项的改革和创新性工作，可以说，十八届三中全会以来至今这个时期是广东省财政改革领域最广、改革力度最大、改革事项最多的时期，当然，取得的成就也非常显著。

综上所述，改革开放四十年以来，面对诸多困难和问题，广东不改初心、创新改革、锐意进取，创造性地贯彻落实党中央和国务院的各项决策部署和工作要求，为全国发展大局做出了巨大的贡献。当今时代，我国正处在全面深化改革的攻坚期、矛盾的凸显期、战略的机遇期，作为全面深化改革中心环节的财政改革，其改革的成功与否直接关系到全面深化改革战略实施的效果。广东的特殊地位要求广东必须走在全国改革开放前列，事实上，改革也一直是广东省财政工作的主旋律，财税体制改革、预算改革、财政管理改革三大改革是当今广东财政改革的重要内容。因此，在改革开放四十年的今天，立足于全国全面深化改革的需要，对于广东省财政体制改革的深入研究，具有十分重要的历史意义和现实意义。

二 受益于改革开放的先行先试优势，广东经济和财政实力不断增强

1978年以前，广东省财政经济发展落后于全国平均水平。在改革开放的春风下，实行财政包干制度之后，广东省有了较大的自主权，极大地刺激了地方政府的主观积极性，在许多方面先行先试、大胆改革，促进了全省经济的飞速发展，大幅增加了省财政收入。1978年，广东省地区生产总值仅有185.85亿元，在包干制度下，到1993年，广东省地区生产总值已经达到3469.28亿元，年均增长21.9%，远高于同时期全国地区生产总值年均增长16.5%的速度，地区生产总值占国内生产总值的比重从1978年的5.1%跃升到1993年的9.7%。财政收入从1978年的39.46亿元增长到1993年的346.56亿元，年均增长13.2%，远高于同时期全国财政收入9.3%的年均增长率，彻底改变了广东改革开放前落后的面貌，开始以全新的姿态领跑全国经济财政发展。

1994年实行分税制之后，广东继续大力发展经济，使地区生产总值每年都在飞速增加，大部分年份都保持两位数的增长率。截至2017年年底，广东省地区生产总值已经达到89879.23亿元，占全国国内生产总值的10.9%。从1994年到2007年，广东省地区生产总值平均增长率14.7%，略高于同时期全国国内生产总值年均14.3%的增长率。地区生产总值占国内生产总值的比重始终保持在9%以上，甚至在2005年和2006年占比一度高于12%。2017年，广东经济运行总体平稳，全年地区生产总值89879.23亿元，接近9万亿大关，直逼在世界经济排名第11位的韩国，同比增长7.5%，与2016年持平，占全国GDP的10.5%，GDP总量自1989年开始已经连续29年位居全国大陆地区第一位。从国内生产总值总量上看，广东省是名副其实的全国第一经济大省，根据预测，按照目前的增长速度，2018年广东省地区生产总值有望达到10万亿元。

而广东财政从1992年开始就稳居全国财政的排头兵地位，财政收

入的增长也是可持续的，1995年之后的财政收入始终保持两位数的增长率。从1994年到2006年，广东省财政收入以年均16.3%的增长率保持高速增长，略高于同时期全国财政收入16%的年均增长率，始终处于全国财政发展领头羊的位置。2016年，广东省一般公共预算收入是10390.35亿元，占全国财政收入的11.9%；2017年，全年地方一般公共预算收入是11315.21亿元，增长10.9%，是全国唯一一个财政收入进入万亿元级别的省份。图1为改革开放以来广东与江苏两省在地区生产总值和一般公共预算收入的增长情况对比。

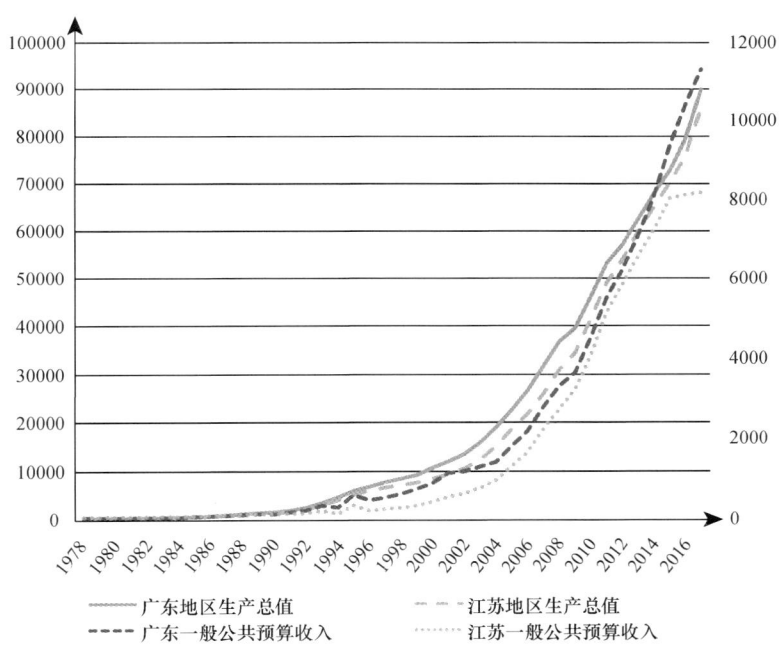

图1 改革开放以来广东与江苏地区生产总值和一般公共预算收入增长情况（亿元）

资料来源：1978—2016年数据来源于《广东统计年鉴》和《江苏统计年鉴》，2017年数据来源于广东统计局和江苏统计局。

凭借改革开放带来的政策优势，广东经济经过改革开放40年的高速发展，经济总量先后在1998年超越新加坡、2003年超越中国香港

绪论 为什么在改革开放四十年的今天需要探讨广东财政改革四十年

地区、2007年超越中国台湾地区。与国内其他省市相比，1978年改革开放开始之际，广东省的经济实力当时在中国台湾地区、中国香港地区、江苏省、上海市、山东省和辽宁省之后，改革开放之后，受惠于改革开放政策，广东经济总量在全国的排名逐步上升。一方面，从GDP总量上看，1989年开始，广东省的经济实力已经超过江苏等省份，跃居大陆地区第一位，始终处于领先地位。但是，自1993年开始，江苏省、山东省和浙江省紧随其后，尤其是江苏省自2007年开始，在经济总量上一直紧紧追着广东省。如图2所示，江苏省与广东省的地区生产总值差额从2008年开始在不断地缩小，尤其是2015年两者之间的GDP差额只有2696.17亿元，江苏省的地区生产总值增长迅速，大有赶超广东省的态势，广东省的领先地位受到威胁。然而，有了危机意识的广东实施产业结构升级、腾笼换鸟等一系列改革措施，自2016年开始，两省之间的GDP差距又有拉大的态势，2017年两省之间的GDP差距达到3978.33亿元。另一方面，从财政收入差距上看，2013年之前两省之间的财政收入差距并不大，广东省财政收入的领先优势不突出，2013年之后两省之间的财政收入开始有了明显的差距，广东省财政收入的总量优势越来越明显。

图2 2007—2017年广东与江苏GDP差额和财政收入差距比较（亿元）

广东与其余省市间经济总量差距的拉大,并不限于江苏省,与山东、浙江和河南等省份的经济总量差距也越来越大,如经济发展较快的浙江省,与广东省的地区生产总值差额在 2006 年已经达到 10869.29 亿元,经过十多年的发展,两者之间的差距越来越大。截至 2017 年年底,广东省地区生产总值已经超过浙江省 38110.93 亿元,这个差距差不多是广东省与江苏省之间地区生产总值差距的 10 倍。由此可见,广东经济总量优势不仅体现在持续占据全国第一的宝座,而且体现在与其他省市之间差距快速地拉大,这表明改革开放四十年以来广东经济发展取得了非凡的成就。

三 改革开放以来对中央财政贡献大,广东净上交中央财力逐年增多

在自身快速发展的同时,广东也增加了对中央财政的贡献。1994年之后,中央和地方实行分税制财政体制,搭建了市场经济条件下中央与地方财政分配关系的基本制度框架,逐步提高了财政收入占 GDP 比重和中央财政收入占整个财政收入的比重。在这个过程中,广东财政对中央财政的贡献巨大。

中国社会科学院财经战略研究院研究员汪德华教授在 2018 年 1 月 22 日的《中国经济周刊》上对"十二五"以来(2011—2016 年)31 个省(自治区、直辖市)对国家财政的贡献或中央提供多少补助进行了研究。本书借鉴其分析方法,也从地区总财力的分析视角对中央和地方财政关系进行了分析。首先,将某省份对国家财政的贡献额定义为"地区总财力"减去"地方可支配财力"。其中,地区总财力是该地区国税收入、地税收入以及非税收入的加总,地方可支配财力为一般公共预算收入加中央补助收入减上解中央支出。在统计过程中,所有数据均来自《中国财政年鉴》和《中国税务年鉴》。需要说明的是,由于两本年鉴对计划单列市的处理不同,在统计过程中须注意处理省与计划单列市的数据。比如,广东省的计划单列市是深圳市,在《中国财政年鉴》中广东省一般公共预算收入、中央补助收入、上解中央

▶▶▶ 绪论 为什么在改革开放四十年的今天需要探讨广东财政改革四十年

支出以及非税收入数据均包含计划单列市的数据,但是在《中国税务年鉴》中,广东省的国税收入和地税收入等数据均不包含计划单列市深圳市,此时需要将计划单列市数据加入省数据。另外,由于地方海关代征的进口货物增值税以及进口消费品消费税属于中央税,因此需要从省地区总财力中剔除这部分税收。①

通过对31个省(自治区、直辖市)对国家财政的贡献进行分析,本书发现,1995—2015年间,只有8个省市对国家财政的贡献额为正,分别是北京、广东、上海、江苏、浙江、山东、天津和辽宁,对中央财政有净上交;其余省份对国家财政的贡献额均为负,财政运转需要中央财政提供补助。

从总量上看,广东累计净上交额高达43076.21亿元,仅次于具有总部经济优势的北京所净上交的45828.90亿元,全国排名第二,累计净上交占地区总财力的比重(1995—2015年)为36.26%。与江苏和浙江相比,广东净上交中央多于江苏净上交中央14932.51亿元,几乎是浙江净上交额的两倍;在8个净上交省市中,广东净上交额占这8个净上交省市总净上交额的比重为21.5%,全部净上交额的三分之二是由北京、广东和上海贡献的,如图3所示。

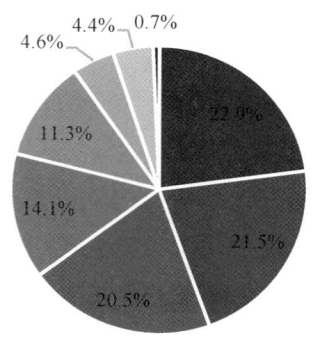

图3 净上交省市占比情况

---

① 地方征收的关税也属于中央税,也应从地区财力中剔除,但囿于数据的缺乏,此处并未剔除关税。不过,由于关税数额较少,对结果影响也很小,可以忽略。

绪论　为什么在改革开放四十年的今天需要探讨广东财政改革四十年

从趋势上看，广东财政对国家财政净贡献增长态势明显。如图4所示，1995年广东净上交额为－125.23亿元，之后广东对国家财政的贡献一直为正，并且逐年增加，仅在2009年相比2008年有所减少；尤其是"十二五"以来，广东净上交额的增速更快，2015年广东对中央财政的净贡献已经达到6790.77亿元。整个"十二五"期间，广东净上交额为24198亿元，占1995—2015年间总净上交额的56.2%。

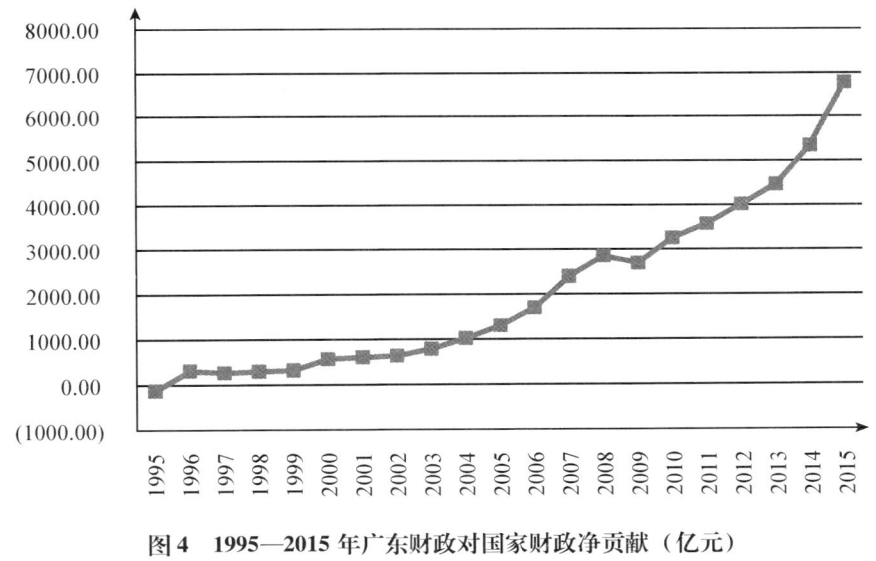

图4　1995—2015年广东财政对国家财政净贡献（亿元）

毫无疑问，广东在注重自身发展的同时，也为国家财政做出了巨大的贡献，并且这种贡献在不断加大。

第二节　广东财政改革存在的问题

自改革开放以来，广东省经济总量和财政收入总量确实取得了举世瞩目的成就，为国家和广东省做出了巨大的贡献。然而，不可忽略的是，一方面，广东虽然仍是第一经济大省和第一财政大省，但江苏等兄弟省份的快速发展对广东带来的威胁仍不可小觑；另一方面，广东人均经济实力和人均财力都比较弱，距离第一经济强省和第一财政强省还有很长的一段路需要走。

一　广东人均财力落后，距离"财政强省"任重道远

尽管从财政收入总量来看，近年来广东是当之无愧的全国第一，但是广东财政的"排头兵"严格来讲应是"总量排头兵"。在人均财力方面，广东人均财力不再具有领先优势。截至2016年年底，广东常住人口已经突破1.1亿人，是名副其实的全国第一人口大省。在如此庞大的人口基数面前，财政支持经济社会发展的任务十分繁重，虽然财政总量多年来始终保持全国各省市区首位的领先位置，但根据《中国财政年鉴》的统计，由表1可知，广东人均财政收入和人均财政支出在全国的排名都不再领先，甚至低于全国平均水平。

具体而言，从人均财政收入来看，广东在全国的排位已经从1994年的第3位逐步下降到2011年的第8位，截至2016年，稍微回升至第6位。从人均财政支出来看，广东在全国的排位已从1994年的第5位逐步下滑到2004年的第7位，进入2005年之后，该排位直接跌落到两位数，甚至在2008—2014年一直处于下位圈，排位在20名左右。2015年和2016年，该排位有所上升，但也仅在全国排在中游。

不可否认的是，广东人均财力早已低于全国平均水平，如果剔除财政单列的深圳市，广东省人均财力的排位更靠后。深圳作为广东省会城市之外最核心的城市，其财政收入是广东财政收入非常重要的组成部分，几乎占据广东财政收入总量的三分之一。但是由于深圳属于计划单列市，其财政收入直接对中央负责，虽然统计上纳入广东省财政收入总量，但实际上广东省并不能对这部分财政收入进行统筹管理。可以说，作为特区加计划单列市的深圳，对于广东而言是一块空有GDP而没有实质性财政收入的土地，加之深圳人口相对较少，这就导致广东省人均财力更加捉襟见肘。

绪论　为什么在改革开放四十年的今天需要探讨广东财政改革四十年

表1　　　　　　1994—2016年广东人均财政收支排名情况

年份	财政收入 绝对额（亿元）	财政收入排名	人均财政收入（元/人）	人均财政收入排名	财政支出 绝对额（亿元）	财政支出排名	人均财政支出（元/人）	人均财政支出排名
1994	298.70	1	446.40	3	416.83	1	623.00	5
1995	607.37	1	896.02	4	525.65	1	775.47	5
1996	479.45	1	688.77	4	601.23	1	863.71	5
1997	543.94	1	771.44	4	682.66	1	968.17	5
1998	640.75	1	902.85	4	825.61	1	1163.32	5
1999	766.19	1	1063.19	4	965.90	1	1340.32	5
2000	910.56	1	1144.49	4	1082.32	1	1357.87	5
2001	1160.51	1	1491.09	4	1321.33	1	1697.71	6
2002	1201.61	1	1528.96	4	1521.08	1	1935.46	7
2003	1315.52	1	1653.91	4	1695.63	1	2131.80	6
2004	1418.51	1	1744.99	4	1852.95	1	2279.43	7
2005	1807.20	1	2065.61	5	2289.07	1	2616.38	10
2006	2179.46	1	2356.43	5	2553.34	1	2760.67	11
2007	2785.8	1	2971.05	5	3159.57	1	3369.67	11
2008	3310.32	1	3485.84	6	3778.57	1	3978.91	15
2009	3649.81	1	3805.45	6	4334.37	1	4519.21	19
2010	4517.04	1	4501.67	7	5421.54	1	5403.09	19
2011	5514.84	1	5265.77	8	6712.4	1	6409.24	20
2012	6229.18	1	5904.72	8	7387.86	1	7003.04	21
2013	7081.47	1	6669.00	8	8411.00	1	7921.00	22
2014	8065.08	1	7549.00	5	9152.64	1	8567.00	22
2015	9366.78	1	8684.00	6	12827.80	1	11892.00	13
2016	10390.35	1	9511.00	6	13446.09	1	12309.00	14

与江苏省相比，自1994—2016年以来，广东财政收入和财政支出总量均高于江苏，如图5所示。但是从人均财政收入和人均财政支出来看，从2008年开始，广东的人均财政优势不再，如图6所示。为了更清晰地比较广东与江苏人均财政收入的变化趋势和二者之间的差距，本书根据《广东统计年鉴》《江苏统计年鉴》以及《中国统计年鉴》

▶▶▶ 绪论 为什么在改革开放四十年的今天需要探讨广东财政改革四十年

相关数据整理出了表 2 以及图 7 和图 8。

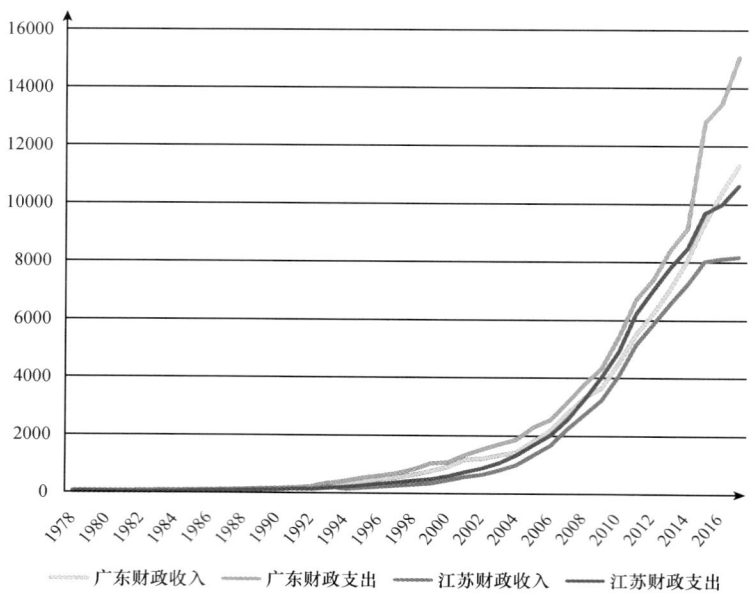

图 5 1978—2016 年广东与江苏财政收支比较（亿元）

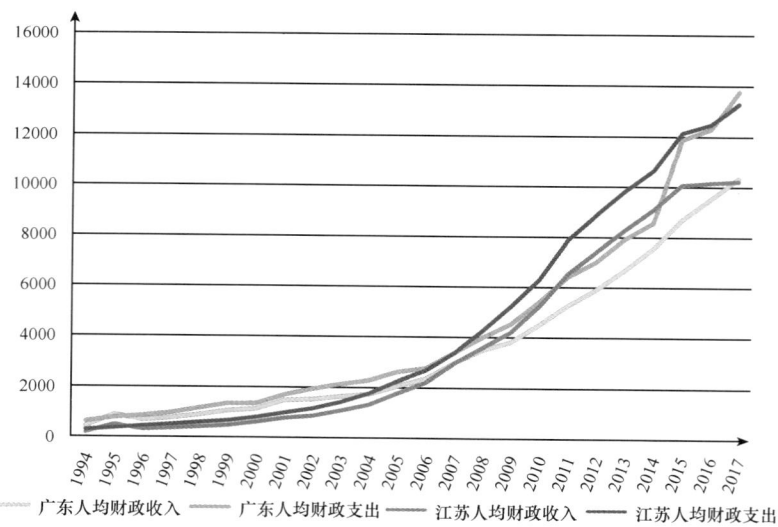

图 6 1994—2017 年广东与江苏人均财政收支比较（元）

绪论　为什么在改革开放四十年的今天需要探讨广东财政改革四十年

表2　　　　　1994—2016年江苏人均财政收支排名情况

年份	财政收入 绝对额（亿元）	财政收入排名	人均财政收入（元/人）	人均财政收入排名	财政支出 绝对额（亿元）	财政支出排名	人均财政支出（元/人）	人均财政支出排名
1994	136.62	4	195.00	12	200.17	6	285.60	19
1995	350.50	3	497.62	10	253.49	6	359.89	18
1996	223.17	4	313.88	11	310.94	6	437.33	17
1997	255.58	4	357.55	10	364.36	4	509.74	17
1998	296.58	4	413.93	10	424.90	4	593.02	17
1999	343.36	4	477.05	9	484.65	4	673.36	17
2000	448.31	4	611.99	8	591.28	4	807.15	17
2001	572.15	4	777.90	8	729.64	3	992.04	16
2002	643.70	3	872.10	7	860.25	4	1165.50	15
2003	798.11	3	1077.65	6	1047.68	3	1414.64	14
2004	980.49	3	1321.51	6	1312.04	3	1768.37	14
2005	1322.68	3	1774.46	6	1673.40	2	2244.97	13
2006	1656.68	2	2205.23	6	2013.25	2	2679.87	13
2007	2237.73	2	2949.23	6	2553.72	2	3365.70	12
2008	2731.41	2	3570.00	5	3247.49	2	4244.53	12
2009	3228.78	2	4192.68	4	4017.36	2	5216.68	12
2010	4079.86	2	5233.61	4	4914.06	2	6303.72	12
2011	5148.91	2	6530.84	4	6221.72	2	7891.58	13
2012	5860.69	2	7409.68	4	7027.67	2	8885.10	13
2013	6568.46	2	8283.00	4	7798.47	2	9834.00	13
2014	7233.14	2	9099.00	4	8472.45	2	10658.00	12
2015	8028.59	2	10076.00	4	9687.58	2	12158.00	11
2016	8121.23	2	10167.00	4	9981.96	2	12497.00	13

与江苏省相比，广东虽具有经济总量和财政总量优势，但自2008年以来，人均GDP和人均财政收入都落后于江苏省。具体而言，从1989年开始，广东省的地区生产总值一直高于江苏省，从1991年开始，广东省的财政收入一直高于江苏省，虽然2008年以来江苏GDP

▶▶▶ 绪论　为什么在改革开放四十年的今天需要探讨广东财政改革四十年

与广东 GDP 的差距在缩小,但近两年两省之间的总量差距又有继续拉大的趋势,广东总量优势明显。但是,由图 7 和图 8 可知,与江苏省相比,从 2007 年开始,广东省人均 GDP 一直低于江苏省人均 GDP,从 2008 年开始,广东省的人均财政收入一直低于江苏省的人均财政收入。

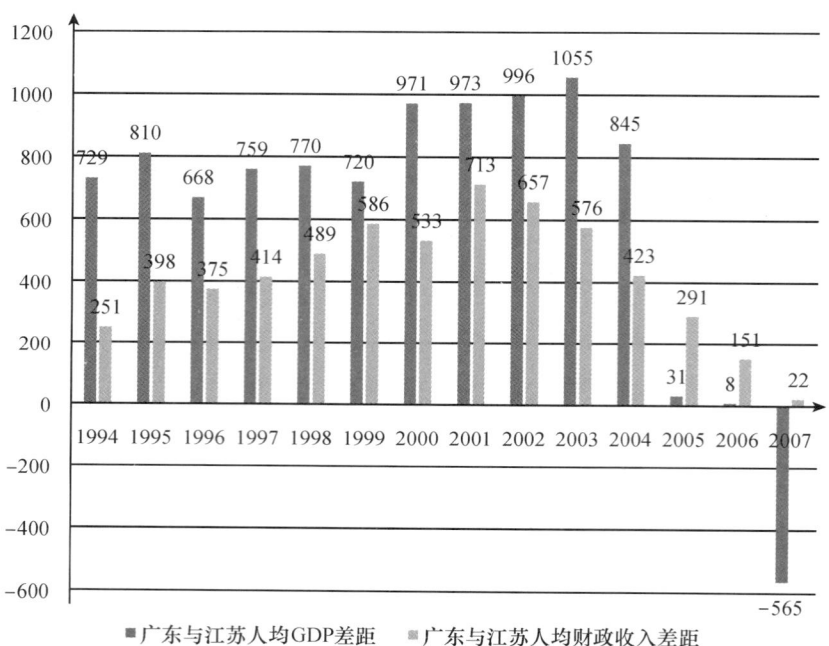

图7　1994—2007 年广东与江苏人均 GDP 和人均财政收入
差距比较(元)

尤其是人均 GDP,广东省与江苏省之间的差距逐年拉大,2007年,广东人均 GDP 比江苏人均 GDP 少 565 元,但是到了 2016 年,广东人均 GDP 已经比江苏人均 GDP 低了 22470 元,差距非常大。尤其是"十二五"以来,两省之间的人均 GDP 差距几乎以年均 2000 元的差额递增。此外,在人均财政收入上,广东人均财政收入从 2008 年开始一直低于江苏人均财政收入,尤其在 2013 年两省之间的人均财政收入差

绪论　为什么在改革开放四十年的今天需要探讨广东财政改革四十年

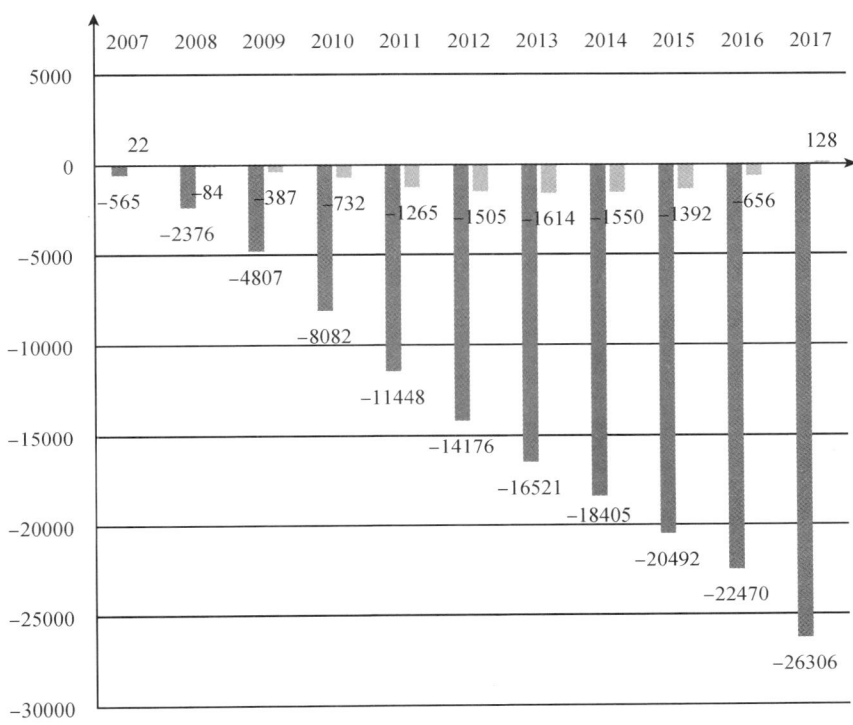

图8　2007—2017年广东与江苏人均GDP和人均财政收入
差距比较（元）

距拉大到1614元，虽然之后开始下降，直至2017年，广东人均财政收入才略微高于江苏人均财政收入。

反观江苏省的财政状况，自1994年以来一直稳步改善，无论是财政收支总量还是人均财政收支，其在全国的排位不断提升，这就不难解释为何这些年江苏省在经济总量上直逼甚至超过广东省的发展势头。

综上所述，广东财政总量居全国第一，但人均财力竟是全国倒数，这样的财政状况对广东的经济发展势必起到一定的制约作用，亟待中央领导和省领导的重视和解决。即使从财政总量上看，江苏、山东等

· 19 ·

沿海发达省市的"追兵"越来越逼近，广东保持财政收入总量排头兵地位的压力也不容忽视。

因此，客观地说，目前广东虽然属于"财政大省"，但仍说不上是"财政强省"，成为"财政强省"任重道远。

二 广东区域分化严重，区域间财政发展极不平衡

根据地理位置，广东省划分为珠江三角洲地区、粤东地区（东翼）、粤西地区（西翼）和粤北山区（山区）四大区域。其中，珠江三角洲包括广州、深圳、珠海、佛山、江门、东莞、中山、惠州、肇庆九市，土地面积占全省的30.5%，年末常住人口约占全省的52.2%；东翼指汕头、汕尾、潮州和揭阳四市，土地面积占全省的8.6%，年末常住人口约占全省的16.5%；西翼指湛江、茂名和阳江三市，土地面积占全省的18.2%，年末常住人口约占全省的15.3%；山区指韶关、河源、梅州、清远和云浮五市，土地面积占全省的42.7%，年末常住人口约占全省的16%。经过改革开放四十年的发展，它形成了以珠江三角洲为腹地的梯度经济区域，但是区域间的经济发展分化越来越明显。

从经济总量上看，珠江三角洲地区生产总值逐年攀升，至2017年已达到75809.75亿元，占全省比重为79.7%，其余三区合计仅占比20.3%，其中，东翼地区生产总值为6431.62亿元，西翼地区生产总值为7156.88亿元，山区地区生产总值为5756.88亿元，经济体量均未达到珠江三角洲地区的十分之一。如图9和图10所示，2005—2016年间，珠江三角洲地区生产总值快速增长，但是其余三个地区的地区生产总值增长比较缓慢；2005—2016年间，珠江三角洲地区生产总值平均占比达79.3%，东翼地区生产总值平均占比为6.8%，西翼地区生产总值平均占比为7.6%，山区地区生产总值平均占比为6.3%，整个珠江三角洲地区生产总值体量是其余三个地区生产总值总和的四倍。

绪论　为什么在改革开放四十年的今天需要探讨广东财政改革四十年

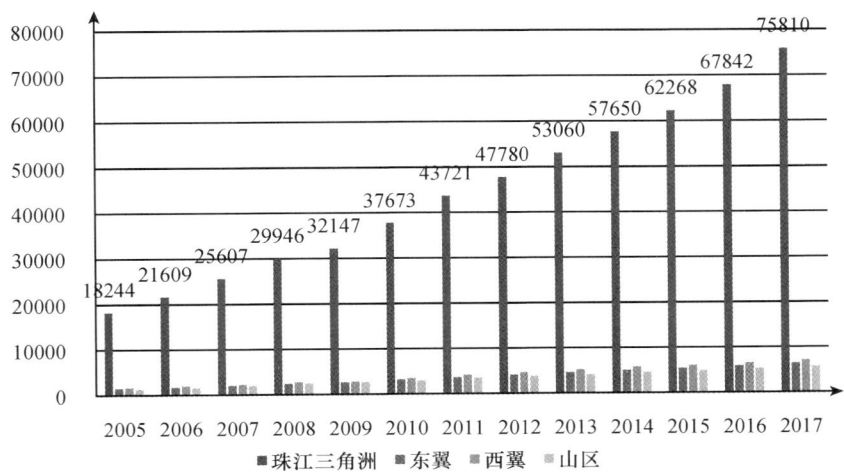

图 9　广东省各区域 2005—2017 年地区生产总值（亿元）

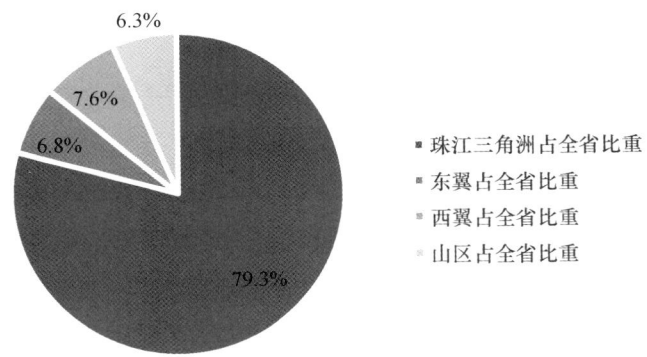

图 10　广东省各区域 2005—2017 年地区生产总值平均占比

从人均生产总值上看，从 2014 年开始，珠江三角洲地区的人均生产总值已经超过了 10 万元，2016 年该地区的人均生产总值已达到 114281 元，但是东翼地区 2016 年的人均生产总值是 34036 元，西翼地区 2016 年的人均生产总值是 40884 元，山区地区 2016 年的人均生产总值是 31941 元，即其余三区的人均生产总值仅有珠三角地区的三分之一左右，如图 11 所示。可以看出，土地面积仅占比 30.5% 的珠江三角洲地区对全省的经济贡献将近80%，其他三区与其发展差距非常大。

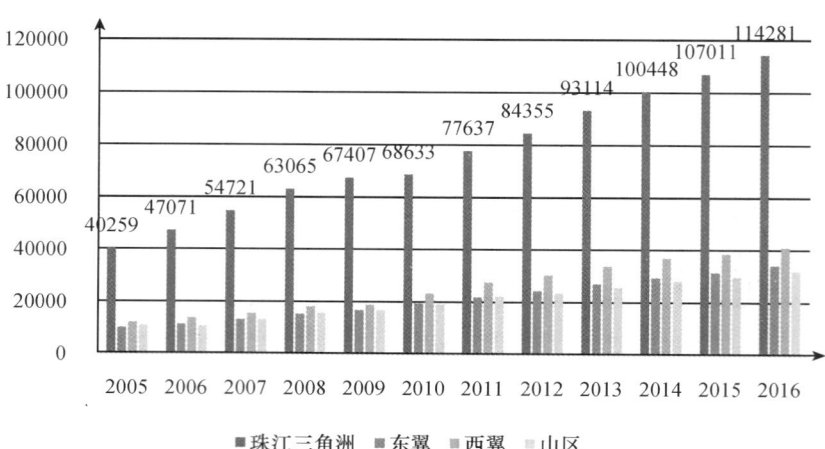

图11　广东省各区域2005—2016年人均生产总值（元）

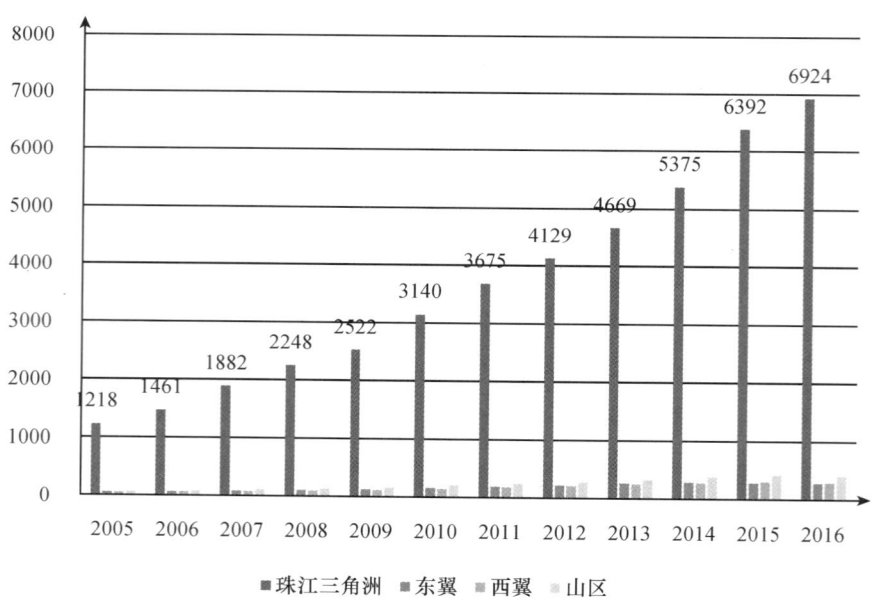

图12　广东省各区域2005—2016年财政收入（亿元）

绪论　为什么在改革开放四十年的今天需要探讨广东财政改革四十年 ◀◀◀

从财政收入来看，如图 12 和图 13 所示，珠江三角洲地区与其他三区之间的财政实力分化更为显著。2016 年，珠江三角洲地区的财政收入是 6924 亿元，东翼地区的财政收入是 286 亿元，西翼地区的财政收入是 292 亿元，山区地区的财政收入是 412 亿元，其余三区的财政收入总和仅占全省财政收入的 12.5%，也低于 2005—2016 年间三区的财政收入平均占比 13.8%，也就是说，这种财政收入的分化现象仍在加剧。

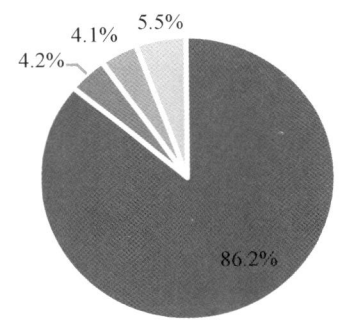

图 13　广东省各区域 2005—2016 年财政收入平均占比

从财政支出来看，如图 14 和图 15 所示，虽然不如各区域财政收入差距那么大，但是珠江三角洲地区的财政支出仍远远高于其余三个地区。2016 年，珠江三角洲地区的财政支出是 9285 亿元，东翼地区的财政支出是 916 亿元，西翼地区的财政支出是 930 亿元，山区地区的财政支出是 1417 亿元，其余三区的财政支出总和占全省财政支出的 26%，高于 2005—2016 年间三区的财政支出平均占比 25.3%。可见，政府已经在改善这种区域分化，对其余三区增加了财政支出投入。

从其余三区与珠江三角洲地区财政收入和财政支出总量的比较上看，其余三区的财政实力相当弱，财政自给能力也非常弱。从数据上看，其余三区的财政收入仅占全省的 12.5%，财政支出却占全省的 26%，可见，近年来广东已经加大了对其余三区的财政支持力度，但

▶▶▶ 绪论　为什么在改革开放四十年的今天需要探讨广东财政改革四十年

是这种区域发展不均衡的现象仍未得到有效改善，仍需继续加强对东翼、西翼和山区的财力支持。

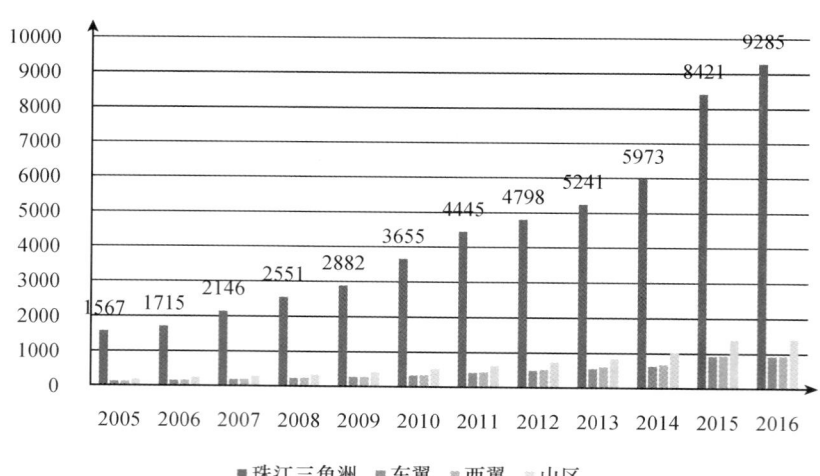

图14　广东省各区域2005—2016年财政支出（亿元）

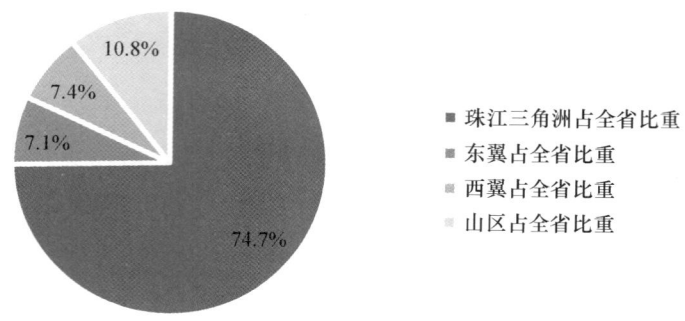

图15　广东省各区域2005—2016年财政支出平均占比

财政收入的差距不仅体现在总量上，从人均财政收入上看，如图16所示，东翼、西翼和山区的人均财政收入都低于全省人均财政收入，珠江三角洲的人均财政收入高于全省人均财政收入，且远远高于其余三区的人均财政收入。2016年，广东省的人均财政收入是7196元，珠江三角洲地区的人均财政收入是11543元，而东翼、西

绪论　为什么在改革开放四十年的今天需要探讨广东财政改革四十年 ◀◀◀

翼和山区的人均财政收入分别仅有 1647 元、1836 元和 2466 元。可见，广东省内区域人均财政发展极不协调，并且这种现象并未得到有效改善。从人均财政支出上看，如图 17 所示，东翼、西翼和山区的人均财政支出均低于全省人均财政支出，珠江三角洲的人均财政支出高于全省人均财政支出，但并非远远高于其余三区的人均财政支出。2016 年，广东省的人均财政支出是 11409 元，珠江三角洲地区的人均财政支出是 15479 元，东翼、西翼和山区的人均财政支出分别有 5279 元、5840 元和 8474 元。并且，从图 18 可以看出，与珠江三角洲的人均财政支出相比，东翼、西翼和山区的人均财政支出占珠江三角洲的人均财政支出的比重呈现越来越高的态势，尤其是自 2012 年以来，山区的人均财政支出甚至超过了珠江三角洲地区人均财政支出的一半以上。可见，虽然财政收支差距仍然存在，区域分化仍然比较严重，但是广东省已经加强对珠江三角洲地区外的财政支出投入，区域间财政支出均等化正在得到逐步改善，并试图进一步改善区域间财政发展不协调的问题。

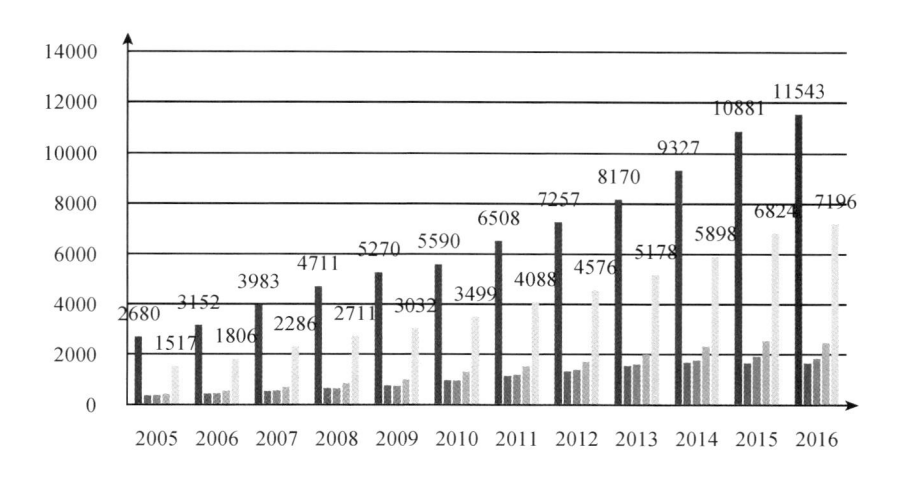

图 16　广东省各区域 2005—2016 年人均财政收入（元）

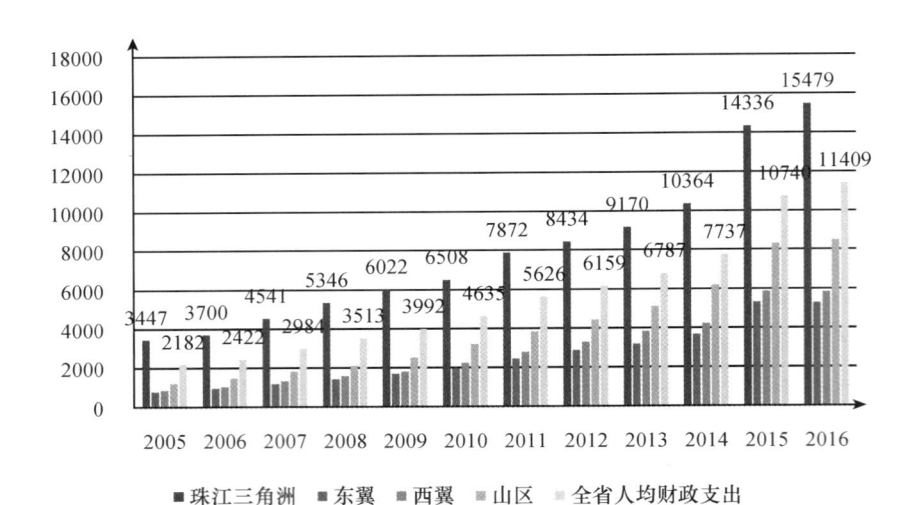

▶▶▶ 绪论 为什么在改革开放四十年的今天需要探讨广东财政改革四十年

图17 广东省各区域2005—2016年人均财政支出（元）

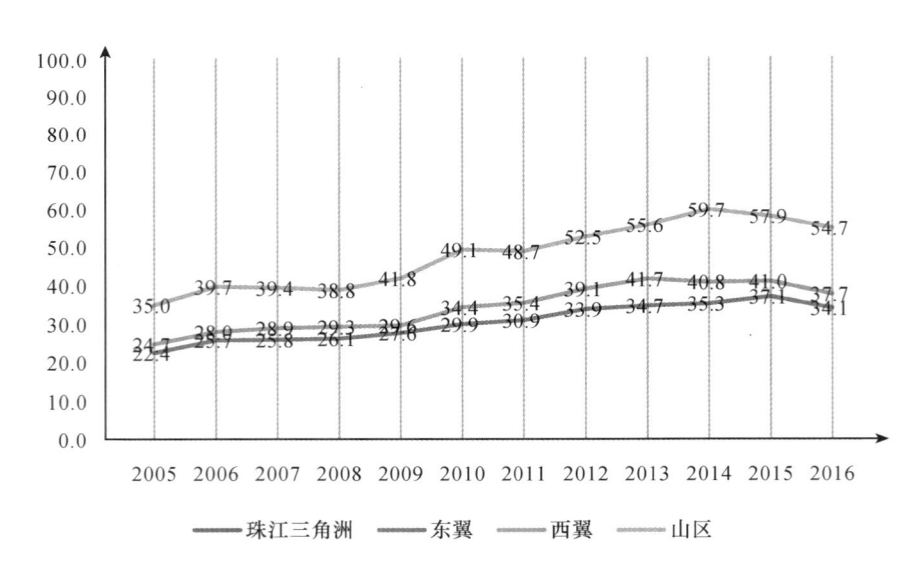

图18 广东省各区域人均财政支出占珠三角地区人均财政支出比重（%）

综上所述，改革开放以来，拥有先行先试特权的广东省取得了非常大的成就，经济总量和财政总量持续稳坐全国第一的宝座。但是，人均GDP和人均财力的发展却处于全国倒数的位置，省内区域间经济

绪论　为什么在改革开放四十年的今天需要探讨广东财政改革四十年

和财政发展也分化严重，作为第一"经济大省"和第一"财政大省"的广东距离第一"经济强省"和第一"财政强省"还有很长一段路要走。那么，广东省如何实现从"财政大省"变为"财政强省"？这迫切需要探讨广东财政改革四十年的经验教训，为后续区域财力协调发展指明方向。

第三节　广东财政改革需要走出去

习近平总书记指出，广东是改革开放的排头兵、先行地、实验区，在我国改革开放和社会主义现代化建设大局中具有十分重要的地位和作用。党的十八大后，习近平总书记考察的第一站就是广东，在这块改革热土上向全党全国发出"改革不停顿，开放不止步"的动员令。2018年3月在十三届全国人大一次会议广东代表团参加审议时，习近平总书记更以"四个前列"激励广东继续扮演好改革开放排头兵的角色，在构建推动经济高质量发展体制机制、建设现代化经济体系、形成全面开放新格局、营造共建共治共享社会治理格局上走在全国前列。这是总书记对广东的希冀和重托，也是对新时代新一轮改革开放的重要指引。

经过改革开放四十年的发展，广东财政实力不断增强，已经站在一个新的历史起点上，财政改革总体走在全国前列，既要看到广东财政发展的这些优势和有利条件，也要重视人均财力水平较低、区域财政发展不均衡等不足之处。改革没有退路，发展亦如逆水行舟，不进则退。在新的历史起点上，广东财政需要谋划新时代财政发展的新思路，助力广东财政在新起点上再创新局面。

站在新的历史征途上，在当今时代背景下，广东财政需要走出省门，甚至走出国门。如今，广东省内区域间的"广深科技创新走廊"、广东自贸试验区等项目建设迫在眉睫，跨区域的"一带一路"建设、"粤港澳大湾区"等建设也如火如荼。例如，广东省委、省政府正大力推动"广深科技创新走廊"，力争打造中国的硅谷。又如，"粤港澳

▶▶▶ 绪论　为什么在改革开放四十年的今天需要探讨广东财政改革四十年

大湾区"是我国改革开放的前沿和经济增长的重要引擎，国家高度重视和支持粤港澳大湾区的发展。2017年是粤港澳大湾区建设元年，经过多次协商，粤港澳三方政府已经对粤港澳大湾区建设达成了共识，2018年《粤港澳大湾区发展规划纲要》的正式出台指日可待。中央要求广东势必要抓住建设粤港澳大湾区重大机遇，携手港澳加快推进相关工作，打造国际一流湾区和世界级城市群。并且，随着数字化时代的到来，区块链技术快速发展的背景下，粤港澳大湾区正在形成一个去中心化的格局，多个区域经济中心正在形成，包括广州、深圳、珠海等地都可以成为区域经济中心，发挥各自不可替代的优势。在这些历史发展机遇中，广东财政都扮演着非常重要的角色，且大有可为。在对外建设中，中央领导也对广东省提出了新要求，要以更宽广的视野、更高的目标要求、更有力的举措推动全面开放，加快发展更高层次的开放型经济，加快培育贸易新业态新模式，积极参与"一带一路"建设，加强创新能力开放合作。

这些建设使得广东财政不只参与到省内区域间的区域协调建设中，也使得广东财政走出广东省，迈向全国甚至全世界，为新时代的广东财政发展提供新的历史机遇的同时也提出了更大的历史挑战。在跨区域的建设中，广东积极参与的"一带一路"建设、"粤港澳大湾区"建设、"广深科技创新走廊"等，都离不开广东财政的支持。那么，在众多建设中，广东财政将如何做出配合？财力的分布将发生怎样的变化？如何科学运营财政资金，在对接国际先进产业资源和国内科技、人才资源上扮演重要角色？如何合理运用财政手段，使得广东发展再上一个台阶进而取得更大的成就？这些问题是广东财政面临的诸多挑战，也需要本书在认真总结和探讨改革开放四十年的财政改革历程后给出答案。

综上所述，改革开放四十年来，广东总量经济已经取得了举世瞩目的成就，但未来仍有比较大的发展潜力。无论从哪个角度来说，在改革开放四十年的今天，深入研究广东财税体制改革，对于站在第二次改革开放的广东而言，无疑具有划时代的意义。因此，如今探讨广

绪论　为什么在改革开放四十年的今天需要探讨广东财政改革四十年 ◀◀◀

东财政体制四十年演变历程，并在此基础上设计出新的对内和对外财政管理体制显得尤为迫切。并且，需要从全球化视野下考察广东财政体制和财政能力，配合省内外、国内外的区域规划，从而实现新一轮改革开放的宏伟蓝图。这也是我们探讨改革开放四十年广东财政历程，从体制上寻求突破的意义所在。

上 篇

财政改革

第一章

从财政"分灶吃饭"、分税制改革再到深化地方财税体制改革

"集中力量办大事",实际上是中国财政体制的一个基本问题的另一种说法,也是长期以来中央与地方事权博弈的基本问题。"集中力量办大事",固然有利于中央集中财力解决国民经济的重大项目,但"集中力量办大事"的事权无限扩大,也就如冯兴元所说的:计划经济变成只顾当下的"统治主义"经济。

对于整个四十年的体制改革,我国采取了在探索中渐进的方式,实践证明,这种方式是有利于国家转轨的,是应该得到肯定的。当然,也有伴随渐进改革产生的一系列争论和特殊难题。从现在的实际情况看,渐进式改革已经走到了关键时刻,几乎任何推进和深化的举措,都会造成"牵一发而动全身"的胶着状态。在中国,那种部分人受益而没有人受损的"帕累托改进"式的改革空间,可以说已经用尽。在各种既得利益集团已相对清晰地形成的新格局之下,现在任何一项改革措施,都必然碰到触动既得利益的敏感问题和困难问题。

在改革初期,财政上主要采取了以下措施:从1978年年底开始,对国营企业试行企业基金办法、利润留成办法和盈亏包干办法;从1979年起,对农垦企业实行财务包干办法;从1979年起,对基本建设单位进行由财政拨款改为贷款的试点;从1980年起,国家对省、市、自治区实行"划分收支、分级包干"的"分灶吃饭"财政体制;从1980年起,对文教科学卫生事业单位、农业事业单位和行政机关试

行预算包干办法；从1980年起，对少数城市和少数企业进行利改税的试点和税收制度上一些其他改革的试点。

在以上改革举措中，最具重要性和代表性的，是财政预算管理体制的"分灶吃饭"。1979年4月，中央经济工作会议正式提出对国民经济进行"调整、改革、整顿、提高"的八字方针。其后筹划、启动了"分灶吃饭"的财政分权改革。

财政改革推进到"分灶吃饭"有着时代背景。在农村改革、建立经济特区等微观层面与局部区域改革得以启动的同时，决策层在宏观层面上选择财政制度改革作为中国经济体制改革的突破口，是由于高度集中的财政体制"统收统支"了大部分资源，并且分配权主要集中在中央政府，因此，在以原计划体制继续维持整个社会再生产的同时，宏观上渐进改革的初始路径就是通过分配权力下放来调动地方和微观主体的积极性，以促进经济发展和打开后续多方面改革的渐进空间。

国务院于1980年2月颁发了《关于实行"划分收支、分级包干"的财政管理体制的暂行规定》，从1980年起实行财政管理体制改革。经过一定的前期准备，1994年，中国实行"分税制"财政体制改革。在财政改革路径的选择上，以"分灶吃饭"的方式开启财政分配关系改革，并最终推进到"分税制"。

1994年实行的"分税制"财政体制改革，体现了按照市场经济要求进行从"行政性分权"转为"经济性分权"的根本性变革。多年来的改革探索和运行实践证明，为了建立社会主义市场经济新体制，与之配套的财政体制必然要选择以分税制为基础的分级财政，除此之外，别无他途。

这次改革集中解决改革开放前15年中由于在"条块分割"、行政隶属关系控制体系内"放权让利"所导致的财政实力过弱、财政体制关系紊乱、中央财政调控能力严重不足等问题，关键内容是以构建分税分级财政体制来正确处理政府与企业、中央与地方两大基本关系，为适应市场经济客观要求的财政职能转轨和正确处理政府与市场关系的全局性深化改革奠定基础。

第一章　从财政"分灶吃饭"、分税制改革再到深化地方财税体制改革

1993年12月15日，国务院发布《关于实行分税制财政管理体制的决定》，新体制从1994年1月1日起在全国施行。

在此次改革中，梳理了三个重要方面的关系。一是划分了中央财政与地方财政的税收，根据事权和财权相结合的原则，将维护国家利益、实施宏观调控所必需的税种划分为中央税，把同经济发展直接相关的税种划分为中央与地方共享税，将适合地方征管的税种划分为地方税，并充实地方税种，增加地方收入。二是根据财权与事权相统一的原则，在支出范围上对中央财政与地方财政支出作了划分。三是根据具体情况，确定了中央财政对地方税收返还额。同时，国务院还推行了一系列配套改革，主要包括：改革国有企业利润分配制度；同步进行税收管理体制改革，建立以增值税为主体的流转税体系，统一企业所得税制；改进预算编制办法，硬化预算约束；建立适应分税制需要的国库体系和转移支付制度；妥善处理减免税政策问题。

1994年以后，根据分税制运行情况和宏观调控的需要，对中央与地方收入划分又做了一系列调整。在中央对省实行分税制后，各地也比照中央对省的分税制框架，试行省以下分税制，力求按税种划分各级政府的收入范围，省级财政调控力度有所增强。与此同时，初步建立了相对规范的省以下转移支付制度，规模也逐年扩大。但是，在分税制改革推行的整个过程中，中央和地方层级高端（省、市）在全部财力中所占比重上升，而县乡财政困难问题却在"事权重心下移、财权重心上移"过程中凸显出来，欠发达地区的财政困难更为突出。

"基层财政的困难一度未能得到有效缓解，省级政府财力集中度高而转移支付力度不足，省级以下纵向财力差距过大。其基本原因在于，1994年之后，由于多种原因，省以下体制在分税制方向上并没有取得实质性的进展，直到目前，总体上可以说我国省以下财政体制并没有真正进入分税制轨道，在现行财政分配关系中出现的矛盾和困难（特别是基层财政困难）的原因，恰恰在于分税制没有得到真正贯彻落实。一句话，随'事权重心下移、财权重心上移'而来的基层困难和问题，是在省以下各级财政的体制过渡中，没有能够真正进入分税

制轨道而使得在实际生活中讨价还价、复杂易变、五花八门、很不规范的'分成制''包干制'等的负面作用累积、凝固和放大造成的。"

1994年分税制财政体制改革，是中国改革开放之后财政体制的一次具有里程碑意义的重大改革。实行分税制，在"经济性分权"框架下超越了"行政性分权"的局限，调动了各级地方政府的理财积极性，促进了企业的公平竞争，并开启了后续深化改革、推进公共财政转型的空间。

为此，有必要回顾中国政府间财政体制的变革：从"分灶吃饭"到"分税制"。

一 1980—1988年"分灶吃饭"财政体制改革及其主要内容

1979年4月，中央经济工作会议正式提出对国民经济进行"调整、改革、整顿、提高"的八字方针，其后筹划、启动了"分灶吃饭"的财政分权改革。

（一）1980年的"划分收支、分级包干"财政体制

国务院于1980年2月颁发了《关于实行"划分收支、分级包干"的财政管理体制的暂行规定》，从1980年起实行财政管理体制改革。同原财政体制比较，新的财政体制有以下几个特点：一是由"一灶吃饭"改为"分灶吃饭"，分为中央一个灶，地方20多个灶，打破了"吃大锅饭"的局面。这种体制是在中央统一领导和计划下，各过各的日子，有利于调动两个积极性。二是财力的分配，由以"条条"为主改为以"块块"为主，大大增加地方的财政权限，有利于因地制宜地发展地方建设和社会事业。三是分成比例和补助数额，由原来"总额分成"时的一年一定改为五年一定，定后五年不变，使地方"五年早知道"，便于地方制定和执行长远规划。四是寻求事权和财权统一，权力与责任统一。这种财政体制是根据计划与财政实行两级管理的原则设计的，财政的收支范围又是根据企事业单位的隶属关系划分的。谁的企业，收入就归谁支配；谁的基建、事业，支出就由谁安排，其事权与财权比较统一，而且"分灶吃饭"，自求平衡，权力与责任也

挂得比较紧。"分灶吃饭"开始后，对于直辖市、广东、福建、江苏和少数民族地区，仍分别定有特殊体制或特殊照顾。

（二）"划分税种，核定收支，分级包干"的财政管理体制

随着以两步"利改税"为中心内容的税制改革的实行，根据党的十二届三中全会《关于经济体制改革的决定》的精神，国务院决定，从1985年起，各省、自治区、直辖市实行"划分税种、核定收支、分级包干"的预算管理体制。其基本规定如下：一是基本上按照利改税第二步改革以后的税种设置，划分各级财政收入，特别是对中央财政固定收入、地方财政固定收入、中央和地方财政共享收入做了细分。二是仍按隶属关系，划分各级财政支出。三是区分不同情况实行上解、分成、补助。四是广东、福建两省继续实行财政大包干办法。五是对民族自治区和视同民族地区待遇的省，按照中央财政核定的定额补助数额，在5年内，继续实行每年递增10%的办法。六是经国务院批准实行经济体制改革综合试点的重庆、武汉、沈阳、大连、哈尔滨、西安、广州等城市，在国家计划中单列以后，也实行全国统一的财政管理体制。七是在财政体制执行过程中，由于企业、事业单位的隶属关系改变，应相应地调整地方的分成比例和上解、补助数额，或者单独进行结算。

二 1988年以后的多种形式的地方财政包干体制

（一）财政包干体制的形式

1988年7月，国务院发布了《关于地方实行财政包干办法的决定》，从1988年开始执行。全国39个省、自治区、直辖市和计划单列市，除广州、西安两市财政关系仍分别与广东、陕西两省联系外，对其余37个地方分别实行不同形式的包干办法。一是"收入递增包干"办法。这种办法是以1987年决算收入和地方应得的支出财力为基数，参照各地近几年的收入增长情况，确定地方收入递增率（环比）和留成、上解比例。在递增率以内的收入，按确定的留成、上解比例，实行中央与地方分成；超过递增率的收入，全部留给地方；收入达不到

递增率、影响上解中央的部分，由地方用自有财力补足。二是"总额分成"办法。这种办法是根据前两年的财政收支情况，核定收支基数，根据地方支出占总收入的比重，确定地方的留成和上解中央的比例。三是"总额分成加增长分成"办法。这种办法是在上述"总额分成"办法的基础上，收入比上年增长的部分，另定分成比例，即每年以上年实际收入为基数，基数部分按总额分成比例分成，增长部分除按总额分成比例分成外，另加"增长分成"比例。四是"上解额递增包干"办法。这种办法是以1987年上解中央的收入为基数，每年按一定比例递增上交。五是"定额上解"办法。这种办法是按原来核定的收支基数，收大于支的部分，确定固定的上解数额。六是"定额补助"办法。这种办法是按原来核定的收支基数，支大于收的部分，实行固定数额补助。

此外，各省、自治区、直辖市和计划单列市所属市、县的财政管理体制，由各地人民政府根据国务院的上述决定精神和当地情况，自行研究决定。

(二) 对"分灶吃饭"框架下财政包干责任制的述评

财政包干体制的原则和框架，发轫于20世纪80年代初的"划分收支，分级包干"，并受1987年后普遍推行的企业承包（包干）的影响，在当时的经济发展中，特别是在调动地方组织财政收入方面，起过积极的作用。但是随着改革的深化，它的弊端也日益明显，主要表现为：一是仍然束缚企业活力的发挥，无法实现真正的公平竞争；二是强化地方封锁、地区分割的"诸侯经济"倾向，客观上助长了低水平重复建设和投资膨胀；三是中央和地方的关系仍缺乏规范性和稳定性，脱离不开频繁变动之苦；四是运行结果带来财力分散，"两个比重"（财政收入占GDP的比重和中央财政收入占全部财政收入的比重）过低，地方缺乏必要的税权和稳定财源，中央缺乏必要的宏观调控主动权。

随着改革与发展的进程，建立统一的、科学的和规范化的财政管理体制，成为建立社会主义市场经济体制，正确处理政府与企业、中央与地方两大基本经济关系和财政关系的迫切任务。这最终导致在经过了积极、深入的探讨和部分地方的试点之后，1994年实行了财税制度的根本性改革，建立了以分税制为基础的分级财政框架。

三 "分税制"财税体制改革

1992年10月，党的十四大确立了建立社会主义市场经济体制的改革目标模式。经过一定的前期准备，1994年，中国实行"分税制"财政体制改革，体现了按照市场经济的要求进行从"行政性分权"转为"经济性分权"的根本性变革。这次改革的着力点集中在解决改革开放前15年中由于在"条块分割"行政隶属关系控制体系内"放权""让利"所导致的财政实力过弱、财政体制关系紊乱、中央财政调控能力严重不足等问题；关键内容是以构建分税分级财政体制来正确处理政府与企业、中央与地方两大基本关系，为适应市场经济客观要求的财政职能转轨和正确处理政府与市场关系的全局性深化改革奠定基础。

(一) 分税制财政体制的主要内容

1993年12月15日，国务院发布《关于实行分税制财政管理体制的决定》，新体制从1994年1月1日起在全国施行。分税制财政体制主要包括以下三方面的内容。

1. 中央财政与地方财政税收划分

根据事权和财权相结合的原则，将维护国家利益、实施宏观调控所必需的税种划分为中央税；把同经济发展直接相关的税种划分为中央与地方共享税；将适合地方征管的税种划分为地方税，并充实地方税种，增加地方收入。

中央财政固定税收及收入有：关税，海关代征消费税和增值税，消费税，中央企业所得税，地方银行和外资银行及非银行金融企业所得税，铁道部门、各银行总行、各保险总公司等集中缴纳的收入（包括营业税、所得税、利润和城市维护建设税），中央企业上交利润，外贸企业出口退税。

地方财政固定税收及收入有：营业税（不含铁道部门、各银行总行、各保险总公司集中交纳的营业税），地方企业所得税（不含上述地方银行和外资银行及非银行金融企业的所得税），地方企业上交利润，个人所得税，城镇土地使用税，固定资产投资方向调节税，城市维护建设税（不含铁道部门、各银行总行、各保险总公司集中交纳的部分）及房产税、车船使用税、印花税、屠宰税、农牧业税、农业特产收入征收的农业税（简称农业特产税）、耕地占用税、契税、遗产和赠与税、土地增值税、国有土地有偿使用收入等。

中央与地方共享税收有：增值税（中央分享75%，地方分享25%）、资源税（海洋石油资源归中央，此外资源税归地方）、证券交易税（当时规定中央和地方各分享50%）。

2. 中央财政与地方财政支出划分

根据财权与事权相统一的原则，在支出范围上作了如下规定。

中央财政支出有：国防费，武警经费，外交和援外支出，中央级行政管理费，中央统管的基本建设投资，中央直属企业技术改造和新产品试制费，地质勘探费，由中央财政安排的支农支出，由中央负担的国内外债务的还本付息支出，以及中央本级负担的公检法支出和文化、教育、卫生、科技等各项事业支出。

地方财政支出有：地方行政管理费，公检法支出，部分武警经费，民兵事业费，地方统筹的基本建设投资，地方企业技术改造和新产品试制费，支农支出，城市维护建设费，地方文化、教育、卫生等各项事业费，价格补贴支出以及其他支出。

3. 中央财政对地方税收返还额的确定

实行分税制财政体制时，为了保持地方的既得利益而逐步达到改革目标，一方面，按照国务院《关于分税制财政管理体制的决定》，实行中央和地方的税种划分、支出划分，使分税制如期实施；另一方面，对原包干体制下的分配格局暂时不做变动，原体制下中央对地方的补助继续按规定补助。原体制下地方上解收入仍按不同体制类型执行：实行递增上解的地区，继续递增上解；实行总额分成的地区和原分税制试点的地区,暂按递增上解办法,即按 1993 年实际上解数和核定递增率,每年递增上解。通过这种办法过渡一段时间再逐步规范化(后来取消了地方上解的"递增")。

(二) 分税制财政体制的配套措施

1. 改革国有企业利润分配制度

根据建立现代企业制度的基本要求,结合税制改革和实施《企业财务通则》《企业会计准则》,合理调整和规范国家与企业的利润分配关系。从 1994 年 1 月 1 日起,国有企业统一按国家规定的 33% 税率交纳所得税,取消各种包税的做法。考虑到部分企业利润上交水平较低的现状,作为过渡办法,增设 27% 和 18% 两档照顾税率。企业固定资产贷款的利息列入成本,本金一律用企业留用资金归还;取消对国有企业征收的能源交通重点建设基金和预算调节基金;逐步建立国有资产投资收益按股分红、按资分利或税后利润上交的分配制度。作为过渡措施,可根据具体情况,在一段时间内对 1993 年以前注册的多数国有全资企业实行税后利润不上交的办法,同时,微利企业交纳的所得税也不退库。

2. 同步进行税收管理体制改革

建立以增值税为主体的流转税体系,统一企业所得税制。从 1994 年 1 月 1 日起,分设中央税务机构和地方税务机构。国家税务局负责征收中央固定收入和中央与地方的共享收入,地方税务局负责征收地方固定收入。

3. 改进预算编制办法,硬化预算约束

实行分税制之后,中央财政对地方的税收返还列中央预算支出,地方相应列收入;地方财政对中央的上解列地方预算支出,中央相应列收入。中央与地方财政之间都不得互相挤占收入。改变中央代编地方预算的做法,每年由国务院提前向地方提出编制预算的要求,地方编制预算后,报财政部汇总成国家预算。

4. 建立适应分税制需要的国库体系和转移支付制度

根据分税制财政体制的要求,原则上一级政府一级财政,相应要有一级金库。在执行国家统一政策的前提下,中央金库与地方金库分别向中央财政与地方财政负责。实行分税制以后,地方财政支出有一部分要靠中央财政税收返还来安排。为此,要建立中央财政对地方税收返还和转移支付制度并且逐步规范化,以保证地方财政支出的资金需要。

5. 妥善处理减免税政策问题

考虑到有的省、自治区、直辖市政府已经对一些项目和企业做了减免税的决定,为使这些企业有一个过渡期,在制止和取缔越权减免税的同时,对于1993年6月30日前,经省级政府批准实施的未到期地方减免税项目或减免税企业,重新报财政部和国家税务总局审查、确认后,从1994年起,对这些没有到期的减免税项目和企业实行先征税后退还的办法。这部分税收中,属中央收入部分,由中央财政统一返还给省、自治区、直辖市,连同地方收入部分,由省、自治区、直辖市政府按政策规定统筹返还给企业,用于发展生产。这项政策执行到1995年。

(三)1994年后中央和地方收入划分的调整与变动

1994年以后,根据分税制运行情况和宏观调控的需要,对中央与地方收入划分又做了一些调整,主要措施有:

1. 证券交易(印花)税分享比例实施调整

自1997年1月1日起,将证券交易印花税收入分享比例调整为中央80%、地方20%。从2002年起,中央97%、地方3%。

2. 金融保险业营业税税率灵活调整

1997—2001年间,金融保险业营业税税率由5%提高到8%,提高税率增加的收入归中央财政。为支持金融保险行业的改革,从2001年起,经国务院批准,金融保险业营业税税率每年下调1个百分点,分3年将金融保险业营业税税率从8%降低到5%。

3. 实施所得税收入分享改革

国务院决定,2002年1月1日起实施所得税收入分享改革,除铁路运输、国家邮政、中国工商银行、中国农业银行、中国银行、中国建设银行、国家开发银行、中国农业发展银行、中国进出口银行、中国石油天然气股份有限公司、中国石油化工股份有限公司以及海洋石油天然气企业缴纳的所得税继续作为中央收入外,其他企业所得税和个人所得税收入由中央与地方按比例分享。2002年所得税收入,中央与地方各分享50%;2003年以后,中央分享60%、地方分享40%。并明确中央因改革所得税收入分享办法增加的收入,全部用于对地方主要是中西部地区的一般性转移支付。为了保证所得税收入分享改革的顺利实施,妥善处理地区间利益分配关系,规定跨地区经营企业集中缴纳的所得税,按分公司(子公司)所在地的企业经营收入、职工人数和资产总额三个因素在相关地区间分配。所得税收入分享改革自2002年1月1日起实施后,国家税务局、地方税务局征管企业所得税、个人所得税的范围暂不做变动。自改革方案实施之日起,新登记注册的企事业单位的所得税,由国家税务局征收管理。

4. 改革出口退税负担机制

建立中央和地方共同负担出口退税的新机制。从2004年起,以2003年出口退税实退指标为基数,对超基数部分的应退税额,由中央和地方按75∶25的比例共同负担。从2005年1月1日起,调整中央与地方出口退税分担比例。国务院批准核定的各地出口退税基数不变,超基数部分,中央和地方按92.5∶7.5的比例共同负担。

5. 政府间转移支付制度不断改进

1994年实行的分税制改革,除保留了原体制中央财政对地方的定额补助、专项补助和地方上解外,根据中央财政固定收入范围扩大、数量增加的新情况,建立了中央对地方的税收返还制度,其目的在于保证地方既得利益,实现新体制的平稳过渡。税收返还以1993年为基数,以后逐年递增,即1993年中央将净上划中央的收入返还地方,1994年以后,返还额在1993年基数上逐年递增,递增率按各地增值税和消费税的平均增长率的1∶0.3系数确定,即上述两税每增长1%,中央对地方的税收返还增长0.3%。另外,以"过渡期转移支付制度"为开端,基于"因素法"的转移支付办法逐步发展,较客观、公正而有力地支援欠发达地区。

(四) 省以下财政管理体制的改进

在中央对省实行分税制后，各地也比照中央对省的分税制框架，试行省以下分税制，力求按税种划分各级政府的收入范围，省级财政调控力度有所增强。与此同时，初步建立了相对规范的省以下转移支付制度，规模也逐年扩大。

中国省以下政府间财政关系在1994年后的突出问题，是基层财政的困难没有得到有效缓解，省级政府财力集中度高，转移支付力度不足，省级以下纵向财力差距过大。从2005年起，中央财政另外拿出150亿元对地方实施"三奖一补"政策。政策实施的目标是：通过继续增加财力性转移支付和不断创新省对县及县对乡财政管理模式，力争在3年内，使县乡财政困难状况得到明显的缓解。

综上所述，实行分税制，在"经济性分权"框架下超越了"行政性分权"的局限，调动了各级地方政府的理财积极性，促进了企业的公平竞争，并开启了后续深化改革推进公共财政转型的空间。

第一节　分灶吃饭，财政包干

一　分灶吃饭型财政的特征

(一) 中央对地方放权

分灶吃饭型财政的第一个特征是对地方政府放权。1980年，实行了"划分收支，分级包干"的财政体制。在明确划分中央和地方财政收支范围后，原则上5年不变。财力分配由以"条条"为主改为以"块块"为主，有效地扩大了地方的财力和财权。1985年，为了落实党的十二届三中全会进一步调动地方积极性的精神，实行了"划分税种，核定收支，分级包干"的财政体制。这次改革与1980年的财政体制相比，首先是以划分税种作为划分各级财政收入的依据，使"分财"向"分税"过渡，地方政府的财权进一步增加。在执行过程中，由于出现了中央财政收入增长缓慢的现象，1988年实行了多种形式的财政包干体制，以适当增加中央的财政收入。通过以上改革，中央的财权逐渐削弱，地方的财权越来越大。

（二）国家对企业让利

分灶吃饭型财政的第二个特征是对国有企业让利。计划经济体制下，国有企业由政府包养，企业既没有自主权，也缺乏创造性。为了提高企业的积极性和自主性，1978年首先对企业实行"利润留成"制度，改变了原来"一切利润上交，一切支出上要"的局面。1981年改为"利润包干"，企业在完成上交国家利润的基础上，余下的部分或全部留给企业，或按一定比例在国家与企业之间进行分配。1983年，为了避免"鞭打快牛"，鼓励盈利企业的积极性，在国有企业中实行第一步"利改税"。盈利的国有大中型企业税后利润采取三种形式在国家与企业之间进行分配，有的税后利润全部留给企业。1984年，为了解决企业间留利悬殊的问题，实施第二步"利改税"，税后利润全部归企业支配，这使企业进一步具有了财力保障和自主权。1987年，为了解决"利改税"中出现的利润留成不确定和不合理问题，对企业实行了"税利分流"，降低和统一了所得税税率，取消了"税前还贷"，税后利润上交国家的部分采取多种形式的承包办法。通过以上改革，国家财政对企业一步步让利，企业的财力明显增强，逐步建立企业自主经营、自负盈亏的财力基础。

（三）打破"大锅饭"，各过各的日子

有计划商品经济时期的财政，与以前相比还有一个鲜明的特征，就是"分灶吃饭"。原来在计划经济体制下，中央和地方吃"一锅饭"，即地方吃中央的"大锅饭"。在国家和企业的分配关系方面，职工吃企业的"大锅饭"，企业吃国家的"大锅饭"。现在是中央、地方、企业"分灶吃饭"，各过各的日子。从此，财政"大锅饭"的历史不复存在，这是一个巨大的变化。

（四）中央财力集中度明显降低

在统收统支的财政体制下，地方财政收入完全上交中央，财力集中度较高。在1978—1993年"分灶吃饭"的财政体制下，由于放权让利，中央财政的集中度逐渐下降。其下降程度如表1—1所示。

表1—1　　　　　　　中央与地方预算内收支情况

年份	预算内 中央	预算内 地方	预算外 中央	预算外 地方	中央债务赤字依存度
1979	20.2	79.8	51.1	48.9	10
1980	24.5	75.5	54.3	45.7	—
1981	26.5	73.5	55	45	2
1982	28.6	71.4	53	47	5
1983	35.8	64.2	53.9	46.1	6
1984	40.5	59.5	52.5	47.5	—
1985	38.4	61.6	39.7	60.3	9
1986	36.7	63.3	37.9	62.1	7
1987	33.5	66.5	37.4	66.1	15
1988	32.9	67.1	33.9	68.5	17
1989	30.9	69.1	31.5	67.4	14
1990	33.8	66.2	32.6	67.8	21
1991	29.8	70.2	32.2	68.7	22
1992	28.1	71.9	31.3	71.7	22
1993	22	78	28.3	69.7	32

资料来源：根据《中国统计年鉴》整理计算所得。

二　六大类财政包干安排

（一）收入递增包干

以1987年的决算收入和地方支出为基数，参照近几年的收入增长，确定地方收入递增率（环比）和留成、上解比例。在递增率以内的收入，按确定的留成和上解比例在中央与地方之间分成；超过递增率的收入全部归地方；达不到递增率的由地方自行解决。实行这种体制的有北京、河北、辽宁等10个省市。

（二）总额分成

根据前两年的财政收支状况，核定收支基数，以地方支出占总收入的比重确定地方的留成和上解中央的比例。天津、山西和安徽3省实行了这个体制。

（三）总额分成加增长分成

这种办法是在"总额分成"基础上增加的收入再进行与中央的比例分成。实行这个体制的是大连、青岛和武汉3个计划单列市。

（四）上解额递增包干

以1987年上解中央的收入为基数，每年按照一定比例递增上解。广东（包括广州）和湖南采用了这个体制。

（五）定额上解

按照原来核定的基础，收入大于支出的部分，确定固定的上解数额。上海、黑龙江和山东实行了这个定额上解的体制。

（六）定额补助

按照原来核定的基础，支出大于收入的部分，实行定额补助。实行这种包干办法的有吉林、江西等15个省市（区）。

三 效果和评价

作为一种固定租合约的变种，五花八门的财政承包的体制至少在边际上改变了地方政府的激励，应该会显著提高地方政府对增加收入的努力。不过，这种财政上的分权体制也产生了很多负面结果，最明显的就是地区之间的"待遇"不平衡。比如在20世纪80年代中期，上海每年上交中央财政120亿元左右，而广东在其经济迅速发展之后上交额依然只有10多亿元。另外，财政承包制度还造成地方经济之间的相互封锁，有碍市场的整合。

从统计上看，财政承包制度的大面积推行的确逐步改变了政府预算财政的增长格局和中央财政的相对地位，集中表现在财政预算收入的增长开始出现落后于GDP增长的趋势，中央财政也出现相对下降的趋势。王绍光（1997）[①]对1978—1994年间出现的这个财政现象有过

[①] 王绍光：《分权的底线》，中国计划出版社1997年版。

▶▶▶ 上篇　财政改革

这样一段描述：

> 中国的政府财政收入占 GDP 的比重从近 31% 跌至不到 11%，下降 20 多个百分点。政府开支与 GDP 之比也有较大幅度的下降，但跌幅要小一些。结果，预算赤字持续增加。更耐人寻味的是，目前各级政府的资金都严重短缺。中央政府的财政状况尤其糟糕，其在国家财政收入中的比重大幅下滑，从改革前的约 60% 降至 1994 年的不足 33%。到 1995 年，中央政府的开支中有 50% 多是靠国内外借债维持的。尽管地方政府收入在国家财政收入中的比重有所增加，但它们在 GDP 中占的比重下降了。这一比重在三分之二的省份里缩小了 10% 甚至还多。我们完全可以说，地方和中央政府都陷入了严重的财政危机。

王绍光对中国的财政分权为什么会导致总政府预算收入占 GDP 的比重下降给出了一个有意思的解释。他认为，中国的财政承包制本来是为了调动地方政府的积极性，刺激它们加大征税的力度，从而使中央和地方都能从税收增长中获益。然而，其结果并非如此。不仅财政紧张造成了中央和地方政府之间的矛盾，而且它也出现在中国持续的经济增长期间。这是一个悖论。用他的话说，这个悖论的根源是，中国财政体制的设计让中央和地方政府都拥有了太多的自由裁量权，这为机会主义行为盛行开了方便之门。中央和地方都指望从机会主义做法中得到好处，但结果双方都以财政收入不断下降而告终（相对于 GDP），原因是它们陷入典型的囚徒困境之中。

的确，很多学者都指出了自 20 世纪 80 年代以来频繁调整的财政体制使得中央与地方财政分配关系缺乏稳定性的问题。例如，Christine Wong（1991）[①] 也提到，中央为了扩大在财政收入总额中所占的

[①] Christine Wong, "Central-local Relations in an Era of Fiscal Decline: The Paradox of Fiscal Decentralization in Post-Mao China, The China," *The China Quarterly*, 1991.

份额，采取多种措施频频从地方财政"抽调"资金。她列举的事件包括：从1981年起，国家每年发行国库券，并向地方借款；从1983年起，开征能源交通重点建设基金，并将骨干企业收归中央；1987年，发行电力建设债券；1988年，取消少数民族定额补助递增规定。除此之外，中央还陆续出台一些被戏称为"中央请客，地方拿钱"的增收减支措施，致使财政包干体制变得很不稳定，挫伤了地方积极性。而地方在此条件下也发展出一系列应对中央的策略性办法。这些中央"抽调资金"与地方"明挖暗藏"的行为，极大地加深了双方的戒备心理，使中央与地方的财政关系具有了一个复杂的博弈性质。

第二节　分税制改革下广东相应调整和完善省以下财政体制

为进一步规范省和市县政府间的财政分配关系，完善分税制财政管理体制，2010年，广东省人民政府印发《广东省调整完善分税制财政管理体制实施方案的通知》。在中央分税制改革基础上，广东省自1996年开始实施分税分成财政体制改革，确立了分税制财政管理体制的基本框架，为经济财政又好又快发展奠定了良好的体制基础。但在经济社会发展中也面临着区域发展不平衡、部分县域财力基础薄弱等突出问题，省级财政承担的推进基本公共服务均等化、保障欠发达地区县以下政权基本财力、完善生态地区发展补偿机制以及保障和改善民生的任务十分繁重，亟须通过调整完善财政体制，合理调整省和市县政府间财政收入分配格局，在保障市县既得财力和经济发展积极性的基础上，增强省级宏观调控能力，为进一步加大财政转移支付力度，适度均衡地区财力，缩小地区间基本公共服务能力差距奠定体制基础，为集中财力办大事，最终实现全省基本公共服务均等化发展目标和推进主体功能区建设提供更加坚实的财力保障。合理调整省以下各级财政收入划分范围，进一步形成省级与市县财政收入同步增长机制，适当增加省级财力，增强省级对经济社会发展的调控能力，为促进区域协调发展，推进基本公共服务均等化，实现全面协调可持续发展创造条件。

一 理顺所得税分配关系

除南方电网公司、中国电信广东公司、中国移动通信集团广东有限公司、广东电网公司、广东中烟工业有限责任公司和省粤电集团有限公司企业所得税，以及中央返还总分机构企业所得税继续作为省级固定收入外，其他所得税地方收入部分均由省级与市县按"五五"比例分享。

理顺所得税分配关系后，相应取消中央下划企业所得税和利息所得税超基数增量分配办法；广东中烟工业有限责任公司企业所得税继续按照省财政厅《关于印发〈广东卷烟工业企业税收分配方案〉的通知》（粤财工〔2005〕23号）执行；省内跨市总分机构企业所得税继续按照省财政厅等部门《关于印发〈跨市总分机构企业所得税分配及预算管理实施办法〉的通知》（粤财预〔2008〕120号）执行。

二 调整省级与市县共享收入比例

营业税、企业所得税、个人所得税、土地增值税地方收入部分，省级与市县分享比例，由"四六"调整为"五五"。

对今后国家新开征税种或财税政策调整涉及省级与市县财政收入划分的，另行研究确定分配办法。各级非税收入划分方式及分享比例按现行非税收入办法执行。

三 调整后各级财政收入划分

按照省政府《印发〈广东省分税制财政管理体制实施方案〉的通知》（粤府〔1995〕105号）和《转发国务院关于印发所得税收入分享改革方案的通知》（粤府〔2002〕26号）有关规定，调整后各级财政收入具体划分如下。

省级固定收入：地方铁路（三茂铁路总公司、广梅汕铁路总公

第一章 从财政"分灶吃饭"、分税制改革再到深化地方财税体制改革

司）和南方航空集团公司运输营业税；金融保险业营业税（不含各银行总行、各保险总公司集中缴纳的营业税）；电力增值税（维持原体制执行范围不变）；南方电网公司、中国电信广东公司、中国移动通信集团广东有限公司、广东电网公司、广东中烟工业有限责任公司和省粤电集团有限公司企业所得税以及中央返还总分机构企业所得税；消费税、增值税增量中央1∶0.3系数返还部分。具体分享比例如表1—2所示。

表1—2　　　　　　　　省级固定收入分享比例

收入项目	中央分享	省级分享
地方铁路（三茂铁路总公司、广梅汕铁路总公司）和南方航空集团公司运输营业税；金融保险业营业税（不含各银行总行、各保险总公司集中缴纳的营业税）；中央返还总分机构企业所得税；消费税、增值税增量中央1∶0.3系数返还部分	—	100%
电力增值税（维持原体制执行范围不变）	75%	25%
南方电网公司、中国电信广东公司、中国移动通信集团广东有限公司、广东电网公司、广东中烟工业有限责任公司和省粤电集团有限公司企业所得税	60%	40%

市县固定收入：增值税（不含属于省级固定收入部分），房产税，车船税，资源税（不含海洋石油资源税），印花税（不含证券交易印花税），城镇土地使用税，耕地占用税，契税，城市维护建设税，烟叶税。具体分享比例如表1—3所示。

表1—3　　　　　　　　市县固定收入分享比例

收入项目	中央分享	市县分享
增值税（不含属于省级固定收入部分）	75%	25%
房产税，车船税，资源税（不含海洋石油资源税），印花税（不含证券交易印花税），城镇土地使用税，耕地占用税，契税，城市维护建设税，烟叶税	—	100%

省级与市县共享收入：企业所得税（不含属于中央固定收入和省级固定收入部分），个人所得税（含利息所得税），营业税（不含各银行总行、各保险总公司集中缴纳的营业税以及属于省级固定收入部分），土地增值税。具体分享比例如表1—4所示。

表1—4　　　　　　　　省级与市县共享收入分享比例

收入项目	中央分享	省级分享	市县分享
企业所得税（不含属于中央固定收入和省级固定收入部分），个人所得税（含利息所得税）	60%	20%	20%
营业税（不含各银行总行、各保险总公司集中缴纳的营业税以及属于省级固定收入部分），土地增值税	—	50%	50%

四　确定基数

为简化操作，财政体制执行中，各项税收收入均按规定的省级和市县分享比例分别缴入省级库和市县库。基数确定以2010年为基期年，具体确定办法由省财政厅根据实际情况另行研究制定。

体制调整后，如以后年度各市县上划或省级下划收入达不到基数的，则当年相应扣减基数返还或基数上解。

五　清理规范财政体制上解事项

各市县财政对省级财政上解项目中，对性质相同、数额固定的单位上划经费上解项目予以归并，根据事业发展需要或者中央规定确需保留的予以保留。具体由省财政厅在财政决算工作中执行。

六　完善财政转移支付机制

进一步完善财政转移支付机制，通过完善激励型财政机制、实施生态激励型财政机制、建立县以下政权基本财力保障机制和推进省直管县财政体制改革等，逐步增加一般性转移支付，规范专项转移支付，增强欠发达地区的财政保障能力，缩小地区间差距，推进全省基本公共服务均等化进程。同时，通过制定面向全省的产业发展财政政策，发挥财政资金的引导作用，推动全省产业转型升级，支持珠江三角洲地区提升产业结构，带动粤东西北地区进一步加快发展，服务和保障全省经济社会实现全面协调可持续的科学发展。

《广东省分税制财政管理体制实施方案》不仅与中央《深化财税体制改革总体方案》、新《预算法》相衔接，更结合广东实际增加了深化民生财政保障制度改革、深化财政投融资制度改革两大任务。而诸如厘清省与市县之间事权和支出责任、探索建立地方税收体系等改革重点，使得这份方案颇具先行先试的意味。

第三节　深化财税体制改革下广东积极构建地方财税体系

2014年，《广东省深化财税体制改革率先基本建立现代财政制度总体方案》（以下简称《总体方案》），该方案与中央《深化财税体制改革总体方案》基本保持一致，并结合广东省正在推进的重要改革工作，将建立基本公共服务均等化的财力支撑机制和构建政府公共资源投入的公平配置机制纳入重点改革任务，构成五项重点改革任务：一是深化预算制度改革，加快建立规范完整、透明高效的预算管理机制；二是调整省以下政府间财政关系，建立省以下事权和财政支出责任相适应的运行机制；三是深化民生财政保障制度改革，建立基本公共服务均等化的财力支撑机制；四是深化财政投融资制度改革，构建政府公共资源投入的公平配置机制；五是深化税收制度改革，探索建立符合广东实际的地方税收征管机制。

一　深化预算制度改革——除国务院批准外，不得以任何方式举债

深化预算制度改革是中央《深化财税体制改革总体方案》的第一

大任务，在《总体方案》中，也被摆到了第一位。根据《总体方案》，广东将建立定位清晰、分工明确的政府预算，把政府的收入和支出全部纳入预算管理，同时加大政府性基金预算、国有资本经营预算与一般公共预算的统筹力度。此外，未来广东将实现全口径财政预决算、预算调整、部门预决算以及"三公"经费预决算信息公开。如"三公"经费方面，广东将进一步细化因公出国（境）团组数量及人数、车辆购置数量及保有量、公务接待有关情况等信息。

在跨年度预算平衡方面，中央《深化财税体制改革总体方案》明确，一般公共预算如出现超收，只能用于冲减赤字或者补充预算稳定调节基金；如出现短收，通过调入预算稳定调节基金或减少支出等方式实现平衡；如采取上述措施后仍不能实现平衡，省级政府报本级人大或其常委会批准，可增列赤字，报财政部备案，并在下一年度预算中予以弥补。

为了切实维护预算的严肃性，中央《深化财税体制改革总体方案》要求，在预算执行中，各级政府一般不制定新的增加财政收入或者支出的政策和措施，也不制定减少财政收入的政策和措施；必须做出并需要进行预算调整的，在预算调整方案中做出安排。同时，严格控制不同预算科目、预算级次或者项目间预算资金的调剂；上一年预算的结转资金，应当在下一年用于结转项目的支出；连续两年未用完的结转资金，应当作为结余资金管理。

值得注意的是，完善政府性债务管理体系也被纳入了考量。根据中央《深化财税体制改革总体方案》，除国务院批准外，各级政府及其所属部门不得以任何方式举借债务。举借的债务应当有偿还计划和稳定的偿还资金来源，且只能用于公益性资本支出。

二 调整省以下财政关系——明确事权和支出责任划分办法

在调整省以下政府间财政关系方面，《总体方案》首先提出将明确划分省以下事权和支出责任。在划分省以下事权和支出责任时，适当上移并强化省级事权和支出责任，并在保持收入格局大体不变的前提下，合理调整省以下分税制财政体制，实现省以下事权和支出责任相适应。

而根据深化改革的精神，事权将划分为政权运转类、市场监管类、社会管理类、公共服务类等类别；支出责任将划分为省级支出责任、市县级支出责任、省市县共担支出责任三类。

事权方面，《总体方案》将关系全省统一市场建设、促进区域协调发展等事务集中到省级；将直接面向基层、地域信息强、由基层管理更加方便有效的经济社会事项下放给市县管理；对于难以明确区分受益范围、各级均有义务且可以提供的公共服务，超出市县管辖范围或超越市县管理能力的跨区域事务，由省级承担。据悉，事权置换调整通过试点先行，成熟一项推进一项，并在此基础上，采取省级限制列举、剩余归属市县的方式，逐项明确省与市县的事权范围。

支出责任方面，《总体方案》明确，省级财政承担省级事权的支出责任，市县级财政承担市县级事权的支出责任。对各级共同承担的事权，按照合理的比例承担相应的支出责任。其中，对区域性公共服务类事项，基层信息收集越复杂，市县级支出责任越大，跨区域外部性越明显，省级支出责任越大；对共同管理维护类事项，初始建设方面支出由省市分担，日常维护方面支出由市县级承担。

三　建立地方税收体系——优化税制结构，提高直接税比重

探索建立地方税收体系是本轮深化财税体制改革的重点。《总体方案》指出，将按照中央改革部署，理顺中央与地方收入分配，将具备相当规模、收入来源稳定、与产业发展关联度高的税种作为地方主体税种和主体收入；同时，按照保持现有财力格局基本稳定的原则，完善省以下分税制财政体制，通过房地产税等改革，使房地产税等财产行为税成为县（市）级主体税种，培育地方支柱税源，稳步增加地方财政收入，以增强市县政府履行事权和支出责任的保障能力。

在税制改革方面，《总体方案》提出逐步提高直接税比重，优化税制结构，为市场经济发展提供公平、统一、规范的税制环境，并将

积极争取有关税制改革在广东先行先试。如将营改增范围扩大到生活服务业、建筑业、房地产业、金融业等各个领域；落实推进消费税改革，增强消费税促进节能减排、调节收入分配的作用；落实推进资源税改革，逐步将资源税扩展到占用或开发水流、森林、草原、滩涂等自然生态空间；落实环境保护费改税和环境保护税立法；落实推进个人所得税改革有关工作，探索构建个人收入与财产信息管理平台，逐步建立综合与分类相结合的个人所得税制度。

四 广东特色——增加两大任务

（一）完善财力支撑机制，促进投入公平配置

如果说上述三大改革任务是在中央《深化财税体制改革总体方案》的总体框架下的全面落地，《总体方案》的一大亮点还在于，在中央的基础上，结合广东省正在推进的重要改革工作，增加了建立基本公共服务均等化的财力支撑机制、构建政府公共资源投入的公平配置机制两大改革任务。

在深化民生财政保障制度改革、建立基本公共服务均等化的财力支撑机制方面，《总体方案》提出了明确实施范围、加大投入力度、创新政策措施、完善供给机制、强化政策效应五个方面的改革举措。通过完善财政投入体制机制，增强财政保障能力，有效保障改善民生，建立完善基本公共服务均等化的财力支撑机制，促进形成政府主导、覆盖城乡、功能完善、分布合理、管理有效、可持续的基本公共服务体系。

在深化财政投融资制度改革、构建政府公共资源投入的公平配置机制方面，广东将按照"政府引导、市场运作、规范透明、监管有力"的要求，探索推进财政投融资改革，深化公共资源交易体制改革，构建政府公共资源向各类投资主体公平配置机制，推进公平统一的市场建设，提高公共资源配置的效率和公平性。主要改革举措包括：探索推进财政投融资改革；明确政府公共资源投入范围；规范政府公共资源公平配置方式；规范公共资源交易平台；完善公共资源交易监

管机制等。

(二) 改革路径——问题导向试点推进

《总体方案》不仅明确了各项重点改革任务，对深化财税体制改革如何推进也有深刻的思考。

着眼于构建有利于科学发展的财税体制机制，改革将从制约广东经济社会发展的财税体制方面最突出的问题入手，优化制度设计，严格财政管理，确保资金分配规范、安全、高效，减少自由裁量权，提高财政资金绩效。同时，围绕稳步推进改革，《总体方案》坚持整体设计和分步实施相结合，合理选取改革的切入点和突破口，力求准确把握时机、力度和节奏，适时选取部分区域、领域、事项开展改革试点，做到成熟一项推进一项。以开展零基预算改革试点为例，《总体方案》将改变过去"基数加增长""钱等项目"的做法。又如在增加预算约束力方面，明确在预算执行中，各级政府一般不制定新的增加财政收入或者支出的政策和措施，也不制定减少财政收入的政策和措施等。

第二章

从基本公共服务均等化改革到财政公开透明化改革

习近平总书记在党的十九大报告中明确指出，"加快推进基本公共服务均等化""完善公共服务体系，保障群众基本生活"。向社会成员提供均等的基本公共服务，是现代政府的基本职责之一。党的十六届六中全会首次明确提出实现城乡基本公共服务均等化目标。经过党的十七大、十七届三中全会、十八大等重要会议的强调和部署，基本公共服务均等化总体实现已成为到2020年全面建成小康社会战略目标的重要内容。

现阶段我国的基本公共服务还存在不均等现象，主要表现在：城乡之间基本公共服务供给不均等，农村基本公共服务水平远低于城市；区域之间基本公共服务供给差异大，东部地区政府提供的基本公共服务数量和质量明显高于中西部地区；社会成员之间享有的基本公共服务不均等，比较突出的是进城农民工享有的基本公共服务水平远低于城市户籍居民。

随着我国社会主义市场经济的深入发展和社会转型、利益分化，社会矛盾逐渐增多，人们在工作和生活中面对的不确定性风险不断加大，实现基本公共服务均等化、促进社会和谐的地位和作用日益突出。这要求我们深化认识、扎实工作，加快提高基本公共服务水平和均等化程度。

目前，我国的基本公共服务存在着体制机制难以适应人民日益增长的美好生活需要和不断提高的质量服务需求,同时,在城乡之间、区域之间、群体之间还存在着巨大的不平衡性甚至不公平性。在让改革发展成果更多更公平地惠及全体人民,朝着实现全体人民共同富裕不断迈进的过程中,必须深化公共服务领域供给侧结构性改革,突出改革重点,完善运行机制,坚守公平底线,提升基本公共服务均等化。

完善政府购买公共服务制度,建立竞争性的公共资源配置机制,随着政府公共服务范围日益扩展,公共服务提供主体也呈多元化发展趋势。进一步发挥好市场机制、公开竞争制度在公共服务领域的作用与功能,必须改革政府财政等公共资源的配置制度。十八届五中全会指出,"创新公共服务提供方式,能由政府购买服务提供的,政府不再直接承办,能由政府和社会资本合作提供的,广泛吸引社会资本参与"。这为深化公共资源特别是政府财政资源的配置方式改革指明了方向。

首先,政府应变革既有观念,即"公共服务的承担者必须是国有或者公共的"观念。事实上,只要按照社会主义市场经济规律,符合法律和法规的国有及民营企业、社会组织都可以作为公共服务的提供主体。

其次,政府应承担起责任,将公共资源配置的环境建设好。让更多有意愿且有实力的国有及民营企业、社会组织进入政府购买的公共服务领域,才能真正实现公共资源的公平与效率,提升人民群众的获得感和满意度。

最后,加强政府绩效考核,努力提高政府行政效能。充分认识政府公共服务管理的重要性,充分重视绩效考核在公共服务管理中的重要性,充分运用绩效考核的科学手段,探索建立政府绩效第三方评估机制,大力提高公共服务效能和水平。此外,还应借鉴国际经验,结合国情特点与发展阶段,总结地方经验,在多种政策框架内提高公共资源综合效益。积极发展社会组织,构建多元主体协同的公共服务供给机制。

第一节 公共财政体制下广东政府的"钱袋子"如何花？

政府的钱怎么花？得给老百姓一本"明白账"。广东自2004年起探索实行预算联网监督，人大可以通过联网监督每一笔财政资金如何花出去。2017年，全国人大常委会办公厅印发了《关于推进地方人大预算联网监督工作的指导意见》（以下简称《指导意见》），预算联网监督这一监督政府"钱袋子"的有效方式，将正式开始在全国范围内推广，计划用三年时间，逐步形成横向联通、纵向贯通的预算联网监督网络。

《指导意见》明确了推进地方人大预算联网监督工作的总体规划：争取用三年时间，逐步形成横向联通、纵向贯通的预算联网监督网络。在横向上，首先实现人大与本级政府财政部门联网，再逐步与政府收入征管、社保、国资和审计等部门联网，实现预算收支信息的横向联通对比；在纵向上，由省、市和有条件的县三级预算联网监督系统平台构成，逐步实现纵向信息传输应用。通过建立健全预算联网监督系统，逐步实现对预算的全口径审查和对预算执行的全过程监督。

《指导意见》还明确了推进地方人大预算联网监督工作的时间表：2017年的目标，首先是全国省级人大常委会预算工委等工作机构与政府财政部门间实现预算决算等基本信息传输查询。同时，启动系统的预警、分析和服务功能的开发研究工作。2018年，则将进一步推动完善系统的查询、预警、分析、服务等基本功能，同时逐步实现与政府收入征管、社保、国资和审计等部门的联网，并开展上下级人大之间纵向信息传输应用工作。另外，还将以省为单位，推动所属地市级人大预算联网监督系统建设，并投入使用。2019年的目标则是，基本实现地级市人大预算联网监督系统建设和使用全覆盖，进一步扩大横向联网的范围，同时引导和鼓励有条件的县级人大开展预算联网监督工作，并继续加强系统功能研发，有效发挥系统作用。

一 预算联网监督的"广东样本"

什么是预算联网监督？简而言之，就是人大与政府联网，政府的每一笔开销都放在人大的"眼皮子底下"。人大代表也可以随时查询到政府的各类收入和支出。

其实，早在2004年，广东就已经在全国首开先河，建立起了预算支出联网监督系统。广东最初的联网监督，仅是省人大财经委与省财政厅的联网。在当时的省人大财经委预算监督室专用电脑上，几十个省级部门的每一笔开销都可以实时看到。人大可以实时查"账本"，监督政府花钱。随后，审计、纪检监察也纳入联网，并从省级推进到市一级和县区一级，系统逐渐完善。截至2017年5月的数据表明，广东全省121个县区中有114个县区实现了本级人大与财政联网，联网率达94%。在人大与财政联网之外，通过省级和13个地级以上市、13个县区实现了本级人大与社保部门联网，广东将社会关切、代表关心的老百姓"保命钱"，也纳入了预算联网监督系统。

二 线上查询与线下监督相结合

通过联网监督系统跟踪了解预算执行具体情况之后，如何及时有效行使预算执行监督权，提高预算监督科学化、精细化水平？

线上查询与线下监督相结合是一个重要途径。2013年，广东省人大常委会预算工委结合跟踪监督审计查出的突出问题，在联网查询时重点关注了117个省级预算单位授权支付执行情况，发现4个预算单位12月单月支出额占比超过50%。发现问题后，省人大常委会与这4个单位进行座谈，具体了解资金支出进度较慢的问题和原因，并督促其进行改进和完善。

面对海量的财政数据，人大在监督中不可能追踪到每一个项目。为了提高人大监督预算执行的针对性、实效性，广东省人大常委会坚持全面监督与专项监督相结合。广东省人民政府在2015年预算中安排了"四河"污染整治的专项资金，预算工委对资金拨付落实情况进行了持续跟踪，在系统中未能查询到 2015 年 7 月汕揭练江污染综合整治资金的拨付情况，可能存在资金不到位问题，于是向广东省财政厅提出了相关要求，保证了常委会决议的落实。

三　预算编制和执行全程监督

从一般公共预算资金、政府性基金预算资金逐步扩大到国有资本经营预算资金和社保基金预算资金，实现了全口径"四本账"预算资金全纳入。通过政务内网光纤专线，广东省人大常委会与省财政厅联网，把财政数据同步联到人大的系统中，由人大常委会预算工委等专门机构监控，政府财政的每一笔支出都在人大的"眼皮子底下"。

四　社保基金账务数据实时监督

广东省的社保数据由广东社保基金管理局每月定期上传到全省社会保险基金账务信息系统，省人大则可登录系统分险种、分统筹区查询每月全省及各地级以上市社保参保统计报表、社保基金预算执行情况等数据。在"全省社会保险基金账务信息系统"中，为省人大预算工委开设账户，查询全省社会保险基金具体账务处理数据、财务凭证、基金余额表、基金报表等。

第二节　共享财政阳光——惠州"首吃螃蟹"

2008 年，广东省在全国率先出台《广东省基本公共服务均等化规划纲要（2009—2020 年）》，明确到 2020 年，全省基本建成覆盖城乡、功能完善、分布合理、管理有效、水平适度的基本公共服务体系，努力实现城乡、区域和不同社会群体间基本公共服务的制度统一、标准一致和水平均衡。广东财政部门通过深化财政体制改革、加大资金投入和加强绩效考评等措施，努力推进基本公共服务均等化，为建设幸福广东做出了积极贡献。

第二章 从基本公共服务均等化改革到财政公开透明化改革

2012年4月,惠州被确定为全省首个推进基本公共服务均等化综合改革试点市。从那时开始,惠州在全省"首吃螃蟹",大刀阔斧地推进这项改革。到2015年年底,试点创造了基本公共服务均等化的惠州样本,为全省推广提供了经验参考。这些年来,惠州先后制定了进入珠三角第二梯队、全面深化改革、创新驱动发展等"目标路线图"和"十三五"规划,编制实施主体功能区、新型城镇化、低碳生态等一系列引领全局发展的规划,形成了覆盖城乡、全面配套的规划体系,绘就了"五位一体"绿色跨越的蓝图。

在惠州,以实现"四个公共"(公共教育、公共卫生、公共文化体育、公共交通)、"四个保障"(生活保障、住房保障、就业保障、医疗保障)等为重点的八类基本公共服务均等化正协同推进,经济社会面貌日新月异。惠州能够在综合改革试点地区筛选中脱颖而出,与其近年来经济社会迅速发展,老百姓幸福感普遍较高,具有开展综合改革的较好基础有关,也与其具有代表性有关——惠州相当部分区域属于粤北欠发达地区,区域发展不均衡,推动区域城乡基本公共服务均等化任务艰巨,某种程度上是广东城乡区域发展整体情况的缩影。破解城乡之间、县(市)区之间、不同群体之间享受的基本公共服务水平差异问题,完成三个层面的任务。

第一个层面是统筹城乡间基本公共服务均等化。按照城乡统筹的要求,加快完善基本公共服务制度设计,缩小城乡之间基本公共服务供给差距。加快实现城乡基本公共服务制度对接,加快完善农村基本公共服务体系,合理配置城乡基本公共服务资源。

第二个层面是均衡县区间基本公共服务水平。破除行政区划障碍,促进各区域基本公共服务水平均衡发展。统一区域内基本公共服务标准,确保"底线均等",完善城镇职工基本养老保险制度,提高欠发达地区基本公共服务水平,实现区域内基本公共服务自由流转和待遇互认。

第三个层面是促进不同人群间基本公共服务均等化。在提高低收入人群基本公共服务保障标准、实现户籍常住人口基本公共均等化的基础上，逐步实现基本公共服务由户籍人口向常住人口全覆盖。

此外，在《广东省基本公共服务均等化规划纲要（2009—2020年)》原定公共教育、公共文化等八类基本公共服务项目的基础上，综合改革试点将公用设施、社会安全、社会服务、权益保障、人居环境、生态环保等方面纳入基本公共服务保障范围，以适应经济社会发展的新要求和人民群众的新期待。

近年来，惠州市坚持市级新增财力的70%用于民生，5年累计投入改善民生资金超过400亿元。从推行"一村一站一医生一护士"到城镇居民人人享有基本医疗保险，从实施城乡免费义务教育到落实中小学教师待遇等，人民群众更多地分享到改革发展成果，取得了重要成效。

一是建立起财政投入长效保障机制，市财政每年安排不少于1亿元，并随着公共预算收入增长而增加，县（区）按上年公共财政预算收入的3%安排专项资金，上解到市级统筹；加大资金整合力度，按总量不低于40%的比例投入基本公共服务领域；市、县（区）基本公共服务支出增长必须高出公共财政预算收入增长2—3个百分点等。

二是建立起底线均等保障机制。例如：教育生均公用经费补助底线均等，2012年起，全市城乡免费义务教育公用经费补助小学不低于每年550元/生，初中不低于750元/生；城乡低保标准底线均等，实现城乡一体化，达到每人每月385元；农村基层组织工作经费保障底线均等；城乡居民医保财政补助标准底线均等，均达到每人每年252元。

在供给方式上，广东坚持政府主导的原则，探索基本公共服务多样化供给形式，形成公共服务事业供给主体多元化格局，提高公共服务效率和质量。同时，进一步深化财政资金竞争性分配改革，对部分基本公共服务领域的财政专项资金，通过招投标等形式建立"多中选好、好中选优"的项目竞争性优选机制，提高基本公共服务供给的效益和水平。

第三节　晒出明白账——广州财政公开领跑全国

广东省广州市自 2009 年首度公开部门预算以来，始终秉持"勇于探索、先行先试"的改革精神，积极打造"透明预算"和"阳光财政"，有序推进预决算等财政信息公开，取得了丰硕成果。

2009 年，广州首开全国部门预算公开的先河，在部门网站上公开了市本级 114 个部门的部门预算，这是国内第一次将政府预算"账本"完全"晒"出来，由此拉开了全国部门预算公开的序幕。2012 年，广州实现了部门决算和"三公"经费决算公开，统一预决算信息公开的形式和要求，明确了部门预决算公开的责任主体，规范市直部门决算公开文本格式，实现了从预算信息公开向决算信息公开的跨越。2013 年，广州实现了市、区（县）、镇（街）三级政府"三公"经费预决算信息全面公开。市本级"三公"经费公开单位由政府部门和直属机构扩大到党委、人大、政协、审判、检察、民主党派、工商联、人民团体等非政府系列的部门（机构），公开范围从市本级扩大到全市 12 个区（县级市）、164 个街镇。2014 年，广州建立起"全口径"预算编报制度，将一般公共财政预算、政府性基金预算、国有资本经营预算、财政专户管理资金预算和社保基金预算五本预算一并提交市人民代表大会审议，实现政府所有收支预算均向同级人大报告并公开，并首度公开会议费预算及 11 个项目的第三方绩效评价报告。2015 年，广州进一步扩大了预决算信息公开范围，首度公开了各部门项目支出政府采购预算、政府性基金支出预算和项目绩效目标表，部门预算公开范围扩大到所有向财政编报部门预算的单位。2016 年，广州进一步细化了部门预算公开的内容，市本级各部门机关运行经费的公开范围从原来的"三公"经费和会议费扩大到基本支出商品和服务支出属下的 12 项行政性经费支出明细预算。

完善预算编制是做好预决算公开的基础。广州财政预决算公开成功的基础，在于多年来广州市财政部门在部门预决算编制上的精耕细作。从 2001 年起，广州市本级财政部门即选择市科技局等 5 个单位试编部门预算并提交人大审议；到 2008 年，市本级 110 多个单位的部门预算（包括一般财政预算和政府性基金预算）全部提交人大审议；2013 年，市本级开始单独编报国有资本经营预算，与公共财政预算、政府性基金预算一并提交市人大审议，并将"三公"经费预算纳入部门预算编制，单独申报和批复；2014 年增加编报社保基金和财政专户管理资金预算，从而实现涵盖政府所有收支预算均向市人大报告。可以说，市本级部门预决算编制的日益完善、规范和细化，为财政预决算信息的公开打下了坚实的基础。

制度先行是做好预决算公开工作的重要保障。从 2009 年开始，广州财政不断加强制度建设，积极推进财政预决算公开工作。在领会、执行中央、省关于财政预决算信息公开有关规定的基础上，不断完善财政预决算公开范本，细化公开内容，切实保障群众对于财政信息的知情权。不断加强财政预决算公开的制度建设，先后印发了《转发省府办公厅关于深入推进政府预算信息公开指导意见的通知》《广州市财政局关于推进区、县级市部门预决算、"三公"经费信息公开的指导意见》《转发财政部关于深入推进财政预决算公开工作的通知》等文件，明确了部门预决算公开的一系列要求。此外，广州还加强了包括会议费、差旅费、误餐费、"三公"经费、财政专项资金管理等相关制度的修订和建设，为财政预决算公开工作提供了有力保障。

精细服务是做好预决算公开工作的重要手段。预决算公开的主要矛盾是公开信息的详尽程度难以满足公众要求，且专业性较强。为此，广州财政根据工作实际逐年丰富公开内容，如 2012 年公开部门决算和"三公"经费决算；2013 年推进公开区（县）、镇（街）"三公"经费预决算；2014 年首度公开会议费预算和第三方绩效评价结果；2015年公开项目支出政府采购预算、政府性基金支出预算和项目绩效目标表；2016年增加公开政府债务限额、余额及基本支出商品和服务支出属下的12项行政性经费支出明细预算。同时，使公开内容尽量做到通俗易懂。公开表述尽量减少专业词汇，多用图表、数字及通俗直白的语言进行表达，增加公开内容的可读性，方便公众了解财政资金支出情况。注重加强与媒体沟通协调。预决算公开前，市财政、宣传部门主动与媒体沟通，发布新闻通稿，解答媒体关心的问题，正面引导媒体的报道，保障预决算公开工作的顺利进行。

经过多年探索和努力，广州已基本实现财政信息（含财政预决算信息、部门预决算、"三公"经费预决算等）全口径、全范围公开，公开内容不断细化，公开流程逐步统一。一是实现了全口径预决算信息公开。广州从2014年开始建立全口径预算编报制度，迄今为止已经实现一般公共财政、政府性基金、国有资本经营、社会保险基金和财政专户管理资金五本预算全部提交市人大审议并公开。二是基本实现了全范围预决算信息公开。在公开范围上，广州目前已经实现财政预决算、预算调整、预算执行以及所有向财政编报部门、预算单位部门预决算的全范围公开；在公开级次上，实现了市、区、镇（街）三级政府"三公"经费预决算信息全部公开。三是实现了公开内容的不断细化。政府预决算及部门预决算支出全部公开到功能分类项级科目，基本支出商品和服务支出预算公开到经济分类款级科目。"三公"经费公开到"三公"经费总额和分项金额（其中公务用车购置和运行费细化为购置费和运行费）、因公出国（境）团组数量、人数和前往地点、车辆购置数量及保有量、公务接待人次等情况。同时，将本级政府财政转移支付安排情况、项目支出政府采购预算、政府性债务余额向社会公开。四是实现了公开时间、范本、内容、形式、程序的"五统一"。统一公开时间，市直预算部门均在统一时间公开部门预决算；统一公开范本，各部门均须按范本公开部门预决算；统一公开内容，广州除按上级要求统一公开"规定动作"内容外,还不断拓宽公开范围,统一增加"自选动作"公开内容;统一公开形式,各部门预决算信息除在本部门网站公开外,还须在市政府门户网站上同步公开;统一公开程序,市直预算部门均须公开部门预决算;涉及国家秘密的内容,须报同级保密部门审定后书面送市财政局备案,并在公开中予以剥离。主动公开部门预决算和"三公"经费信息,对规范广州财政行为,加强财政资金绩效管理,提高依法行政水平发挥了积极促进作用。各级政府部门更加重视财政资金使用绩效,不断提高依法行政、科学用财的水平,使广州"阳光政府"的形象深入人心。

第三章

广东预算管理体制改革研究[*]

经过40年的深化财税体制改革,广东省在预算管理体制改革方面取得了显著成效,实现了从区域财政资金转移支付改革、竞争性财政资金分配制度改革到全口径预算制度改革的转变,逐步建立起现代预算制度的科学框架。党的十八大以来,广东省围绕进一步提高财政预算透明度,提高一般性转移支付比重,建立健全地方政府性债务管理机制,编报体系和意见建议的征询机制等方面进行了制度优化与体制改革,形成了财政预算管理的"广东经验"。

第一节 广东省财政转移支付制度改革

作为财政体制的核心组成部分,预算管理体制是一项管理和规范财政分配关系的根本制度,根据国家各级政权的职责范围,按照一定的划分方法,明晰各级财政收支范围和管理权限。1994年分税制改革后,我国逐步建立起分级分税的预算管理体制。在分税制改革的基础上,经过一系列改革措施和政策,我国逐步形成现行的财政转移支付制度——以中央对地方转移支付为主的纵向转移支付制度,中央对省级政府的转移支付制度较为规范,而省对下转移支付

---

[*] 2015年,广东省人民政府印发《关于深化预算管理制度改革的实施意见》(以下简称《意见》)。围绕《意见》提出的十个方面的主要任务,广东省坚持边实践边完善,从预算编制、执行、监督、公开以及强化资金管理等环节着力,推动改革落实,取得了阶段性成效。

制度没有统一规范。分税制改革导致财权向上集中和事权向下转移，即上级政府集中财力并下放事权，然而分税制改革并没有进一步向省级以下明确推进。地方各级政府依照中央做法对本级与下级的财政收入进行划分，但只有少数省份设立省对下的一般性转移支付，多数省份只是简单地将中央直接对市县的转移支付和由省级配套的财政资金下拨给市县。这就导致了全国范围内省对下转移支付以专项转移支付为主，一般性转移支付比重偏低，政府间事权与支出责任划分不明晰，转移支付资金管理不透明，基层财政自主性不高，地方财力捉襟见肘，尤其是县级政府财政困难问题更为严重。作为改革开放先试先行的经济大省，广东同样也面临着区域间财力不平衡和县域经济财政实力薄弱等严峻问题。

自改革开放以来，广东经济总量和财政收入呈现阶梯式大幅度上升的良好势头，区域生产总值、进出口总额、财政收入等总量指标跃居全国首位。然而，广东区域经济社会发展差距无论以区域生产总值、居民收入及其人均水平等指标衡量，还是以财政收支及其人均水平等指标评价，都要大于全国不少省份，县域经济财政困难和区域发展失衡成为广东"老大难"问题。依据传统的财政分权理论，政府间财政转移支付可以在一定程度上缓解财政分权所带来的地区财力不平衡、公共产品外部性和地方公共产品质量不均等问题。科学合理的财政转移支付制度有利于促进基本公共服务均等化，均衡地区间财力差距，提升地区间资源配置的整体效率。因此，广东作为一个区域发展失衡的经济大省，其转移支付制度改革是全国各省份完善省对下财政转移支付制度的一个颇具代表性的重要样本。

一 广东省财政转移支付制度变迁的来龙去脉

按照中央对地方财政转移支付制度的安排，大部分省份对市县的财政转移支付普遍分为两类：一般性转移支付和专项转移支付。① 一般性转移支付（原称财力性转移支付）是由上级政府拨给下级政府自主统筹安排使用、不规定具体用途的无条件补助支出，主要用于弥补财政实力薄弱地区的财力缺口以均衡地区间财力差距，实现地区间基本公共服务均等化。一般性转移支付的主要形式之一是均衡性转移支付。② 随着国家一系列政策的出台，其逐渐增加了其他分类拨款形式、宽泛指定用途的子项目，包括调整工资转移支付、农村税费改革转移支付、基金养老金转移支付和城乡居民医疗保险转移支付等。专项转移支付是以实现特定的宏观政策和事业发展战略目标，或对中央委托地方事务、中央地方共同事务进行补偿而设立的规定具体用途的有条件补助资金，重点用于支农、教育、医疗卫生、社会保障和就业等公共服务领域。

（一）重点建立和完善纵向转移支付制度

1. 一般性转移支付制度由"均衡性"向"激励型"发展

随着中央对地方一般性转移支付的建立，广东参照中央的办法逐步建立省对下的一般性转移支付制度。1996年起，广东按照《广东省分税制财政管理体制实施方案》进行省对市县的分税制改革，省市按一定原则划分财政收支。为了保证省与市县实行分税制下各级政府正常运转，广东于1996年4月出台了《广东省财政转移支付实施方案》，对市县实行无条件的均衡性转移支付，主要是为了均衡各市县的财力差距。该方案以1994年为基期，对市县进行分类，以财政供养人数为依据计算全省市县级最低费用开支标准，按其与"理论财政收入"③

---

① 根据2007年6月27日《国务院关于规范财政转移支付情况的报告》，中央对地方财政转移支付制度体系由财力性转移支付和专项转移支付构成，税收返还不反映为转移支付。从2009年起，财政部将财力性转移支付更名为一般性转移支付，原一般性转移支付更名为均衡性转移支付。

② 均衡性转移支付原为1995年实施的过渡期转移支付，随着所得税收入分享改革建立起一般性转移支付资金的稳定增长机制，2002年取消过渡期转移支付的提法，将其更名为一般性转移支付，2009年又更名为均衡性转移支付。

③ 《广东省财政转移支付实施方案》设计了"理论财政收入"，某市本级理论财政收入为该市本级国内生产总值与所属类的平均数的乘积。其中，所属类的平均数是指按各市本级财力状况划分全省各市类别后所计算的每类每百元国内生产总值创造财政收入的平均数。

修正的收入总额的差额来确定转移支付资金额度。2000年，为鼓励市县通过发展经济实现财政创收和控制财政养人规模，全省对市县实行适量奖惩，奖惩指标包括市县的一般预算收入平均增长率和事业编制管理宽松程度。然而，尽管2001年起广东改按2000年转移支付金额作为基数，以后每年按10%比例递增，省对市县转移支付额度不断增加，各市县也享受到省级转移支付，但是县级财政收入持续偏低，财政运转仍然相当困难。2001年起施行的转移支付补助政策未见成效，其主要原因是在这一政策下，市县享受省转移支付与其财政增收完全脱钩，无论财政增收与否，一般性转移支付按固定比例递增。这既助长了市县"等、靠、要"的依赖性，又加重了省本级财政压力。因此，2004年广东制定了《关于促进县域经济发展财政性措施意见》，从2004年起，全省开始实行激励型转移支付制度，一定四年。具体措施包括：通过"转移支付基数不减、调资专项补助不减、省配套增设预算周转金力度不减"，确保既得利益；根据市县上划省"四税"收入、市县上划中央"两税"和一般预算收入等增长情况，确定基数考核指标，从而核定市县每年的新增转移支付的额度，使得转移支付与其财政收入挂钩，激励市县增加财政收入；确定基数考核指标之后，通过"超增分成，挂钩奖罚，鼓励先进"三项奖励政策促进县域经济发展。四年后，《关于继续执行促进县域经济发展财政性措施的意见》对广东激励型转移支付制度进行微调，并从2008年起继续实施，一定两年。在实施激励型转移支付制度的基础上，广东为了配合主体功能区建设，避免生态发展区的财力因功能区划分而受到影响，2010年出台《关于调整完善激励型财政机制的意见》，将一般性转移支付与县域生态环境挂钩，实施生态激励型一般性转移支付。生态优化区域市县每年新增一般性转移支付，分别按基础增长转移支付和激励机制转移支付进行考核，生态综合考核维持上年水平不下降，即可获得基础增长转移支付；生态保护和建设得越好，所得的激励机制转移支付就越多，从而提高生态发展区保护生态环境的积极性。2013年，广东出台《关于完善省级财政一般性转移支付政策的意见》，将一般性转移支付分为基础性转移支付和激励型转移支付两个部分。广东一般性转移支付制度由"均衡性"向"激励型"发展，体现对公平和效率的兼顾，在确保基本公平的基础上，强化激励作用，既保障基本民生项目支出需要，又充分调动市县发展的积极性。

随着宏观经济形势的发展变化和中央政策的出台，以及进一步压减专项转移支付，扩大一般性转移支付，增强市县财政的统筹能力，广东一般性转移支付开始逐渐增加了以分类拨款为形式、未指定具体用途的其他子项目，例如调整工资转移支付、农村税费改革转移支付、农村义务教育补助、缓解县乡财政困难转移支付补助等。目前，广东省级一般性转移支付资金主要包括均衡性转移支付、激励型转移支付、县级基本财力保障机制奖补资金、重点生态功能区转移支付等项目资金，以及公共安全、教育、社会保障和就业、医疗卫生、农林水等专项领域未指定具体使用项目的其他一般性转移支付资金等。

2. 专项转移支付制度注重项目规范和资金管理

从 2003 年起，广东从财政支农资金着手，由上至下对专项转移支付项目进行清理、规定和整合。通过建立健全定期评估和退出机制，严格控制省级专项资金项目数量，严格遵守"一个部门一个专项，没有专项的不新增专项"和"专项转移支付资金预算一年一定"的原则。在专项转移支付项目数量减少的同时，广东专项转移支付的资金总额则是逐年增加的，为"三农"、教育、医疗卫生、社会保障和就业、环境保护等民生事业的发展提供了财力支持，促进基本公共服务均等化。专项转移支付项目不少，金额总量大，要发挥其应有作用，离不开财政专项资金的有效管理。对此，广东重点规范省级财政专项资金管理，明确每一个专项转移支付应有且只有一个资金管理办法。一是将与民生息息相关的专项转移支付资金纳入国库集中支付，对部分转移支付实行"省级集中收购、实物下发、市县列支"的办法，减少了资金分配环节和支付环节，从而减少资金挪用和资金截留的可能。二是以《关于省级财政资金试行竞争性分配改革的意见》为指导，建立专项资金竞争性分配机制。

(二) 以对口帮扶为雏形探索建立横向转移支付制度

广东于2002年出台的《关于珠江三角洲经济发达市与山区市县对口帮扶的实施意见》,详细规定了珠三角地区对经济欠发达地区的对口帮扶制度。珠三角地区的广州、深圳、佛山、东莞、江门、中山、珠海7市作为财力输出方,每年向每个对口帮扶山区县提供无偿的财政支持,在确定基数上按比例递增。该项资金规定用于被帮扶山区县的基础设施建设和扶贫开发项目。由此可见,广东省地区间横向转移支付以对口帮扶为形式初见雏形。此后,对口帮扶的资金列入了预算草案,具有法律约束。2010年,广东出台《关于建立推进基本公共服务均等化横向转移支付机制的指导意见》,明确提出了逐步建立区域间横向转移支付办法,帮扶对象调整扩大为珠三角7市以外的其他14市,资金用于提高财力转入市县的基本公共服务水平。横向转移支付作为一般预算支出列入财力转出市的财政预算草案,按程序报经同级政府及人大审议通过后,以书面形式将横向转移支付额度通知财力转入市县。

二 广东省财政转移支付制度改革的主要经验

从1994年分税制改革到改革开放四十年的今天,经过20多年的努力,广东逐步形成以纵向转移为主、纵横交错的财政转移支付制度,其中纵向转移支付制度则以"保基本"和"强激励"相结合一般性转移支付体系为主体。广东省财政转移支付制度的改革深化取得了较为显著的成效,积累了不少改革经验,但也存在一些值得深思的问题。

(一) 由省级财政负责,以县为转移支付主体,有效保障基层政权正常运转

广东省对下财政转移支付制度是以县为转移支付主体的,由省级财政负责安排和监督。广东县域经济财政实力较为薄弱,县级政府收支矛盾突出,地方财政收入的层级分布结构就像一个中间大、两头小的纺锤体——省级和县乡级财政收入占比分别较低,地市级财政收入占比则较高。如果仅由各地市各自为政统筹所管辖各县的转移支付,

并不能充分协调不同地区各县之间财力的不平衡。以省级为中心，建立省对市县的财政转移支付制度，有效地保障了市县基层政权正常运转的必要财政支出。通过转移支付下沉，改善级次间支出均衡度，逐步提高县级支出占全省各级总支出的比重，不断增强县级基本财力保障能力。

虽然由省级统筹安排对市县转移支付，有利于充分均衡不同地区市县的财力差距，但是我们不能忽略三个现实问题：一是广东省以下事权与财权划分不清晰，事权与支出责任不匹配；二是广东省以下并没有建立规范的分税制，省与市县的财政关系存在较大程度的讨价还价的分成制和包干制色彩；三是省财政转移支付直接计算到县，将导致省级财政实际上承担了弥补县级财政收支缺口的主要责任。综合上述现实问题，就不难理解这将进一步诱导市级从县级过度集中财力，转嫁财政负担。由此可见，要转移支付制度发挥平衡各级政府间财力的基本作用，其重要前提和基础是进一步完善省以下财政体制。

（二）扩大转移支付规模，优化转移支付结构，提升转移支付的均等化效果

财政转移支付通过补助落后地区财力缺口，平衡各级政府间财力，促进基本公共服务均等化，促进区域协调发展。财力均等化是实现基本公共服务均等化的重要手段。推动基本公共服务均等化发展，必须依靠地方财政保障。贾晓俊和岳希明[①]通过基尼系数分解的方法考察我国转移支付的地区间财力均等化效应，发现一般性转移支付财力均等化效应强于专项转移支付。吴强和李楠[②]同样实证发现一般性转移支付的财力均等化效果明显，专项转移支付扩大了区级财力差距，部分抵消了一般性转移支付的效果。为了促进区域协调发展、推进基本公共服务均等化，广东除了不断加大省财政对市县的转移支付力度，

---

① 贾晓俊、岳希明：《我国不同形式转移支付财力均等化效应研究》，《经济理论与经济管理》2015年第1期。

② 吴强、李楠：《我国财政转移支付及税收返还变动对区际财力均等化影响的实证分析》，《财政研究》2016年第3期。

还进一步优化转移支付结构,努力压减专项转移支付,扩大一般性转移支付,增强市县财政的统筹能力。周婕①利用广东省2000—2009年转移支付的数据进行实证分析,发现广东省转移支付的均等化效果较为明显。

虽然广东省财政转移支付制度旨在实现地区间的财政均等化,从而促进基本公共服务均等化,但是"均等化"并非绝对的而是相对的。珠三角地区在享受优越的社会公共产品和服务的同时,还要承担较高的生活成本以及忍受拥挤和受污染的生活环境;而粤东西北地区则可能恰恰相反。因此,在设计和安排转移支付制度时,无法回避"何为均等化""如何实现均等化"以及"怎样的均等化才是经济社会发展所需要的"问题。

广东转移支付规模不断膨胀的背后,可能是转移支付的"项目化"。复杂多样的"专项"和"项目"设置逾越原有的行政科层管理体制,呈现"项目治省"的趋势。然而,项目市场化部分的投资效率低,公共部分绩效考核缺乏,同时大量的转移支付项目,施行时间短且缺乏连续性,难以实现某个特定发展政策意图,项目整体绩效不佳,转移支付应有价值未得到充分体现。海量的转移支付项目将地方有限的财力资源碎片化,统筹资金的能力大幅下降。国家治理应以"制度"为核心,不应以海量"项目"为简单载体,对于一个省的经济发展和社会治理也是如此。因此,在改革开放四十年的今天,广东要推进财税体制改革和提升治理能力,必须进一步改革和完善转移支付制度,清理规范专项转移支付之路仍然任重道远。

此外,根据"粘蝇纸效应"假说,转移支付有可能降低地方政府的财政努力。转移支付制度在试图实现地区间财政均等化的同时,可能削弱地方政府的财政努力程度。广东扩大转移支付规模以均衡地区财力差距,尤其是将转移支付向欠发达地区倾斜,这可能会抑制粤东

---

① 周婕:《转移支付的财政均等化效果的计量分析——基于广东省的实证研究》,《经济界》2011年第3期。

西北地区落后市县的财政努力，甚至可能会导致地方财政的"荷兰病"现象。对此，广东从2004年起利用激励机制，激发和调动市县的积极性。

（三）利用激励机制，增强县域经济财政实力

广东利用激励机制，探索建立激励型一般性转移支付机制，将省财政转移支付与县域经济财政发展挂钩，经济增长快，财政增收多，转移支付补助也将水涨船高，从而调动了县域发展经济的主动性和积极性。广东以《关于促进县域经济发展财政性措施意见》为指导，从2004年起开始实行激励型转移支付制度，一定四年。2003年广东省各县地区生产总值平均水平为54.5亿元，到2007年达到了82.8亿元。2004—2007年间，广东省县均财力总计新增137.9亿元，县均增加2.2亿元。全省欠发达县市一般预算收入占全省县市级一般预算收入的比重提高了1.06个百分点。

广东省激励型一般性转移支付机制中，对市县转移支付激励补助的考核指标是"综合增长率"——由各市县上划省"四税"收入增长率、上划中央"两税"收入增长率、一般预算收入增长率加权平均所得，其中上划"四税"比重超过50%。增值税、消费税、营业税的增长主要来源于第二、第三产业，因此这个权重分布有利于激励县域经济大力发展第二、第三产业，优化经济结构，增强经济实力。以所辖5个全为扶贫开发重点县的河源市为例，该市第一、第二、第三产业结构比例由2003年的30.3：32.3：37.4调整升级为2007年的15.1：51.9：33.0，实现第二产业比例超过1/2的历史性突破。可见，广东省激励型一般性转移支付机制一定程度上激励了市县调整优化产业结构，增强县域经济实力。

第二节　广东财政专项资金竞争性分配改革

一　广东财政专项资金竞争性分配改革背景

在财政资金竞争性分配改革之前，广东省财政专项资金分配方式

有平均分配、"跑部钱进"、"领导拍板"等。但财政资金在分配之初面临各种"跑资金""争项目""年初猛要钱"的单位，而在最终使用过程中，"只买贵的不买对的""年终突击花钱"等现象又屡见不鲜，对财政资金造成极大浪费，财政监督流于形式。在各级财政资金总量一定的情况下，如何合理切割这块"财政专项资金蛋糕"，是政府面临的难题，亟须改善。

在这种背景下，广东财政从2003年开始探索创新省级科技专项资金管理模式，在粤港关键领域重点技术突破专项资金使用上，采取招投标工作，在资金分配管理环节引入竞争性机制。广东财政改变以往"一对一"的财政资金审批分配工作，在同一资金项目中引入多个竞争者，通过"一对多"的选拔性审批，建立项目优选机制，从而提高财政资金使用效益。随后，在此基础上，广东省财政厅于2008年探索提出《关于省级财政专项资金试行竞争性分配改革意见》，从改革思路、改革原则、工作目标、工作内容以及实施步骤等方面提出改革意见，获得省政府批准转发（粤府办〔2008〕18号）。《关于报送省级财政专项资金竞争性分配改革试点工作实施方案的通知》（粤财预〔2008〕84号）以及广东省财政厅制定的《省级财政专项资金支持项目竞争性安排暂行办法》《省级财政专项资金竞争性分配绩效管理暂行办法》等一系列管理制度指导了试点工作，为顺利推进试点工作提供制度保障。自此，作为改革开放的前沿阵地，广东在全国率先启动财政专项资金竞争性分配改革，成为在财政资金分配改革领域"吃螃蟹的第一人"。

二 广东财政专项资金竞争性分配改革实施过程

广东财政专项资金竞争性分配改革的基本原则是"两权不变"和"绩效优先"，分配权和管理权仍属于省级主管部门，绩效管理体现在财政专项资金分配和使用的全过程。广东财政专项资金竞争性分配改革的思路是，对资金对象不唯一、不固定的专项财政资金，引入竞争机制至分配环节，基于明确的使用范围和绩效目标，采用招投标或专家评审等方法，从申报的多个项目中选择出最能实现绩效目标、使用效益最高或者实施成本最低的项目，给予财政专项资金扶持。基于改革原则和改革思路，广东省财政厅开展了分类处理各项资金和项目、建立并完善专家库、制订竞争性分配方案以及建立绩效管理体系等工作。结合管理实际，按照"清理—分类—试点—评估—推广"的步骤，广东财政对财政专项资金改革循序渐进、分步实施。首先，省财政厅牵头清理2008年省级预算安排的专项资金，研究选取部分资金分配结果具有可选择性、不固定使用对象的专项资金纳入改革范围，组织开展试点。其次，对纳入竞争性分配改革的专项资金根据资金性质，分别制订试点工作实施方案，规范招投标、评审等形式，建立"多中选好，好中选优"的项目优选机制。再次，评估试点工作，对项目实施后的使用监督和绩效进行评价，总结经验。最后，调整完善财政专项资金竞争性分配方案，强化顶层设计、规范制度，扩大改革范围，逐步推广至全省市县财政。

在财政专项资金竞争性改革中，并非所有资金项目都使用竞争性分配，而是有选择地实施竞争性分配，采取相机抉择和竞争性分配相结合的方式，寻求公平和效率的均衡。总体而言，建设性财政支出多采用竞争性分配，而民生性财政支出多采用非竞争性分配，探索更加合理的财政支出资金分配模式。并且，不同类型和特点的财政专项资金竞争性分配项目，其具体施行方式有所不同。一是面向企事业单位的"战略性新兴产业扶持专项基金"等，对全社会所有符合条件的企事业单位公开招投标。二是面向地区的可在地区间转移的"省产业转移扶持资金"等，由各地申报，专家评审确定。如2016年10月9日，广东共青团"三农"专项资金举办竞标活动，各地级市团委"竞"相出彩，以"标"促学，收获项目资金的同时，也加深了与兄弟市团委的交流，取得了宝贵的经验。三是面向地区的全省总体规划下分年、分地区实施的"欠发达地区薄弱乡镇卫生院改造建设专项资金"等，评估地方方案，按照"条件最优，时间最快"的原则确定实施先后顺序。四是面向政府出资购买的"农村劳动力转移培训补助资金"等，向社会公开招标，引入竞争性购买机制，依法确定服务机构。

广东省财政专项资金竞争性分配改革，不但在分配过程中公平公开，规范评审专家管理，确保评审质量，最大限度地保障各申报单位机会均等，公平竞争，而且引入财政专项资金绩效评价，建立资金使用事前、事中、事后全过程的绩效评价制度，实施专项资金全程追踪问效、问责机制，强化专项资金的全过程绩效管理。具体而言，第一，在财政专项资金竞争性申报过程中，各申请单位须制定专项资金实施的绩效目标，并且细化至相应的具体指标，报送财政部门备案审核，作为项目申报、评审以及绩效追踪、评价的重要依据，从而明确专项资金的用款责任。第二，在各项专项资金竞争性分配使用过程中，广东省财政厅会组织人员定期考核各单位的工作绩效，实施绩效监督。第三，对项目阶段性完成情况进行绩效评价，不同的项目类型有不同的绩效要求，若不达标将面临暂停甚至收回专项资金的惩罚。通过将绩效管理理念融入财政专项资金分配，提高资金分配和使用绩效，倒逼地方"不忘初心"、使用好资金，创造更大的效益。

三　广东财政专项资金竞争性分配改革实施效果

广东率先提出竞争性分配改革，创新财政专项资金分配方式，经过十年的实践，广东财政专项资金竞争性分配改革稳步推进，竞争性分配项目的范围逐步扩大，已涵盖科技、教育、水利、农业、社保、医疗卫生、旅游、交通运输等各领域，地域覆盖也由省级逐步推向市县级，实现集中财力、以不均衡的发展手段解决发展中的不均衡问题。竞争性分配的同时也不忘保障民生，将专项资金竞争性分配与推进基本公共服务均等化并举，取得了良好的实施效果。

广东经济总量多年稳居第一，但是区域发展极不均衡，粤东、粤西和粤北地区经济发展远远落后于珠江三角洲地区，如何促进区域协调发展是广东省政府一直以来极为关注的问题。2008年之前，广东省采用平均分配、相机抉择的方式对粤东西北欠发达地区经济发展进行扶持。这种分配方式下，资金分散，使用效率低，重点不突出，难以形成强有力的聚集效应，过度追求公平反而造成极大的效率损失。2008年实施竞争性分配改革之后，变革了以往平均分配模式。2008—2009年，广东共完成22项省财政专项资金竞争性分配改革试点，涉及10个省级部门近100亿元省财政资金，其中分5批竞争性分配完作为广东省"双转移"战略重要环节启动的75亿元省产业转移资金。2010年，广东财政对第一批扶持战略性新兴发展专项资金5.8亿元进行竞争性分配。2011年，广东省设立战略性新兴产业政银企合作专项资金；五年内统筹安排50亿元，通过贷款贴息的方式，促进战略性新兴产业加快发展。2011—2020年，广东省财政统筹安排1000亿元，全省总投入3000亿元，通过竞争性分配安排水利项目，在全省择优选出30个水利建设示范县，集中财力推动水利建设，尤其是民生水利建设实现新跨越。这些资金项目仅是财政专项资金竞争性分配改革中受益的一部分，广东财政专项资金竞争性分配改革实施以来，资金安排规模庞大，惠及众多项目，在项目选择过程中重点突出、政策性强。

以"产业转移扶持资金"为例，2008年竞争性机制被引入欠发达地区"产业转移扶持资金"项目，将原来五年内每年每市1亿元分散和平均分配，按照财政专项资金竞争性分配试点方案，75亿元省产业转移资金变成分批次集中、竞争性分配，共分为五批，经过初次筛选各有六个地区能进入每批次的竞标，每批次竞选出三个地区，每地区中标金额为5亿元，中标地区获得的资金支持远高于以往平均分配下的1亿元，并且中标地区仍可参与下批次的竞选，这就大大调动了地区发展的主观能动性。因此，"产业转移扶持资金竞争性分配"取得了良好的效果。一是通过竞争，加深了地区间的互促互进，促使各地区深入分析自身的优势和不足，更加主动科学地规划和设计地区内产业园区的发展，有效推动地区开拓科学发展的新思路。二是通过竞争，实现科学合理的财政专项资金分配，提高了财政资金的使用效益，带动了地方和社会资金对产业园区的投入。三是通过竞争，促使欠发达地区把握机遇、快速发展，有利于形成新的经济增长点，促进区域经济协调发展。

四　广东财政专项资金竞争性分配改革经验推广

广东财政专项资金竞争性改革十年多的实践经验表明，财政专项资金竞争性分配改革是有力的"财政杠杆"，充分发挥了财政资金"四两拨千斤"的作用，是公共财政改革的一项重大突破。通过财政专项资金竞争性分配改革，在部分专项资金分配环节引入竞争性机制和科学公平的评价机制，强化激励机制、绩效优先，有利于打破地方和部门传统的路径依赖与思维定式，有利于调动地方发展经济的主观能动性，有利于政府公共管理向社会化管理转变，有利于财政专项资金管理向全过程绩效管理转变，有利于健全完善的公共财政体系。

正是由于财政专项资金竞争性管理成效显著，对财政管理制度改革的影响长久深远，对区域经济科学发展意义重大，在广东财政专项资金竞争性改革经验的基础上，其他省份也对财政专项资金管理进行竞争性分配改革。2013年起，浙江省财政实施省级财政专项资金竞争性分配改革，强化省级财政专项资金管理；2017年，浙江省设立了振兴实体经济（传统产业改造）等三项财政专项激励资金，计划2017—2019年内每年安排54亿元，共投入162亿元，择优扶持48个县（市、区），集中财力办大事。不但多省进行专项资金竞争性分配改革，中央财政资金也于2013年开启了财政专项资金竞争性分配改革。当年由财政部和发展改革委共同组织的2013年节能减排财政政策综合示范城市竞争性评审工作中，中央对申报的26个城市完全采取专家公开评审制度，通过竞争性答辩评审出10个城市作为节能减排财政政策综合示范城市，优先享受中央财政各项节能减排优惠政策。该事件标志着广东开启了竞争性分配中央财政资金的先河，也标志着广东财政专项资金竞争性分配改革获得了国家层面的认可，也意味着我国财税体制改革之路在提速。在中央"深化财税体制改革"要求下，未来财政专项资金竞争性分配改革须进一步完善，不断创新，使财政资金的使用更加优化、更加科学,助力财税体制改革再上一个新台阶。

第三节 广东全口径预算制度改革

2003年党的十六届三中全会第一次明确提出"全口径预算管理"的概念,从此开展全口径预算管理便成为政府财政管理体制改革的重要组成部分。党的十八大又将"全口径预算"写入政府工作报告,并明确提出"加强对政府全口径预算决算的审查和监督"。

一 全口径预算的内涵与主要特征

全口径预算管理是财政预算管理的一种模式,预算管理的范围不仅包括预算内资金和预算外资金的监管,而且包括政府性债务和或有负债的监管,是防范财政风险的一项重要措施。它包括:立法层面的全口径,即各级人大能够实现对政府所有收支活动的集中监管;行政层面的全口径,即财政部门能够总揽政府收支,统一编制预算。

(一) 更系统

全口径预算是对社会公共资源的收支情况进行系统盘点,统一管理。按照当前我国财政四大类预算格局,全口径预算将"公共财政预算、政府性基金预算、国有资本经营预算、社会保障预算"全部覆盖,目的在于维护预算的统一性和完整性,试图解决长期以来存在的大量预算外收支与制度外收支的问题。

(二) 更透明

近年来,老百姓对于政府预算透明度的问题非常关注,不断下降的"三公"经费预算,便是直接回应社会关切的结果。随着经济运行风险的日益突出,地方政府债务问题成为财政风险的"引爆点",强化全口径预算管理,有利于查漏补缺开展政府预算外大量举债的行为管理。财政资金的支出绩效问题同样也备受关注,竞争性财政资金配置成为加强财政资金监管的重要模式。

(三) 更规范

全口径预算管理要求按照国际惯例提供财务信息、政府政策与目标信息、资产与负债信息等，要建立一套"口径统一，标准统一，时间统一"的信息披露机制。加强对预算流程完整性的考察，在预算准备、审查与批准、执行与控制、评估与审计等方面实现规范操作。

二　广东全口径预算管理的主要经验[①]

广东是财政大省，积极实践政府预算全口径管理（2016年从审计结果来看，省级财政基本实现全口径预算管理，建立健全政府预决算体系），是探索更好地实现地方政府事权与财权高度匹配的工作机制。建立综合的政府收支问责机制，实现政府财政收支管理向财政资金绩效管理转变深刻变革的重要抓手，是政府部门对自己权力的制度约束[②]，潜在意义是财政管理体制层面的一次深刻革命。本部分将对广东地级市强化全口径预算的典型经验进行梳理，如表3—1所示。

表3—1　　　　广东地级市强化全口径预算工作内容

地方	工作内容
吴川市	加强部门预算编制和项目库建设，编制全口径预算，加大预算公开力度，加快建立全面规范透明、标准科学、约束有力的预算制度，严格落实中央八项规定精神，全面完整、具体翔实、公开透明、节俭高效地编制预算。

---

① 2013年首次将国有资本经营预算提交省人代会审议的基础上，2014年广东省十二届人大二次会议上，再增加了社保基金预算，全面实现了全口径预算编制。

② 完善政府预算体系。推动和督促各级政府建立覆盖一般公共预算、国有资本经营预算、政府性基金预算和社会保险基金预算的预算体系，实现全口径预算编制。加强政府预算体系之间的统筹衔接，加大政府性基金与一般公共预算统筹力度，2015年按规定将8项省政府性基金转列一般公共预算，2016年增加至9项。完善国有资本经营预算制度，逐步提高国有资本经营收益上交一般公共预算比例。

续表

地方	工作内容
揭阳市	推进全口径预算管理，提升预算完整性。强化预算执行的工作，细化预算支出计划，加强支出进度督查、通报和考核，落实责任惩罚和责任追究机制，强化单位预算执行主体责任，提高预算支出进度的均衡性和时效性。
广东省人大财政相互配合	广东省人大常委会利用互联网技术探索建立财政预算支出联网监督系统。经过多年发展完善，目前这套系统已经与省财政的信息系统实现联网，可以实时查询全口径预算资金支出情况和省级部门预算执行的具体情况，提高了预算执行的透明度和预算支出监督的完整性。
广州市	健全政府债务管理及风险预警机制，印发《广州市政府性债务风险应急预案（试行）》。加快存量政府债务化解，严控新增政府债务，将新增政府债务纳入全口径预算管理，强化对政府性债务动态实时监控，本市政府性债务存量余额和总余额均有效下降。黄埔区深化结余资金管理，引导部门从"争增量"转向"挖存量、抓整合、保重点"。
中山市	积极推进全口径预算管理，增强一般公共预算、政府性基金预算、国有资本预算、社会保险基金预算之间的衔接，合理安排预算，加大对各类资金的统筹使用力度。规定对符合资金使用范围的支出，优先通过政府性基金和国有资本经营预算安排，推进国有资本经营预算与一般公共预算的统筹协调。没有相关法律法规制度依据的，不得将政府性基金用于本部门基本支出。

三 优化广东全口径预算管理的政策措施

广东的全口径预算管理在实现四大基金预算统一纳入社会监管范围的基础上，进行了总量和结构的调整，根据广东自身特有的情况分析，进一步优化全口径预算管理的政策建议如下。

（一）保障信息公开透明

强化全口径预算管理需要建立预算信息公开透明的保障机制。提升广东财政预算报告的清晰度，减少模糊空间，逐步消除政府部门在预算编制上的自由裁量权。推动预算公开的对比性、可读性，通过图形与数据相结合，强化预算报告的通俗易懂与便捷信息获取。更加完善参与式预算决策机制,通过各类信息渠道向社会公众普及预算知识,提高公众参与预算的意识和兴趣,发挥民众积极性。健全社会第三方机构参与预算审议机制,吸引社会中介机构、行业协会、社会团体组织参与到预算监督中,与政府部门形成积极互动的良好合作局面,共同扩大预算信息公开的程度和透明度。

(二) 构建绩效监督机制

为了强化"全口径预算"的激励约束作用,必须准确地构建绩效监督机制。着眼于民生财政的支出绩效问题,专门针对教育、医疗、社会保障、农业等支出刚性部门开展深入和专门的绩效监督,形成清晰、规范、全面的监督报告,实现绩效监督促进预算落地的良性循环。切实防范地方政府盲目举债和投资,着眼全省一盘棋,开展地毯式摸排,将过去产生的编制外非财政收入资金的规模、使用方向、风险状况以及产生的效果进行系统登记,做好全口径预算的长期绩效监督准备。

(三) 精细化财政管理

实施全口径预算管理的重要前提是精细化财政管理。进一步清理和规范非税收入项目,建立四种预算之间的衔接制度,切实加大对政府性基金预算的审查和监督力度。实施过程监督机制,包括事前充分认证评审、项目预算细化、事中紧密跟踪评价、事后加大项目资金审计和绩效评价等各个环节监督,加强项目资金管理。建立严格的预算调整制度,强调财政资金的支出绩效管理,特别是涉及民生财政的跟踪审计制度要健全。

第四章

"营改增"背景下减税减负以配合供给侧结构性改革

改革开放以来，我国经济发展取得了举世瞩目的成绩，实现了综合国力由弱变强、经济模式由封闭走向开放、增长方式由粗放转变为密集、人民生活水平从温饱不足到总体小康的历史性跨越。但在经济高速增长、商品和服务供给能力显著增强的同时，由于市场机制不健全、法律与制度建设不完善所导致的产业结构不合理、产能过剩、供求矛盾突出、经济增长内生动力不足等问题也越发凸显。而为了应对国际金融危机，我国采取大范围的扩张性财政政策和货币政策，通过经济刺激计划维持了经济稳定，促进了经济繁荣复苏，但同时也遗留了诸多隐患，包括地方政府债务规模过大以及财政赤字风险增加等，并且进一步加剧了产能过剩问题。因此，化解过剩产能，优化产业结构，提升经济质量，成为新常态下我国经济增长的主要目标。在这一背景下，供给侧结构性改革应运而生。

供给侧结构性改革的实质，是从劳动、土地、资本的角度入手，通过技术创造和制度创新的方式，对产业结构、配置结构、区域结构等进行优化调整，解决供需失衡与资源错配的问题，最终实现生产力水平的提升以及经济的平稳健康发展。党的十九大报告明确指出，要以供给侧结构性改革为主线，推动经济发展的质量变革、效率变革和动力变革。2017年12月召开的中央经济工作会议强调，在改革开放四十周年之际，要继续坚持以供给侧结构性改革为主线，将深化供给侧结构性改革作为推动我国经济高质量发展的重点工作之一，继续抓好"三去一降一补"，通过大力破除无效供给，处置"僵尸企业"，推动化解过剩产能。

"三去一降一补"指的是供给侧结构性改革的五大任务：去产能、去库存、去杠杆、降成本和补短板。其中，降低企业成本，是激发企业活力、促进产业转型升级、发掘经济内部增长潜力的重要一环。目前，我国的宏观税负虽然与国际上其他国家相比并不算高，然而由于税制结构的特点，我国的企业相对于家庭和个人来说，税收负担较重，对企业形成了一种供给约束[①]，因此，需要通过相应的结构性减税措施，帮助企业减轻税收负担，降低市场运行成本，释放企业活力，提升经济供给效率。在这一过程中，"营改增"作为解决重复征税和减轻企业税收负担的重大财税改革措施，就成为供给侧结构性改革持续推进的有利背景和强大助力。可以说，"营改增"所带来的税制结构优化和行业间税负均衡效应，顺应了供给侧结构性改革的减税减负需求，很好地契合了供给侧结构性改革的目标。

因此，本章将立足供给侧结构性改革的目标和要求，探讨广东如何率先"破题"以促进经济的转型升级，并分析"营改增"财税体制改革在这一过程中的助推作用，最后总结广东已经实施的财税措施和取得的阶段性成果与经验。

第一节 广东如何率先"破题"供给侧结构性改革以促进经济转型升级？

一 供给侧结构性改革对促进广东经济转型升级的重要性

（一）打造全球先进制造业基地的需要

改革开放四十年以来，广东凭借着前瞻的顶层设计，敢于先行先

[①] 陈少强、唐仲：《供给侧结构性改革背景下的税收政策》，《中国发展观察》2017年第1期。

试的制度创新，以及毗邻港澳的优越地理环境，始终站在经济发展的最前沿。2017年，广东地区生产总值达到了8.99万亿元，这是广东连续第29年地区生产总值居全国首位，2012—2017年，广东的年均GDP增长率达到了7.9%。① 广东经济的飞速发展，离不开制造业的关键驱动作用。2017年，广东在政府工作报告中首次提出"坚持制造业立省"的观点，并提出要增加制造业投资，提升高技术制造业增加值，培育先进装备制造骨干企业，形成先进装备制造业产业集群。目前来看，珠三角虽已成为全球加工制造业中心，但还不是先进制造业中心，这是由于广东的加工制造业尚处于工业2.0的阶段，缺少品牌影响，而且容易受制于他人，甚至由于不具备品牌价值，部分地区还处于1.0的阶段。

因此，广东在拥有庞大的加工制造业体系作为实体经济发展的重要支撑的同时，也应意识到，在全国范围内供给侧结构性改革的背景下，在产业转型升级的迫切要求下，作为制造业大省的广东所面临的任务实际上更为艰巨。在内部形势方面，原材料成本不断上升、劳动力短缺、污染问题日益突出、财税体制不完善等因素，都对广东的产业转型升级形成了阻力；从外部形势来看，全球范围内的制造业智能化趋势、工业4.0的严峻挑战、中美贸易战的巨大压力，都对广东制造业的技术水平提升与制造智能化提出了新的要求。一方面，需要进一步扩大开放水平，通过区域新的开放发展推动改革的全面深化；另一方面，需要从制度和政策入手，通过供给侧结构性改革等措施对内部产业结构进行调整，降低企业税收负担，引导企业技术创新，从而实现产业的转型升级，并为全球先进制造业基地的建设提供有利条件。

(二) 加快发展现代服务业的需要

现代服务业在全球价值链中处于高端地位，是产业结构调整的主

---

① 袁华明：《改革开放走过四十年风雨历程 我们应向广东学什么?》，2018年7月28日，浙江新闻（https：//baijiahao.baidu.com/s? id =1593600762332859210&wfr = spider&for = pc）。

导力量，也是广东攀升全球价值链的关键，因此，大力发展现代服务业，是广东优化产业结构、转变经济增长方式的重要推动力。[①] 改革开放以来，广东的服务业始终保持着较快的增长速度，现已成为广东经济发展的重要组成部分。其中，现代服务业的崛起与壮大，更是为广东的经济增长提供了新鲜强大的动力。统计数据显示，广东现代服务业[②]的增加值在 2015 年达到了 22258.07 亿元，其 2008 年到 2015 年的年均增长速度高出 GDP 平均增速 1.9 个百分点，为 11.1%，高出三产 GDP 增速 1.0 个百分点。且所占经济份额与对地区生产总值的贡献率均稳步提升，从 2009 年的 26.6% 和 29.7% 增加到了 2015 年的 30.6% 和 39.7%，分别提高了 4.0 个和 10.0 个百分点。

然而，广东的现代服务业虽然发展势头良好，但仍然存在若干问题：一是产业集聚程度不够，辐射较弱；二是企业整体规模偏小，欠缺具有知名度和影响力的标杆企业；三是行业结构不均衡，产业链层次仍然偏低，创意型和研发型行业以及高端消费型服务业发展仍然较为薄弱；四是与先进制造业融合程度不够。这些问题严重制约着广东经济转型升级的步伐。供给侧结构性改革强调以经济质量的提升为目标，在微观层面有助于降低企业技术创新成本，提升产品附加值，在宏观层面着力进行产业结构调整，改善制度供给环境，这些对于广东省进一步提升现代服务业产业层次、均衡现代服务业产业发展来说至关重要。

(三) 实现先进制造业与现代服务业高度融合的需要

经济转型升级，并不单单指企业或产业自身的技术创新与结构调整，更要求不同产业之间的相互融合，共同发展，特别是当经济发展到一定规模的时候，单个行业内部的产业集聚可能遇到瓶颈，比如遇

[①] 王文森等：《加快现代服务业发展，促进广东经济转型升级》，2018 年 7 月 28 日，广东统计信息网（http://www.gdstats.gov.cn/tjzl/tjfx/201608/t20160816_342016.html）。

[②] 根据广东省统计局所制定的现代服务业统计范围，广东现代服务业分为九类：（1）现代物流；（2）新兴技术服务；（3）金融服务；（4）房地产；（5）租赁和商务服务；（6）科学研究和技术服务；（7）健康服务；（8）文化创意和设计服务；（9）其他现代服务。

第四章 "营改增"背景下减税减负以配合供给侧结构性改革

到难以攻克的技术难题或是市场相对饱和。此时，需要通过与其他产业进行融合创新，在微观层面开发新产品与新服务，满足消费者更高层次的需求；在中观层面通过增加供给，创造需求，使市场结构发生变化；在宏观层面形成两个或多个产业之间共同的技术基础和市场基础。① 产业融合是广东产业实现转型升级的重要途径之一，广东要充分实现先进制造业和现代服务业的高度融合，以消费市场为纽带，倒逼经济实现转型升级。②

产业融合的本质是创新，企业通过产业融合的方式进行创新活动需要付出巨大的成本，而取得的创新成果在使用过程中边际成本非常小，这使得产业融合具有一定的公共品属性，因此需要政府通过财税政策等手段进行干预，使产业融合数量接近社会最优水平。③ 而供给侧结构性改革以及"营改增"等财税改革内容，正是通过有效的制度供给与政策供给，采取简政放权，结构性减税，完善第二、第三产业抵扣链条，提升税收征管效率等措施，有助于降低企业创新成本，弥补产业融合过程中存在的市场失灵现象，打破先进制造业与现代服务业之间的融合障碍，实现产业结构优化与转型升级。

二 广东进行供给侧结构性改革过程中面临的挑战

（一）创新性人才基础薄弱，限制了技术创新步伐

不管是供给侧结构性改革，还是产业的转型升级，都是以创新为驱动，因此需要大量高水平高技术人才作为支撑。然而，从广东目前的教育类指标来看，高学历人才还存在较大缺口。2016年，广东省高中以上学历人口比重为30.8%，在全国仅排第8位；大专以上学历人口比重为9.4%，在全国只排到第23位；每万人在校的研究生人数只

---

① 秦莎莎：《北京CBD产业融合效应研究》，《市场周刊（理论研究）》2016年第4期。
② 林江：《对外开放新格局，粤港澳角色无可替代》，《南方日报》2014年12月31日。
③ 马荣华、尹亚红：《论产业融合的外部性与政府干预》，《河北地质大学学报》2015年第4期。

有 7.2 人，在全国排第 20 位。① 可以看到，与其他地区相比，广东在高学历人才占比方面存在较大的劣势。一方面，由于广东教育经费与人才相关投入不足，限制了高技能人才的培养以及高层次人才的引进；另一方面，广东的读书氛围相对不够浓厚，很多人的观念偏向"务实"，对教育的重视程度不够，导致部分年轻人缺乏读书的积极性。高学历人才的缺乏，将直接导致创新性人才的短缺以及创新动力的不足，从而严重限制广东技术创新的步伐，影响广东供给侧结构性改革与产业转型升级的进程。

（二）针对中小微企业的政策设计是广东供给侧结构性改革的工作难点

广东是全国经济大省，而中小微企业在广东的经济发展过程中起到了不可忽视的作用。据不完全统计，截至 2017 年年初，广东中小企业数量已超过 500 万户，占市场主体比重达 99.7%，中小微企业对广东经济增长以及税收的贡献率超过 50%，吸纳新增就业岗位超过 80%，全省 60% 以上的发明专利、70% 以上的技术创新成果、80% 以上的新产品，都是由中小微企业完成的。② 此外，以中小微企业为主体的投资额占全省投资额的六成以上，中小微企业出口占全省的40%。③ 近年来，我国十分重视解决中小企业"融资难、融资贵"的问题，出台扶持中小企业融资的相关政策，并严格规范银行机构的收费行为，使中小企业获得银行贷款的成本显著下降。然而，中小微企业在适应供给侧结构性改革和产业转型升级的过程中仍然面临着诸多困难：一是产能过剩，市场总体需求水平不足，实体经济的投资回报率有所下降，极大地影响了中小微企业的盈利水平；二是原材料和劳动力上涨，制造业劳动力短缺，税收负担较重，企业生产与经营成本较高；三是政府针对中小微企业所实施的税收优惠政策与财政补贴政

---

① 黄剑辉：《供给侧结构性改革与广东的转型升级》，《南方都市报》2016 年 6 月 26 日。
② 陈周琴：《广东中小企数量已超 500 万，首只省级小微企专项投资基金成立》，《信息时报》2017 年 1 月 4 日。
③ 林涛：《南方时论：推动中小微企业高质量发展》，《南方日报》2018 年 6 月 27 日。

策覆盖范围不够广，支持力度仍然有限。

中小微企业不仅是广东经济发展的重要力量，同时也是广东供给侧结构性改革的作用对象和主体。化解过剩产能，实现产业转型升级，并非仅仅局限于清除国有"僵尸企业"，还包括淘汰中小微企业中与转型升级方向不相适应的产能，要求中小企业采用先进技术和工艺取代落后的生产条件。然而，这一过程需要大量的资金投入和研发投入，对于很多中小企业来说难以通过自身力量完成，因此在进行供给侧结构性改革的过程中，应着重考虑这一问题。

（三）破除过剩产能过程可能伴随的失业问题需要妥善应对

去产能是供给侧结构性改革需要解决的关键问题。由于经济增速放缓，市场需求动力不足，我国的产能过剩问题较为严重。按照国际通行标准，产能利用率的正常水平应为79%—90%，低于75%为严重过剩。图4—1反映了我国2006—2017年工业产能利用率情况，可以看到，我国2015年和2016年的产能均属严重过剩范围，2015年钢铁、煤炭、水泥等行业的产能利用率甚至不足70%（见表4—1）。2017年，经过一系列"去产能"的措施，我国工业产能利用率上升至77%。

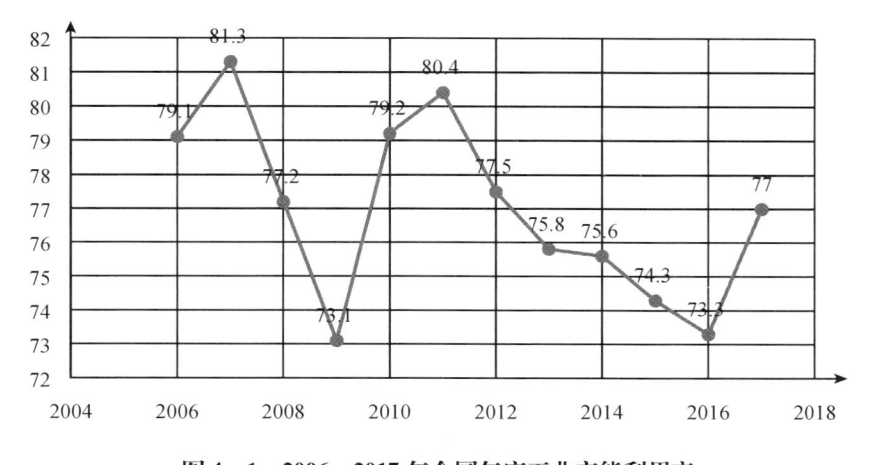

图4—1 2006—2017年全国年度工业产能利用率

资料来源：《统计局：2018年一季度全国工业产能利用率为76.5%》，2018年7月28日，新华网（http://www.xinhuanet.com/fortune/2018-04/18/c_129852956.htm）。

表 4—1　　　　　2015 年我国产能过剩行业的产能利用率情况

钢铁	煤炭	水泥	平板玻璃	炼铝	造船业
64.32%	68.42%	60%—66.8%	68%	70%	50%—55%

资料来源：沈煜、丁守海：《去产能会引起较大的失业风险吗？》，《上海经济研究》2016 年第 11 期，第 12—19 页。

然而，去产能的过程必然伴随着失业人员的增加，特别是短期内集中性的传统产业退出，会给就业带来较强烈的冲击。供给侧改革"去产能"工作中的重点行业就业人数约为 1500 万，按照较为保守的 300 万失业的估计，相对于我国 4.05 亿的城镇就业人口来说，增加的失业比重约为 0.74%，虽然对整个就业市场影响较小，但我们仍然不能过于乐观。一是因为我国的就业压力本身较大，而去产能进一步加剧了就业总量压力；二是因为行业性的失业可能会导致结构性失业问题加剧，这主要是由于供给侧改革与产业转型升级使人才需求逐渐向高层次、高技术的方向转变，而去除过剩产能、淘汰落后产能过程中产生的失业人口多为低技能劳动者，职工安置工作十分艰巨，需要妥善应对。

三　广东如何率先"破题"供给侧结构性改革以促进经济转型升级？

（一）借助自贸区平台，加强与港澳的合作与联系

广东想要率先"破题"供给侧结构性改革，必须充分利用毗邻港澳这一重要的区位优势，学习港澳的先进制度经验，加强与港澳在创新性人才、技术和管理等方面的交流与合作，从而达到突破现有资源约束、弥补技术水平以及创新动力不足的目的。因此，需要借助自贸区平台，进一步加强自贸区建设。一是积极引入港澳和内地的研发结构。无论是打造先进制造业基地还是现代服务业中心，都需要在技术上具备一定的领先优势，以及优质研发力量来保持这一优势。因此，

广东应借助自贸区平台,积极引入高新技术产业和相应的研发组织,打造科技研发服务平台和基地,推动整个广东的生产技术水平提升,为广东的先进制造业和高端服务业提供持续领先发展的重要支持。二是充分利用港澳现代服务业的各项优质资源,学习其先进的服务理念和管理经验,引入优秀的技术人才和管理人才,弥补广东在高层次创新人才方面的不足。同时,积极借鉴港澳金融业的发展经验,引入港澳的国际金融机构至此共同实验亚洲地区的人民币离岸业务,促进中国与周边地区特别是与东盟地区的贸易繁荣。三是加强自贸区在税收制度改革方面的先行先试作用,以自贸区作为供给侧结构性改革的打头阵,探索改革模式与经验,发挥自贸区在促进广东经济转型升级方面的示范性作用。

(二)税收优惠政策向中小微企业倾斜,激发中小微企业市场竞争力

实施供给侧结构性改革,推进经济结构转型升级,首先要增加高科技企业数量,鼓励高新技术企业的发展。而新成立的高科技企业往往规模较小,且在成立初期面临着高昂的技术开发成本与严重的资金约束,如果缺乏相应的政策支持,大量以技术为核心的中小企业将被扼杀在摇篮里。实际上,高科技中小企业是研发的活跃力量,高技术企业的研发密度会随着企业规模的扩大而有所下降[1]。也就是说,规模较小的高科技企业,其研发成本占总成本的比例通常更高,对企业带来的资金压力更大。因此,广东政府在实施激励高新技术企业发展的财税政策时,应适当向中小微企业倾斜,有助于提高财政资金的使用效率,同时达到扶持高科技中小企业发展的目的。

此外,中小微企业由于在物流、管理以及人员方面存在劣势,当面临营改增等改革内容时,所受到的冲击会更大。比如,一些中小企

---

[1] 郭研、刘一博:《高新技术企业研发投入与研发绩效的实证分析——来自中关村的证据》,《经济科学》2011年第2期。

业的上游企业可能不具备开具增值税发票的资格，直接影响了这些中小企业的盈利能力。在这种情况下，政府可以考虑给予其一定的财政支持，帮助中小微企业更好地完成营改增的过渡。

（三）加强失业人员的培训扶持，提高劳动力素质以适应产业新需求

丁守海等[①]按照就业的变化情况，将我国供给侧结构性改革分为三个阶段：第一阶段是改革初期，此时政府的财税政策倾向于扶持新兴产业和现代服务业，尚未对过剩产能采取强硬措施，因此制度红利明显，就业增加；第二阶段是改革中期，市场淘汰机制发威，传统产业大范围崩塌，新兴产业力量较弱，就业增长放缓；第三阶段是改革后期，落后产业的置换完毕以及新兴产业的正式崛起，使就业迎来上升拐点。我国目前处于第二个阶段，经历了一番强有力的去产能措施之后，过剩产能的取缔和置换工作仍在持续进行中，改革带来的阵痛期已然可以预见，因此需要进一步做好去产能的职工安置工作，以应对改革所引起的就业震荡。广东省对于去产能的职工安置工作一直较为重视：2016年12月，广东省人社厅印发了《去产能职工安置方案（参考样本）》，对"僵尸企业"和过剩产能企业的职工的经济补偿方案进行了规定。2017年9月，广东省人民政府转发了《国务院关于做好当前和今后一段时期就业创业工作的意见》，并结合广东去产能的情况设计了职工安置方案。然而，目前的职工安置方案更多地侧重于对过剩产能劳动力进行经济补偿，无法解决劳动力素质和技能过低所导致的结构性失业问题，因此应在一次性经济补偿方案的基础上，加大培训扶持，既要满足去产能职工在摩擦性失业期间的基本生活保障，更要注重提高其素质和技能，从而更好地满足产业转型升级之后的劳动力需求。

---

① 丁守海、沈煜、胡云：《供给侧改革与就业转换的三阶段论》，《教学与研究》2016年第3期。

第四章　"营改增"背景下减税减负以配合供给侧结构性改革

第二节　"营改增"如何助力广东供给侧结构性改革

一　为什么"营改增"是广东供给侧结构性改革的助推器？

供给侧结构性改革的关键任务之一，是通过降低企业税负，简化税制，提高征管效率和水平，以降低经济运行成本，激发市场活力，而"营改增"的实施在很多方面顺应了供给侧结构性改革的这一需求。

（一）营改增的结构性减税效应为供给者提供了更多发展空间

营改增以全行业税负只减不增为目标。在政策安排上，对小微企业全面降低税负措施，对一般企业鼓励其投资以完善进项抵扣，在扩大企业规模的同时降低企业税收负担[①]。营改增全面推开以来，减税效果明显。2016年5月至2017年9月，全面推开营改增试点全国累计减税10639亿元，其中，2016年5—12月减税4889亿元，2017年前三季度减税5750亿元。[②] 而作为较早一批营改增的试点之一，广东自2012年启动营改增试点至2016年8月底，累计减税1597亿元，减税效果同样十分明显。

全面实施营改增所释放的减税红利对企业的影响，主要通过三个途径来实现。一是直接作用于企业的成本。特别是对于税负全面降低的小微企业来说，税收负担的减轻会直接降低企业的成本，放宽企业面临的供给约束，从而缓解企业的经营困难，增强企业的经济供给能力。二是影响企业的投资决策。由于营改增在抵扣机制方面的相关要求，企业在税收激励的作用下，会倾向于增加固定资产投资，扩大经营规模。三是倒逼企业加强经营规范，提高现代化管理水平，包括选择正规供应商，加强合同管理与税收管理，构建产业链，加强对财务

[①] 倪红日：《营改增的供给侧结构性改革效应明显》，《税务研究》2017年第3期。
[②] 《税务总局：减税政策助力供给侧结构性改革，促经济惠民生》，2018年7月28日，人民网（http://finance.people.com.cn/n1/2017/1108/c1004-29634292.html）。

人员与业务人员的培训等。因此，营改增的结构性减税效应通过改变企业的供给约束和供给行为，使企业拥有了更大的发展空间，也为供给侧结构性改革提供了更强的改革动力。

（二）营改增通过完善第二、第三产业增值税抵扣链条，促进分工优化与产业融合发展

营改增实施之前，很多企业为了避免中间投入外包可能导致的重复征税问题，会对一部分中间产品和服务采取自营的方式来提供，然而这种行为并不符合专业化分工的最优选择。营改增实施以后，由于解决了重复征税问题，一方面，企业可以将中间产品或服务以外包的形式提供，避免非自愿性的业务开发；另一方面，企业也可以将自己的中间产品提供给其他企业进行生产，拓宽经营范围。这种专业化分工模式，不仅有助于服务业从先进制造业中更好地剥离开来，更有助于完善第二、第三产业之间的沟通链条，加强服务业与先进制造业的融合发展。

从广东的情况来看，营改增促进了工商业的业务分离，使工商业企业将研发、设计等中间投入环节从主营业务中剥离出来，成为更高效的创新主体。如广州唯品会科技有限公司营改增试点以后，先是将快递和仓储业务单独从总公司剥离出来，成立了广州品信投资控股公司，参股投资快递公司，不仅为集团增加了5000多万元的抵扣，同时大幅降低了快递和仓储成本。接着将互联网平台服务拆分，成立了技术服务公司，原收取各分公司的平台维护费数亿元，成了各分公司的进项扣除。[①]

这种服务业从先进制造业加速剥离以及服务业的分工再细化为企业的供给方式提供了更多样化的选择，同时有利于新业态以及新型商业模式的形成，顺应了供给侧结构性改革对产业结构调整以及产业转型升级的要求。

---

① 财政部：《广东省营改增实现四大改革效应》，2018年7月28日，http://www.mof.gov.cn/xinwenlianbo/guangdongcaizhengxinxilianbo/201605/t20160509_1982652.html。

(三)"营改增"通过规范流转税体系为供给侧结构性改革提供良好的税收制度保障

营改增着眼于我国流转税体系中的重复征税问题以及不同行业之间的税收失衡问题,通过税种合并,消除流转税征收缴纳的中间地带,是完善我国制度供给的重要内容。营改增对于我国税收制度的优化主要体现在几个方面:一是增值税的征收更符合税收中性原则,对市场机制的扭曲程度较低,有助于发挥市场在资源配置中的决定性作用;第二,营改增有助于解决过去营业税与增值税并行所带来的行业间税负不公以及产业结构逆向调整的问题①,为供给侧结构性改革营造公平、统一的税收环境;第三,营改增进一步调整了中央税与地方税的税收划分格局,促进了国地税合并以及税收征管体制改革。

营改增在为供给侧结构性改革提供良好的税收制度环境的同时,也推动了纳税服务理念的创新以及税收征管服务的标准化、优质化,为供给侧结构性改革创造了良好的税收征管环境。一方面,两税合并有助于更快实现全面统一的纳税标准,简化纳税申报流程,实现纳税服务的"一站式""一窗式"提供,为纳税人节省学习成本和时间成本;另一方面,由于营改增后纳税人数量大幅增加,因此对税务局的办税效率提出新的要求,促使其加快了网上办税服务厅以及电子税务局的搭建步伐,推动了纳税人网上办税的多元化进程。

二 广东在推进营改增过程中需注意的问题

(一)结构性减税措施可能带来财政赤字与地方政府债务增加

根据"拉弗曲线"的原理,当税率过高时,适当减少税率将对经济增长起到促进作用,使税基扩大,政府税收收入增加,这也是世界很多国家通过供给侧管理来刺激经济的重要理论依据。然而,减税并不是越多越好。从经济关系上讲,税收和政府举债是政府财政收入的两大收入来源,是政府财政支出面临的预算约束。但实际情况是,我

---

① 高培勇:《"营改增"的功能定位与前行脉络》,《税务研究》2013年第7期。

国的财政政策要求教育、医疗、卫生、社会保障等民生支出必须得到保障，因此，如果减税力度过大，一方面可能导致基本公共服务的提供受到影响，另一方面可能需要增加举债规模来满足财政刚性支出。根据2018年政府工作报告，2018年我国继续实行积极性财政政策，财政支出规模将进一步扩大，由于营改增等结构性减税措施的存在，在保证民生支出的基础上，积极性财政政策意味着我国政府债务规模必然要进一步扩张。目前，我国的地方政府债务水平已经较高，截至2018年6月末，我国地方政府债务余额167997亿元，其中，一般债务105904亿元，专项债务62093亿元。[1] 虽然我国提出要将赤字率下调至2.6%，但由于我国赤字率计算口径并不包含专项政府债务[2]，赤字率的下降并不一定意味着财政风险的降低，因此需要警惕地方政府债务持续增加可能引发的财政与金融风险，不可一味地减税。

（二）防止以短期和局部利益为目的的盲目投资行为以及地方保护主义行为

营改增通过增值税的进项抵扣机制，鼓励企业增加固定资产投资、加大研发投入、扩大经营规模，从而加快转型升级步伐。但在营改增实施的过程中，由于存在政策红利，可能会出现部分经济主体为了追求短期利益而本末倒置，采取违背改革初衷的行为，比如企业的无效经营或投资行为以及政府的不合理干预行为等。因此，广东在全面推开营改增以助力供给侧结构性改革的过程中，一是要注意避免部分企业为了享受改革政策红利而盲目投资或是盲目扩大经营规模的行为，从而导致产能过剩问题的加剧。二是要关注地方政府对营改增的落实和推行情况，防止以短期利益或局部利益为目的的地方保护主义行为，比如为了争抢税源而设置不合理的税收优惠政策，或是对企业的跨区域经营进行限制等破坏市场竞争。三是要加强税务监管，由于目前

---

[1] 财政部：《2018年5月地方政府债券发行和债务余额情况》，2018年7月28日，ht-tp://yss.mof.gov.cn/zhuantilanmu/dfzgl/sjtj/201806/t20180613_2928002.html。

[2] 我国计算赤字率的口径为：赤字率 = 财政赤字/GDP = （一般公共预算支出－一般公共预算收入）/GDP，专项债务由于对应地方政府性基金预算，因此不纳入赤字计算范围。

"营改增"政策设计尚不完善,需要防止一些企业为了经济利益而虚开发票、虚假抵扣,比如将留抵税额卖给他人,从中获利等。四是要确保地方政府的新增项目符合供给侧结构性改革的方向和要求,避免落后产能项目或过剩产能项目的上新,不仅不利于产业的优化升级,还会阻碍供给侧结构性改革效应的发挥。

三 "营改增"如何更好地助力广东供给侧结构性改革

完善"营改增",助力广东供给侧结构性改革,需要确保"营改增"在规范税制、打破供给约束、优化产业化分工方面的效应能够得到最大限度的发挥,同时要避免改革过程中因制度不合理或协调机制欠缺而导致的财政风险加剧或产能过剩反弹。因此,既要从制度设计与政策实施角度对"营改增"的内容进行漏洞填补,又要站在长远利益的角度关注"营改增"的实施效果与影响,适时调整改革力度与细节,多管齐下,促进改革效应的良好发挥。

(一)完善"营改增"的进项抵扣机制,建立科学核算体系

"营改增"全行业推开以后,由于抵扣链更加完整,企业可抵扣的进项税增多,特别是对于营改增前期的试点行业,减负效应明显。但在"营改增"抵扣政策方面,仍然有较大的改进空间。首先,完善不能开具增值税专用发票的情形的相关规定,解决由于零税率企业不能开具增值税专用发票,而导致其下游企业拒绝接受普通发票而引发的矛盾问题,防止抵扣链出现断裂,影响改革实施效果。其次,考虑将人工成本纳入"营改增"的进项抵扣范围,有利于降低建筑业、交通运输业等劳动密集型企业的减税难度,同时避免对企业内部的自给自足式劳务提供产生抑制作用。最后,加强对企业的纳税指导,由于"营改增"之后会计核算更为复杂,难度加大,在出台会计处理相关规定的同时,也需要加强税务机关对纳税人的指导和监督,帮助纳税人更好地完成会计处理与税收管理的过渡。

(二)加强税务监管部门与企业的联系

营改增税收制度改革,以微观层面的企业作为主要发力点,自下

而上实现税制结构的优化与收入分配的调整。营改增在企业层面推开的顺利与否,直接影响着改革整体效应的发挥,而企业在调整公司经营决策、投资决策以及财务行为以适应营改增的新要求的过程中,也将形成大量重要的反馈信息,对于进一步完善营改增实施细则,减少税收管理漏洞与风险来说至关重要。因此,应重点关注营改增在企业层面的实施情况,加强税务监管部门与企业的联系。一方面,要加强对企业税收管理行为与纳税行为的监管。营改增以后,增值税一般纳税人数量大幅增加,截至2017年11月,广东营改增纳税人达到了170.16万户[①],这其中,小规模纳税人占了很大比例。为了更好地应对基层征管工作的挑战,税务部门的监督工作需要有针对性,重点监督政策执行过程中争议较大以及容易出现漏洞的环节,防止漏征漏管,同时加大发票管理知识宣传力度,在企业中树立依法开票用票的自觉性,并结合行政与法律手段,严厉打击虚假抵扣、虚开发票等违法行为,确保税源稳定,风险可控。另一方面,要及时、积极获取企业从缴纳营业税向缴纳增值税的过渡时期的反馈信息,了解政策实施过程中的难点及问题,对政策实施中的不合理细节加以修改完善。

(三)营改增要与其他降成本的措施相配合,共同助力供给侧结构性改革

营改增重点从税收的角度,通过避免重复征税,优化税制结构来助推供给侧结构性改革"降成本"任务的进行。而企业的综合成本除了包含税负成本以外,还包含社会保险费、融资成本、人工成本、物流成本、制度性交易成本以及生产要素成本等。企业成本构成的多样化,意味着降成本是一项复杂的系统性工程,广东在实施营改增的同时,需要结合其他降成本措施,相互配合,发挥协同效应。具体而言,一是要进一步降低制度性交易成本,减少行政审批环节,提高审批效率,降低行政审批中介服务费用,加快涉企行政事业性收费"零收

[①] 《营改增推动产业层次提升,粤企转型效应明显》,2018年7月28日,新华网(http://www.gd.xinhuanet.com/2017-12/22/c_1122155024.htm)。

费"的推进步伐，拓宽费用免征项目的适用范围等；二是要降低企业融资成本，建立中小微企业信用信息动态数据库，搭建企业与银行之间的融资对接平台，完善对银行和担保机构的贷款风险补偿机制，加强鼓励金融创新计划的针对性等；三是要加大对原材料市场的监管，通过市场价格机制改革以及反垄断等措施，确保电力、油气、建材等生产要素的价格处于合理范围内；四是要降低企业物流成本，加快基础设施建设，规范道路收费行为，通过财政补贴、奖励等方式鼓励企业进行物流技术的创新。需要注意的是，企业成本分为市场性成本和非市场性成本，而供给侧结构性改革中的"降成本"，指的是降低由于政府管制或制度措施而产生的企业成本，从而发挥市场在资源配置中的决定性作用。[1]

第三节 广东减负减税以配合供给侧结构性改革取得的阶段性成果与经验[2]

一 结构性减税效果明显，企业成本下降

2016年5月1日起，我国全面推开营改增试点，建筑业、房地产业、金融业、生活服务业等最后一批试点行业纳入营改增范围。据广东省国税局统计，2012年启动营改增试点以来至2016年8月底，广东省已累计实现减税约1597亿元，结构性减税效应明显。试点纳税人整体税负由试点前营业税约4.5%逐步降低到2.28%，下降49%，其中交通运输业、邮政业、电信业、现代服务业分别降为1.1%、0.7%、

---

[1] 陈少强、唐仲：《供给侧结构性改革背景下的税收政策》，2018年7月28日，人民网（http://theory.people.com.cn/n1/2017/0210/c83853-29072880.html）。

[2] 本节内容中涉及的资料主要来源于：（1）《助力供给侧结构性改革深入推进，粤累计实现减税约》，2018年7月28日，广东省人民政府网（http://www.gd.gov.cn/gdgk/gdyw/201609/t20160920_236465.htm）。（2）《营改增推动产业层次提升，粤企转型效应明显》，2018年7月28日，新华网（http://www.gd.xinhuanet.com/2017-12/22/c_1122195054.htm）。（3）《广东省营改增实现四大改革效应》，2018年7月28日，财政部（http://www.mof.gov.cn/xinwenlianbo/guangdongcaizhengxinxilianbo/201605/t20160509_1982652.html）。

3.1%、2.5%。比如，南方航空公司试点后因大量购买飞机抵扣减税超过 20 亿元，广州地铁公司一年减税约 1.5 亿元。另外，36 万户小规模纳税人实施 3% 征收率，税负下降 40%。与此同时，原增值税纳税人增加抵扣明显受益。原增值税纳税人以制造业为主，通过购进各项服务等抵扣进项税 275.71 亿元，增值税税负整体降低约 5%，如广州唯品会科技公司试点前增值税税负为 2.78%，试点后下降到 1.66%，降幅为 39%。立白集团也实现了税负的显著下降。2017 年 1—10 月，立白仅在物流运输及营销费用方面就取得了进项税款抵扣共计约 9300 万元。与此同时，增值税税负从 2017 年同期的 3.80% 下降至 3.44%。东莞智能通信设备巨头 VIVO 集团近期正积极利用营改增政策红利调整经营思路和发展模式，不断扩大经营。该集团计划在 5 年内投入至少 25 亿元资金用于厂房建设和购买生产设备，建成投产后主要用于 VIVO 公司手机的生产、整机组装和仓库使用。据企业测算，建筑业营改增之后，该项投产至少给 VIVO 集团减少增值税 2.5 亿元。

二 通过贯通抵扣链条，实现产业分工细化，助推产业转型升级

广东第二、第三产业升级明显受益于营改增与供给侧结构性改革。据统计，自 2012 年启动首轮营改增试点以来，广东第三产业增加值占 GDP 的比重逐步提高，截至 2015 年已达 50.8%，首次超过"半壁江山"。

一是推动现代服务业迅猛增长，形成集聚发展。营改增试点极大地增强了市场信心，大大激发了企业的创业热情，为现代服务业发展迎来了春天，形成了集聚效应。营改增三年来试点企业达到 99.51 万户，是启动时的 5.3 倍，月均新办企业约 2 万户，尤以研发技术、文化创意、鉴证咨询业分别比试点前增长 7.6 倍、3.1 倍、4.2 倍，发展势头非常迅猛。同时，现代服务业购入固定资产以推动升级改造，2015 年增值税固定资产投资中，交通运输仓储业和技术服务业增幅分别达到 38% 和 27%，均远高于 18% 的总体增幅，特别是研发技术、交通运输、动产租赁、物流辅助业等设备采购增幅均超过 20%，服务业技术水平迅速提升。

以珠海市大潮建设集团为例，该集团之前以生产普通幕墙为主，由于受到高端产品研发的资金限制，产品升级一直无法完成，而在营改增之后，由于增值税抵扣政策的存在，公司大胆采购研发设备，加快了高端幕墙产品的研发，它也逐步从传统建筑业转型为生产绿色建筑材料的高新技术企业。

二是推动了工商业主辅分离，加快转型升级。营改增试点促进了专业化分工，使工商业企业将研发、设计、营销等内部服务环节从主业剥离出来，成为效率更高的创新主体，使企业从"橄榄型"真正转变为"哑铃型"，更好地实施创新驱动、转型升级。据调查，基于营改增等因素，46%的纳税人已经或正在实施服务业与第二产业主辅剥离，35%的纳税人将部分业务外包给其他公司，许多制造业企业将咨询和技术服务业务剥离开展专门技术研发和服务，全力开发创新产品，打造专业服务品牌，探索了制造业转型升级的新路子。佛山市实施营改增后，不少工业企业反映不再自行送货，选择外购运输服务，取得货运专票抵扣进项税额，节约了货物运输及车辆维护成本，也促进了工业运输市场的专业化发展。

三 促进企业规范经营与管理，完善市场运行机制

不同于以往的减税政策，以推进供给侧结构性改革为目的的营改增背景下，企业要充分享受减税红利，不能再原地踏步"坐享其成"，而必须建立起现代企业制度，采取科学管理手段，规范经营策略，才能最大限度地享受改革红利。营改增全面推开后，行业的规范管理显著提升，企业积极适应税制转换，转变经营思路，主动杜绝假发票，提升现代化管理水平。对于下游供料企业而言，全面营改增也为企业规范经营并自觉提供正规发票提供了动力。

一方面，企业内部管理规范程度明显加强。由于营改增后实行以票控税，带动试点企业从产业链构建、财务管理、合同管理、供应商选择等方面不断完善内部治理机制，加强内控建设，增强了税收管理

意识，促进了企业的精细化管理，并直接带动上下游企业积极适应新税制的要求，促进了企业规范经营管理。如交通运输企业普遍通过减少挂靠经营、集中加油、集中采购、定点维修等措施，重构经营模式，行业规范化管理水平迅速提高。广州港集团试点前测算税负可能上升，试点后新制定20多项管理制度，最终实现年度减税2000多万元，管理水平明显提高。另一方面，促进市场运行环境的明显改善。在企业整体税负降低、营业收入整体增加、企业赢利能力明显增强的同时，由于增值税强调环环抵扣，企业间由过去"主动不要票"向"主动要开票"转变，倒逼全行业链条加强经营规范，不仅提升了企业资金流动速度，降低了制度性交易成本，同时促进了市场环境的优化和改善。随着试点的推进，有利于发挥市场在资源配置中的决定性作用，形成更为公平、规范、统一的市场环境。

中 篇

财政绩效

第五章

从建设型财政、公共财政到现代财政

马斯格雷夫在其著作《公共财政学理论：公共经济研究》（1959）中，将现代市场经济国家的财政职能界定为三大职能：资源配置、收入分配和稳定经济，获得普遍认可，在一定程度上确定了现代市场经济国家财政职能的基本核心内容。财政职能的界定涉及财政干预的领域，即如何处理财政收支活动与经济社会的关系。财政职能是指导政府财政收支活动的基本原则，要充分发挥财政职能，就要通过合理安排财政收支活动来实现。财政收支的安排体现了财政在经济社会中所扮演的角色，同时财政收支对经济社会的影响则体现了财政职能发挥的结果。因此，本章以广东改革开放以来财政职能的转变过程为主线，探讨广东财政收支的绩效问题。

第一节 广东实现从生产建设型财政向公共财政的大跨越

一 顺应历史潮流：由生产建设型财政转向公共财政

规范的公共财政模式较早广泛流行于西方国家，并取得了较大成功。从西方发达国家财政制度的演进历程来看，政府在市场经济体制下应该尽可能地不去介入市场能够有效运行的领域，而是以满足由家庭和企业所组成的社会公众的公共需要为目的，将财政活动的范围主

▶▶▶ 中篇　财政绩效

要集中于私人部门无法进行有效运作的领域。

改革开放以来，我国经济体制改革呈现市场化趋势，作为经济体制改革重要组成部分的财政体制改革也有了明显的公共化趋势。随着计划经济体制向市场经济体制的渐进改革，财政模式需要发生相应的转变，即必须从计划经济体制下的生产建设型财政向市场经济条件下的公共财政转变。自1998年以来，建立与市场经济相适应的公共财政制度成为财政改革与发展的重要定位。在1998年全国财政工作会议上，财政部长项怀诚明确提出我国近几年要初步建立适应社会主义市场经济发展要求的公共财政的基本框架。2000年，党的十五届五中全会通过的《中共中央关于制定国民经济和社会发展第十个五年计划的建议》，明确将建立公共财政初步框架作为"十五"时期财政改革的重要目标。2003年，党的十六届三中全会通过的《中共中央关于构建社会主义和谐社会若干重大问题的决定》中，根据公共财政体制框架已经初步建立的判断[1]，提出了进一步健全和完善公共财政体制的改革目标，发展市场经济需要相应的公共财政制度配合已经成为共识。以公共财政框架作为新时期财政改革的重要目标，是社会主义市场经济体制市场化趋势不断强化、财政改革不断深化的结果，也是顺应历史潮流的必然选择。

首先，实现公共财政是为了解决转轨时期财政职能错位的问题。财政的职能范围通常取决于政府的职能范围，因此也以一定条件下的经济体制为前提。在计划经济条件下，资源的配置由政府统一制定的计划决定，政府集社会行政管理职能、经济管理职能和所有者职能于一身。因此，从资金分配角度来看，财政依附于政府计划，是实现政府计划的重要手段，其基本任务是通过财政分配和监督协助政府组织和发展经济，这一时期的财政也因此被称为"生产建设型财政"，即财政收入主要用于满足经济建设支出需要的国家财政。但是，由于政

---

[1] 李岚清：《健全和完善社会主义市场经济下的公共财政和税收体制》，《人民日报》2003年2月22日。

府计划很难完全掌握所有社会偏好和需求等真实信息,不仅大量的财政资金投入被固化在低效率的项目上,加之企业可以完全无偿地使用财政资金,不承担任何投资风险责任,结果使投资效率进一步降低,社会资源得不到有效配置,而且社会公众日益增长的物质文化需要也难以得到满足。同时,随着经济体制改革和财税体制改革的推进,由于财政职能定位尚不明确,存在职能错位问题,一些严重的问题逐渐显现:一是财政收入占 GDP 的比重大幅度下降,财政困难到连"吃饭"都成了问题;二是财政的职能被肢解,政府各部门各立章法、自收自支,使得预算外资金和制度外收入极度膨胀,严重地限制和削弱了财政的宏观调控能力;三是分配秩序紊乱,动摇着财政分配的基础[1]。要解决这些问题,实质就是破除转轨时期公共财政"缺位"与国有资本财政"越位"并存的格局,而治本之策就是适应市场经济发展的客观规律,构建公共财政的基本框架,让公共财政在市场经济中的作用凸显出来。公共财政着眼于满足社会公共需要,相对于带有事无巨细、包揽一切特征的"生产建设财政"的职能范围而言,公共财政的职能范围是以满足社会公共需要为口径界定的[2]。因此,在公共财政框架下,财政支出的范围和规模都将得到有效的缩减和控制,相应地在一定程度上可以缓解转轨时期的财政困难。

其次,实施公共财政是中国社会主义市场经济发展的客观需要。20 世纪 90 年代初,随着我国建立和完善社会主义市场经济体制,市场经济逐步取代计划经济,同时宏观经济环境的复杂化,客观上要求政府职能必须发生转变,财政职能也随之调整,重新规范财政的干预领域。一方面,随着改革的深入,我国基本建立起社会主义市场经济体制的基本框架,财政必须适应市场经济发展。在现代市场经济体制下,市场机制要实现资源的有效配置,往往需要政府的参与。但是政府在经济运行中只是发挥宏观调控的功能,不是取代市场机制在资源

---

[1] 安体富:《公共财政的实质及其构建》,《当代财经》1999 年第 9 期。
[2] 林江:《公共财政面面观》,中国财政经济出版社 2004 年版。

▶▶▶ 中篇 财政绩效

配置中的基础性地位,而是弥补市场失灵。显然,包揽整个生产经营性领域的生产建设型财政,不能满足市场经济的发展要求。而公共财政以满足社会公共需求为口径界定财政职能范围,为市场提供公共物品和服务,弥补市场失灵①,是与市场经济体制相适应的财政模式。在公共财政的基本框架下,财政不再是集中整个社会大部分资源,直接为经济建设投资提供拨款,而是在市场机制发挥基础性作用的基础上,集中一部分社会资源,用以履行资源配置的职能。另一方面,我国经济软着陆后,经济发展又遭遇亚洲金融危机的冲击,整个宏观经济形势较为严峻,这就要求财政必须在其中发挥调节经济的作用。然而,生产建设型财政基本上都是在国家计划约束和指导下对经济产生影响,财政难以发挥明显的调节经济的作用。公共财政是在市场经济体制下实行宏观调控的国家财政,不再依附于国家计划,对经济运行具有调节作用。因此,要解决我国转型期经济发展问题,日益迫切地需要财政模式向公共财政转型,使得财政的收入分配职能和稳定经济职能得以发挥。

二 系民生与促发展:广东大力推动财政职能向公共财政转变

自1998年以来,按照中央提出的构建公共财政体制框架的目标,广东积极调整增加公共性支出,大力推动财政职能向公共财政转变。在科学发展观和构建和谐社会重大战略思想的指导下,广东财政在向公共财政转型的过程中,一手抓改善民生,一手抓促进发展,充分发挥了公共财政对经济社会活动的调节功能。

从时间线来看,广东公共财政改革历程可以大致分为三个阶段。②

---

① 张馨:《公共财政论纲》,经济科学出版社1999年版。
② 1998年全国财政工作会议首次明确提出我国要初步建立适应社会主义市场经济发展要求的公共财政的基本框架。2013年党的十八届三中全会《中共中央关于全面深化改革若干重大问题的决定》首次明确将构建现代财政制度作为我国今后深化财税体制改革的目标方向。2014年《广东省深化财税体制改革率先基本建立现代财政制度总体方案》明确广东推进新一轮财税体制改革的路线图、时间表以及总体目标。因此,本章将1998—2013年划分为广东公共财政基本框架的建设时期,自2014年起广东开始现代财政建设。

第五章　从建设型财政、公共财政到现代财政

第一个阶段（1998—2000年），向公共财政转型的初始阶段。这一阶段，广东重点解决财政与市场的关系，转变财政职能，规范在市场经济条件下的财政收支活动，破除转轨过程中政府职能缺位、越位现象。主要采取的改革措施：（1）停止财政投资办企业，清理财政周转金和涉及竞争性领域的财政支出，财政逐步退出生产经营领域的投资；（2）构建公共财政的基本框架，建立部门预算制度、国库单一账户制度、政府采购制度；（3）实施综合预算，强化"收支两条线"管理改革，建设财政监督体系。

第二个阶段（2001—2005年），初步建立公共财政的基本框架。这一阶段，广东财政以"科学发展"为主题，处理好发展与民生的关系，处理好城乡分化问题，进一步体现公共财政的民主与法治。主要改革措施包括：（1）全面实施国库集中收付改革，加强人大对政府财政预算的监督，提高财政资金运用效率，增强公共财政的民主性和透明度；（2）推进地方公共财政体制在市县、乡镇一级的改革，公共服务向农村地区延伸，切实推行农村税费改革，取消农业税[①]，提高了政府对"三农"的公共服务水平；（3）优化财政支出结构，政府预算支出以建设节约型政府为目标，由公共行政向公共教育、公共卫生、公共交通、公共安全、公共救济等公共服务领域大幅度倾斜；（4）2003年，在全国率先开展财政支出绩效评价；（5）2004年，制定并实施激励型财政转移支付政策；（6）2005年全面推开省级部门预算单位财政支出项目自我绩效评价工作，推进绩效预算改革[②]；（7）推行预算管理体制改革，全面实施部门预算，初步规定了政府部门的活动方向和职能范围，建设法治政府。

第三个阶段（2006—2013年），完善和全面构建地方公共财政体制。这一阶段，广东推进财政收支分类改革，科学划定财政支出范围，调整优化支出结构，强化财政管理和财政监督，加大以工哺农、以城

[①] 黎旭东、岳芳敏：《广东财政制度变迁及其效应：政府建设与职能转型》，《财政研究》2007年第1期。

[②] 同上。

带乡的财政转移支付力度,加快实现基本公共服务均等化,充分体现公共财政的法定性、公共性、公开性和公平性。主要采取的措施:(1)建立统一完整的政府预算管理体系,将分散于政府职能部门管理的各项政府性资金纳入财政管理,避免财政资金管理"碎片化";(2)利用现代化信息技术,建立健全税源管理、征收管理、稽查管理相互协调配合的税收征管体系,实现依法治税;(3)进一步规范非税收入管理,全省范围推进部门综合预算;(4)进一步转变财政职能,减少直接投入直至完全退出一般竞争性领域,重点支持公共服务类事项;(5)进一步深入开展支出绩效评价,为绩效预算奠定坚实基础;(6)建立和完善包括人大、纪检监察、审计、社会舆论等在内的财政外部监督机制、税收收入和非税收入的全过程经常性监督机制、预算监督机制以及财政内部监督机制;(7)改革财政投入方式,一方面有选择性地引导和集中社会资金参与投资公共服务领域,另一方面完善财税扶持鼓励政策,为企业营造良好的创新环境,加快创新型广东建设,推动经济增长方式转变。

从广东构建公共财政体系的历程可以看出,公共财政体系建设是一项以调整财政支出结构为主的系统性工作,整个建设过程是以财政收入、财政支出以及财政政策的整体运行格局为着力点。因此,从改革内容来看,广东由生产建设型财政向公共财政的转变历程还可以由财政收入、财政支出、财政政策和财政管理体制四条主线刻画。

主线一:健全财政收入职能,为政府提供公共服务给予财力保障。

在公共财政的基本框架下,广东通过完善省以下财政体制和税收征管体系,健全财政收入职能,为公共财政的"公共性"提供了坚实的财力保障。一方面,广东财政相继开展了农村税费改革、所得税分享改革、出口退税负担机制改革和"营改增"试点,激发市场活力,不断完善省以下财政体制,有效地缓解基层财政困难。从2004年起,全省率先实行激励型财政转移支付政策,在一般性转移支付中引入激励机制,将省财政一般性转移支付与县域经济财政发展挂钩。2005年,广东开始实施一系列帮助县(市)解决镇(乡)财政困难的政策措施。2008年，广东开展镇（乡）财政和村级财务管理方式改革试点，充分调动欠发达地区发展县域经济、壮大财力的积极性，提高了基层政权和组织运转的财力保障水平。另一方面，广东利用信息技术对税收征管进行改革创新。从20世纪80年代中期起，广东进入税收信息化建设的新时代，确立"科技兴税"战略，推行全省统一税收征管系统，大力开展"网上办税服务厅"建设，基本建立起"以纳税申报和优化服务为基础，以计算机网络为依托，集中征收，重点稽查"的税收网络体系，确保公共财政"有钱可支"。

主线二：健全财政支出职能，以公共服务领域的民生支出为重点。

广东把优化和调整财政支出结构作为公共财政建设的重点和突破口，努力打破生产建设型财政大包大揽的支出格局，消除财政"越位"和"缺位"并存的现象。广东财政一直心系民生与注重公平，各级财政不断调整优化支出结构，以缩小城乡之间、区域之间、社会成员之间的公共服务水平差距。广东先后部署实施了十项民心工程、建设教育强省、社会主义新农村、基本公共服务均等化、构建幸福广东等重点工作，突出解决民生问题，切实做到"取之于民，用之于民"，维护社会和谐稳定。广东财政不仅考虑财政支出的结构，还兼顾财政资金的使用效益。2003年，广东在全国率先开展财政支出绩效评价，2004年设立了全国第一个省级财政支出绩效评价机构。从2005年开始，广东省全面铺开了省级部门预算单位对财政支出项目资金使用情况进行自我绩效评价工作和财政部门对重大项目的综合评价工作。从2003年8月至2005年12月，全省先后组织开展了131个重点项目的绩效评价试点，还研究制订了《广东省财政支出绩效评价试行方案》，并且及时收集整理财政部、外省市以及广东省各地市、各部门单位的绩效评价指标，补充完善了《广东省财政支出绩效评价指标体系》[1]。

主线三：健全财政宏观调控职能，促进经济全面协调可持续发展。

---

[1] 刘昆、肖学：《推进财政支出绩效评价带动绩效预算管理改革——兼谈广东财政支出绩效评价的实践》，《财政研究》2008年第11期。

纵观全国的财政政策调控脉络，中央分别于 1993 年、1998 年和 2005 年先后实施了适度从紧的财政政策、积极的财政政策和稳健的财政政策，宏观调控方式日趋成熟。广东根据中央的统一政策相应地对省内区域进行局部调控，逐步健全公共财政稳定经济的职能。一是不断提升财政政策的灵活性。面对日益复杂的经济发展形势，财政政策发挥导向作用，支持经济发展的重点和薄弱环节，推动经济发展方式的转变和升级。二是改革财政资金投入方式。逐步退出一般性竞争领域，改变过去纯粹减税让利、向竞争性领域增加投资的单一方式，更多地采取贷款贴息、以奖代补、滚动有偿、注入资本金、融资担保、创新投融资方式等手段，扩大了财政资金投入的乘数效应。

主线四：构建公共财政管理体制框架，提高财政资金的使用绩效。

按照中央的部署，广东重点推进"收支两条线"管理、部门预算、财政国库管理制度、政府采购制度等改革，构建公共财政管理体制框架。同时，为了强化各项改革措施的衔接和配套，广东因地制宜地创新支出管理方式，自行安排了六项改革，逐渐形成了具有广东特色的公共财政管理模式：一是开展财政支出绩效评价工作，提高财政资金的使用效益，体现公共财政管理的科学性；二是进行财政监督改革，逐步开展人大对预算的实时监督，试行预算绩效评价，加强对财政资金使用的监管，体现公共财政管理的法治性；三是开展省级预算管理和国库集中支付系统整合改革，实现公共财政管理的完整统一性；四是进行公务员收入分配制度改革，体现公共财政管理的规范性；五是开展财务核算信息集中监管改革，加强会计核算监管；六是推进行政事业性资产管理改革，以适应市场经济体制的发展要求。

三 走在全国前列：广东实现从生产建设型财政向公共财政的大跨越

改革开放以来，我国逐步实现了从传统计划经济向社会主义市场经济的经济社会转型，财政改革作为经济改革的突破口和先行军，也相应地实现了财政职能的转型。通过对广东公共财政建设历程的分析，我们不难看出广东通过"收、支、调、管"等手段，财政收支活动越来越凸显公共财政的公共性、公平性、民主性和法治性，实现从生产建设型财政向公共财政的大跨越，基本建立起公共财政体系框架。

（一）广东财政收入不断迈上新台阶，稳定增长机制基本孵化成型

1978—2016年，广东地方一般公共预算收入从41.82亿元增加到10390.33亿元，在全国率先突破1万亿元，总量连续26年居全国首位。这一时期，广东地方一般公共预算收入占GDP比重表现为下降到逐步上升的变化过程（见图5—1）。这揭示了广东财政模式成功地从依附于国家计划转变为与市场经济发展相适应，财政收入稳定增长机制逐渐孵化成型。分税制的改革与完善，不仅规范了地方税制，而且通过增值税等现代税种将财政收入与经济增长挂钩，财政收入增长态势与经济增长基本保持一致。

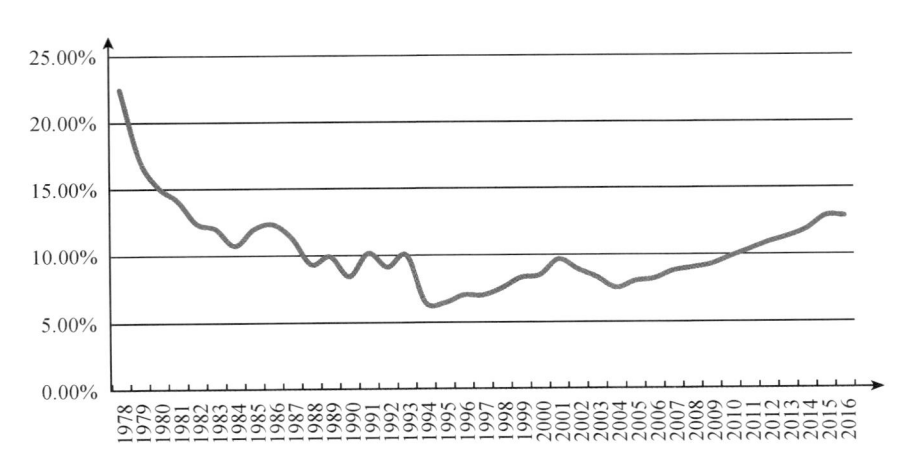

图5—1　1978—2016年广东地方一般公共预算收入占GDP比重

资料来源：Wind资讯和国家统计局。

除了在收入规模上保持稳定增长态势，广东财政收入在质量上也呈现出良好的总体发展趋势。一方面，广东税收收入在财政收入中的占比正在逐年提高。2014—2016年，广东税收收入分别为6510.5亿元、7377.1亿元和8098.6亿元，剔除政府性基金转列一

般公共预算因素后的比重分别为77.4%、77.6%和77.9%。另一方面,广东非税收入占比则呈现稳中下降的趋势。2014—2016年,广东非税收入分别为1554.6亿元、1989.7亿元和2291.7亿元,占一般公共预算收入的比重分别为22.6%、22.4%和22.1%。广东财政收入稳定增长的运行机制,为广东满足社会公众需要的各项事业发展提供了坚实的物质保障。

(二) 广东财政支出系民生、重绩效,结构日趋优化

1994年以来,广东财政支持教育、文化传媒、社保和就业、医疗卫生等民生支出[①]占全省地方财政支出的比重由高到低再到高(见图5—2),这表明广东财政实现由生产建设型财政到公共财政的成功转型。1994年分税制改革前,广东民生支出占财政支出不到1%。1994年分税制改革后,广东财政对民生方面的投入增加,但直到2006年,民生类投入基本在20%上下浮动。随着进一步完善和全面构建地方公共财政体制,广东民生支出占全省一般预算支出的比重从2007年的52.83%上升到2016年的75.13%,基本体现了公共财政"取之于民,用之于民"的本质特征。广东财政除了心系民生,还注重财政支出绩效,努力为社会公众提供更多、更好的公共产品和服务,公共财政的公共性得到进一步体现。

(三) 财政监管能力明显增强,依法理财水平不断提高

在公共财政的建设过程中,广东财政管理监督工作不再只强调管理,而是管理、监督、绩效评价并重,从而形成以人民代表大会立法监督为基础,以审计监督、司法监督、财税部门行政监督、会计监督与社会舆论监督等内外结合的财政监督体系,基本实现了在市场经济条件下依法理财、科学理财、民主理财。以政府预算为例,从2001年

---

① 按照财政部统计口径,民生支出分为"与民生直接相关的支出"和"与民生密切相关的支出",其中,"与民生直接相关的支出"包括教育、文体传媒、社保和就业、医疗卫生、住房保障5个类级科目;"与民生密切相关的支出"包括科技、节能环保、城乡社区事务、农林水、交通运输、商业服务业、国土资源气象、粮油物资储备8个类级科目。此处所指民生支出,既包括民生直接相关支出,也包括民生密切相关支出,共13个类级科目。

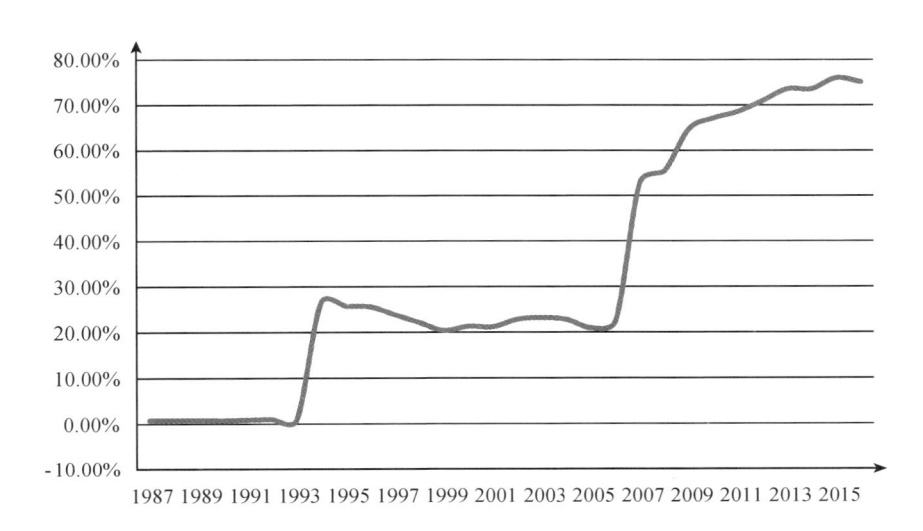

第五章　从建设型财政、公共财政到现代财政 ◀◀◀

图 5—2　1987—2015 年广东民生支出占财政支出比重

资料来源：Wind 资讯和国家统计局。

出台预算审批监督条例、2002 年省人大财经委设立预算监督室、2004 年探索实行预算联网监督，到 2007 年预算草案封面去掉"秘密"二字，再到 2011 年成立预算工作委员会，广东人大开启并引领人大预决算监督工作新气象，预算监督工作从程序走向实质，预算编制实现了由"类"到"款"的重大突破，几乎所有需要花钱的领域和部门都受到人大的监督。广东还主动将预算信息向社会公开，接受社会监督。2003 年起，省财政厅向省人代会提交除安全部门外所有省级部门细化到项目的草案；2004 年，建立预算实时在线监督系统；2009 年起，将预算草案中年度支出预算进一步细化到款级科目；2010 年，38 个省直部门向社会公布了本部门的预算信息，据《2010 年中国财政透明度报告》显示，广东省财政透明度指数在全国位居第三；2011 年，预算报告附表由 9 张增加到 19 张，报表内容详细地反映了财政支出的类别，并在省政府门户网站上公开。这一组数字充分地展示了广东财政对接受社会公众监督的重视，保证公共财政的民主性和公开性。

改革开放以来，除了按照中央部署贯彻落实各项改革措施，广东还主动先行安排多项创新工作，实现财政收入、财政支出和财政监管模式的实质性转变，表明广东财政实现从生产建设型财政向公共财政的大跨越，建立起公共财政的基本框架，有力地促进了经济和财政的持续稳定发展。

第二节 广东公共财政建设取得的成效与经验

自1998年以来，广东开始全格局地推进财政管理体制改革，通过完善分税制与政府间财政转移支付制度、创新财税管理机制、深化预算管理体制改革等措施，初步建立起公共财政的基本框架。随着财政体制改革不断适应社会市场经济发展，广东实现明显的经济增长，财政收入也有了稳定增长的基础。广东财政收入在质和量上都不断迈上新台阶，与经济增长保持协调一致；财政支出结构也不断调整和优化，做到"取之于民，用之于民"；财政管理与财政监督有机结合，强化公共服务意识。广东从生产建设型财政转向建设公共财政的过程中[①]，财政收支活动是否可以有效发挥对经济宏观调控和拉动的作用？广东的财政运行对全省经济社会发展和人民生活水平拉动效果如何呢？

一 广东公共财政建设下经济社会取得长足发展

（一）广东经济体量扩大，经济结构与质量升级优化

公共财政体制是经济持续稳定发展的重要保障。自1998年广东财政开始向公共财政转型以来，公共财政的运行框架有力促进了全省经济社会发展转入科学发展轨道。通过税收杠杆和调整优化财政支出结构，鼓励产业结构调整，引导社会资源优化配置，全省经济建设成绩斐然。

---

① 本章将1998—2013年划分为广东公共财政基本框架的建设时期，自2014年起广东开始现代财政建设。因此，本节对广东公共财政建设取得的成效与经验基本以1998—2013年间的数据为参考。

第五章　从建设型财政、公共财政到现代财政

1. 经济增长保持中高速，综合实力显著增强

经济增长保持中高速。广东GDP增速从1998年的10.8%一直上升到2007年的14.7%，随后受2008年国际金融危机的影响，增速开始有较大幅度的下降，但仍保持在8%以上，年均增速11.68%，比全国高2.07个百分点（见图5—3）。广东持续较快的经济增速，推动全省经济总量不断跃上新台阶。

经济总量稳居全国第一。1998—2013年，广东经济总量稳步攀升，2000年突破1万亿元大关，2005年突破2万亿元大关，2013年突破6万亿元大关，达到6.22万亿元（见图5—3），占全国经济总量比重达到10%—12.5%，自1989年以来已经连续25年稳居全国各省市第一。广东经济对全国经济增长发挥了重要的支撑作用。

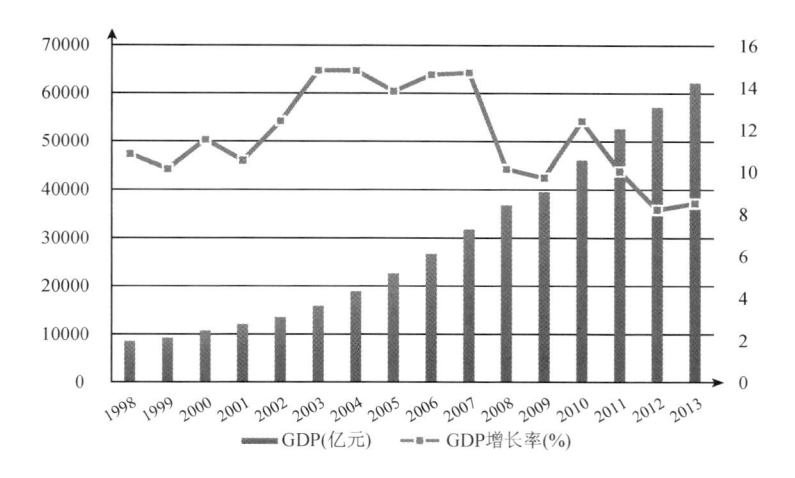

图5—3　1998—2013年广东地区生产总值及其增长速度
资料来源：CNKI中国知网——中国经济社会大数据研究平台。

人均地区生产总值稳步提升。如图5—4所示，广东人均GDP年均增长从1998年的7.9%上升到2002年的11.1%，直到2008年国际金融危机爆发前一直保持在13%上下。2011年广东人均GDP突破7000美元大关，2012年迈上8000美元大关，2013年再上9000美元台阶，基本一年上一个1000美元的台阶。按照世界银行制定的国家与地

区收入水平划分标准，广东基本达到中等偏上、接近高收入国家或地区的水平。

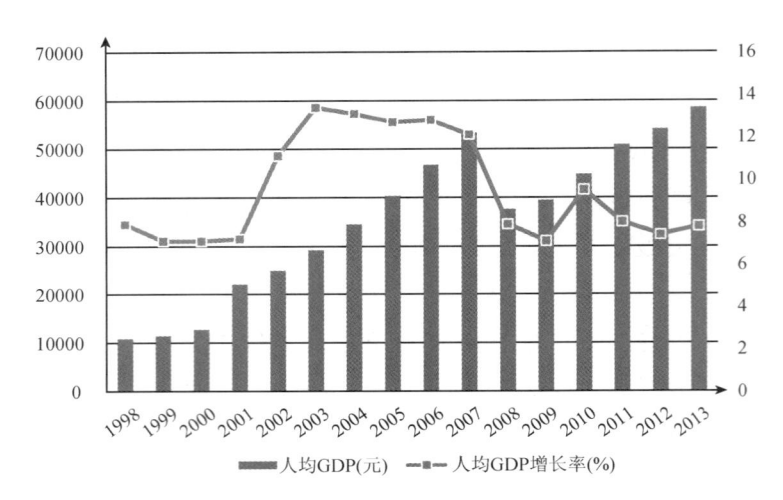

图5—4 1998—2013年广东人均生产总值及其增长速度
资料来源：CNKI中国知网——中国经济社会大数据研究平台。

2. 经济结构持续优化，城镇化水平提高

三次产业结构实现"三二一"。1998—2013年，随着经济发展水平的提高，对生产性和生活性服务的需求不断扩大，服务业在国民经济中的地位不断上升，成为广东经济第一大产业。2013年，广东第三产业现价增加值占地区生产总值的比重上升到48.8%，超过第二产业成为国民经济第一大产业（见图5—5），提早两年实现"十二五"的规划目标。

民营经济地位持续提升。根据广东统计信息网公布的统计分析，自2009年以来，广东民营经济增长速度连续5年高于全省，民营经济增加值占全省地区生产总值的比重显著提升。2009—2013年，民营经济增加值年均增长11.1%，比全省地区生产总值增速高1.3个百分点，占比由2009年的49.2%上升到2013年的51.6%，成为广东经济保持稳定增长的重要动力来源之一。

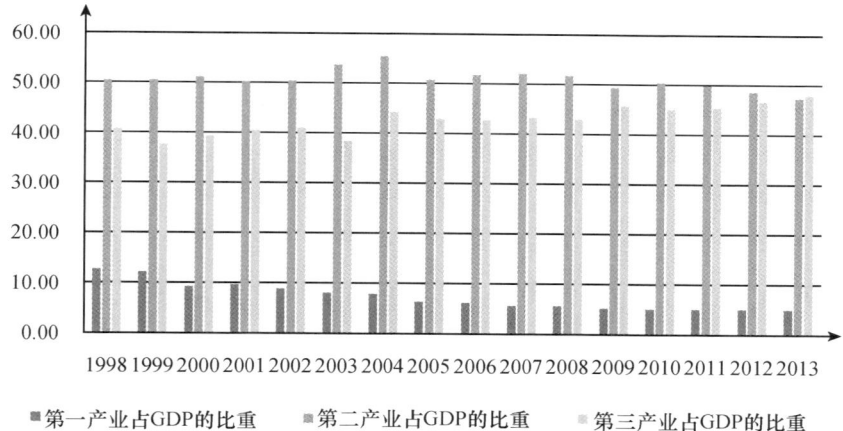

第五章　从建设型财政、公共财政到现代财政

图5—5　1998—2013年广东三次产业结构（%）

资料来源：CNKI中国知网——中国经济社会大数据研究平台。

城镇化率达到较高水平。广东城镇化率从2000年的54.83%提高到2013年的67.76%（见图5—6）。随着城镇人口的持续增加和农民工市民化的推进，广东的城市建设尤其是小城镇建设进度明显加快。广东的城镇化不仅体现在量的扩大，也体现在质的提升。

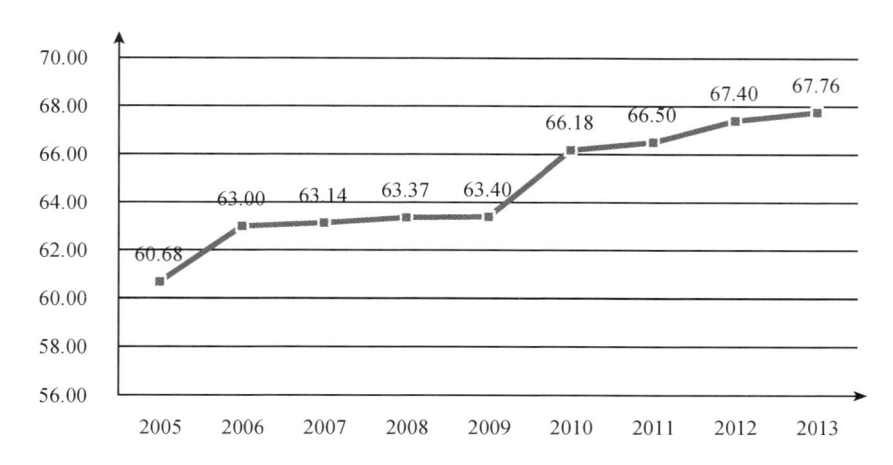

图5—6　2005—2013年广东城镇人口占总人口比重（%）

资料来源：Wind资讯。

3. 经济效益与质量显著提升

企业利润持续增长。根据广东统计信息网公布的统计公报，广东规模以上工业企业实现利润总额从1998年的247.5亿元持续增加到2013年的5854.9亿元，年均增长达22.43%。

经济增长质量和效益综合指数稳步提升。根据《广东经济增长质量和效益统计监测指标体系》的监测结果，广东经济增长质量和效益综合指数从2000年的59.80%逐年提升到2013年的84.60%，14年共提升了25.8个百分点，年均提升1.8个百分点（见图5—7）。其中，结构优化、产业升级、质量效益、创新驱动、民生改善、资源环境六大类指数均持续提升（见表5—1）。

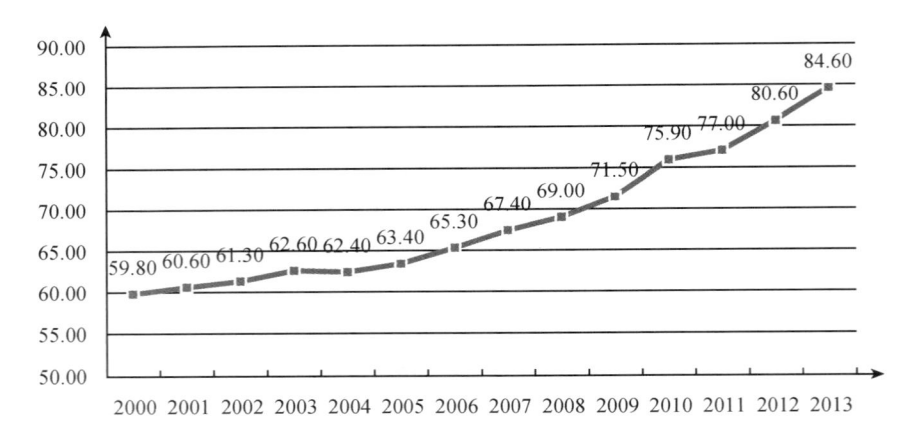

图5—7　2000—2013年广东经济增长质量和效益综合指数（%）

资料来源：广东统计信息网。

表5—1　　　2000—2013年广东经济增长质量和效益综合指数　　　单位：%

年份	总指数	结构优化指数	产业升级指数	质量效益指数	创新驱动指数	民生改善指数	资源环境指数
2000	59.8	71.8	56.7	62.3	33.3	74.4	54.8
2001	60.6	72.6	58.0	60.7	34.1	75.7	59.1
2002	61.3	73.3	59.2	60.5	37.7	75.7	57.6
2003	62.6	73.3	60.5	64.5	37.1	76.1	60.5

续表

年份	总指数	结构优化指数	产业升级指数	质量效益指数	创新驱动指数	民生改善指数	资源环境指数
2004	62.4	74.1	61.8	65.0	34.6	75.1	60.6
2005	63.4	73.5	63.0	66.7	37.6	75.1	60.4
2006	65.3	73.4	64.3	68.8	40.6	75.2	67.1
2007	67.4	74.1	65.6	70.4	46.1	77.2	69.0
2008	69.0	75.3	65.4	70.1	50.6	79.2	71.4
2009	71.5	77.1	67.0	67.3	61.4	81.3	74.7
2010	75.9	79.6	67.8	75.5	68.2	82.0	79.6
2011	77.0	80.1	69.5	76.5	68.9	85.1	79.3
2012	80.6	81.7	75.3	78.0	75.4	88.9	83.7
2013	84.6	83.1	79.4	81.3	86.3	89.7	87.7

资料来源：广东统计信息网。

（二）基础设施日趋完善，支持经济建设

广东公共财政发挥资源配置职能，在公共基础设施建设领域加大投入。全省基础设施建设突飞猛进，为全省经济建设提供了重要支撑。

1. 交通运输能力持续增强

高效、便捷的铁路网、公路网、水路网和航空运输网逐渐形成，打造出海陆空"三位一体"交通体系。根据《广东统计年鉴2014》，2013年年末，广东铁路营业里程3203公里，比1998年年末增长57.94%。2013年年末，公路通车里程达到20.29万公里，比1998年年末增长118.9%。2013年，全省高速公路里程达到5703公里，比1998年年末增长了6倍多（见图5—8）。2013年，民用航班航线里程达到214.06万公里，比1998年年末增长了近4倍。

2. 信息通信发展水平快速提升

根据《广东统计年鉴2014》，广东邮电业务总量从1998年的418.18亿元增长到2013年的2507.99亿元，年均增长23.53%。移动互联网产业方兴未艾。2013年年末，移动电话用户、互联网用户分别达到14706.06万户、2154.28万户，分别比2000年增长了近10倍、

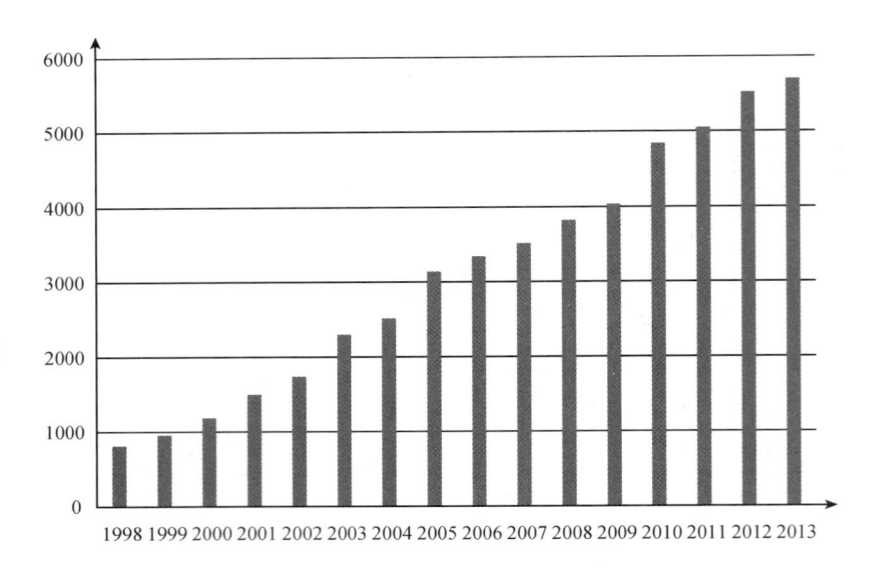

图 5—8 1998—2013 年广东高速公路通车里程（公里）

资料来源：CNKI 中国知网——中国经济社会大数据研究平台。

9 倍。2013 年，移动电话普及率达到 138.16 户/百人，比 2000 年增加 120.55 户/百人；互联网普及率达到 66%，比 2010 年提高 9.7 个百分点。

（三）人民生活质量大幅改善，共享发展成果

公共财政是以满足社会公众需要为目的的财政模式。广东财政发挥宏观调控职能，在促进就业、稳定物价方面取得较大成效，人民生活水平有较大幅度的提升。

1. 就业稳步增加

全省就业人员数从 1998 年的 3783.87 万人增加到 2013 年的 6117.68 万人，增长 61.68%（见图 5—9）。其中，2010 年城镇就业人员增加到 2351.65 万人，占全部就业人员的比重为 40.06%，比 2004 年年末提高 10.77 个百分点。2000—2013 年间，历年城镇登记失业率控制在 3.5% 以内。

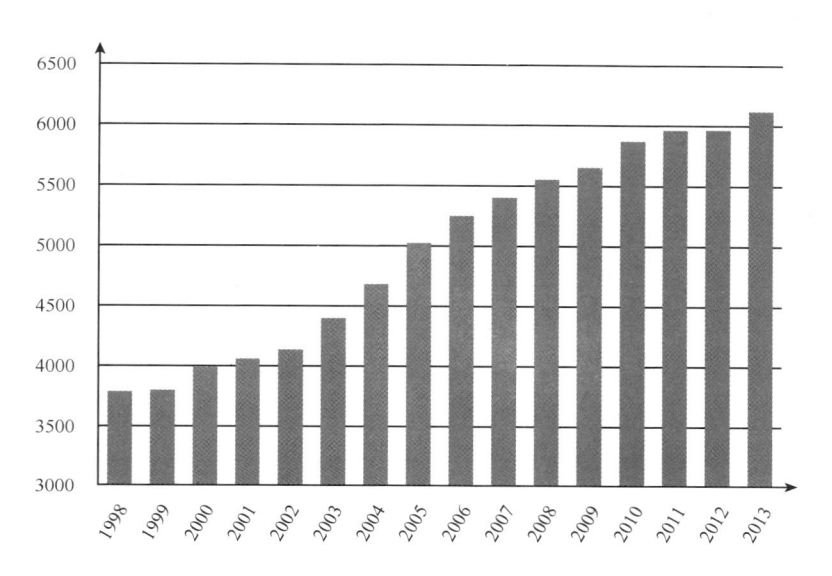

图5—9　1998—2013年广东就业人员（万人）

资料来源：CNKI中国知网——中国经济社会大数据研究平台。

2. 物价控制在合理区间

2001—2013年，全省居民消费价格指数基本稳定，除了2007年、2008年、2011年分别较快增长3.68%、5.6%、5.32%，其他年份均不超过3%。相对稳定的物价，有利于经济社会健康发展和提升百姓生活质量。

3. 居民收入增加，生活水平提高

2013年，广东城镇居民家庭人均可支配收入33090.05元，同比增长9.5%；广东农村居民家庭人均纯收入从1998年的3527.14元增加到2013年的11669.31元，年均增长8%。随着收入的持续增长，城乡居民的生活水平逐渐提高，恩格尔系数也呈现较平缓的下降趋势（见图5—10）。居民在衣着、家庭设备、医疗保健、交通通信、旅游、教育文化娱乐等方面的消费支出比重日益提高，消费从解决温饱逐步转向提升生活质量，追求更高层次的小康生活。

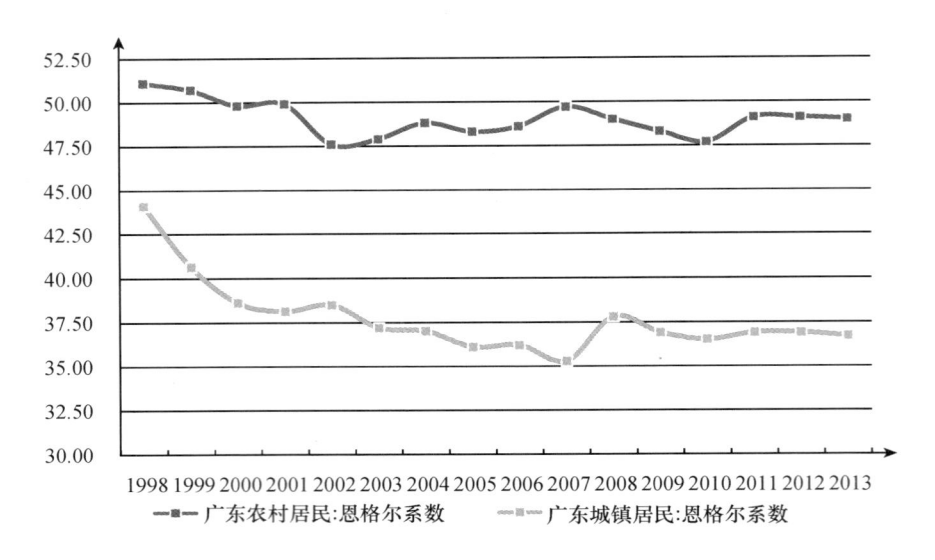

图5—10 1998—2013年广东城乡居民恩格尔系数（%）

资料来源：Wind资讯。

（四）各项社会事业全面进步，公共服务水平提高

公共财政框架的构建过程也是财政职能转变的过程。广东财政积极调整优化财政支出结构，向公共教育、公共卫生、公共救济等政府公共服务领域重点倾斜，包括支持实施科教兴粤战略、实施可持续发展战略、构筑公共卫生体系、完善社会保障体系等，取得了明显成效，在一定程度上解决了政府的"缺位""越位"问题。

1. 教育事业成绩显著

一是优化基础教育资源配置。全省小学由2004年的2.19万所调整为2013年的1.18万所，在校学生数由1049.62万人减少到807.94万人。二是全省高等教育由精英教育逐步走向大众教育。截至2013年年末，全省普通高等学校138所，比2004年增加了36所；本专科在校学生数170.99万人，是2004年的2.35倍；研究生在校学生数8.52万人，是2004年的2.30倍（见图5—11）；2013年，全省高等教育毛入学率达到30.5%，比2004年提高了10.5个百分点。三是教师队伍逐步壮大，尤其是专任教师。2013年年末，全省普通高等学校教职工数12.82万人，其中专任教师9.11万人，分别比2004年增长了60.7%和94.2%；普通中学教职工数47.03万人，其中专任教师42.15万人，分别比2004年增长了38.3%和45.8%；小学教职工数48.61万人，其中专任教师43.75万人，分别比2004年增长了6.7%和10.3%。

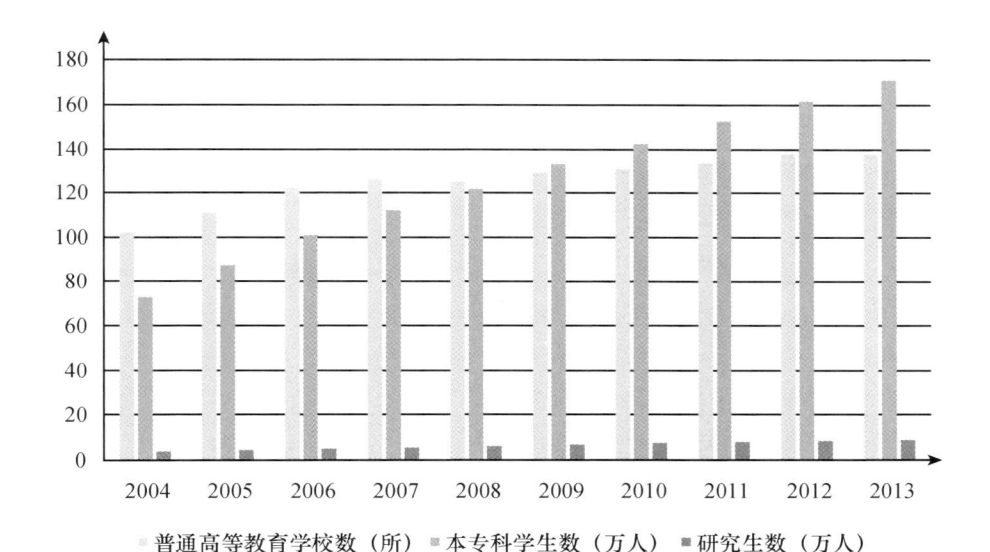

图5—11　2004—2013年广东省普通高等教育学校数和在校学生数
资料来源：CNKI中国知网——中国经济社会大数据研究平台。

2. 科技创新取得新突破

专利申请量和授权量大幅增加（见图5—12）。2013年，广东PCT国际专利申请量突破1万件，居全国首位。据科技部《中国区域创新能力报告2013》显示，广东省区域创新能力综合排名连续6年位居全国第二，其中创新环境、创新绩效等指标名列全国第一，科技基础和原始创新能力进一步增强。

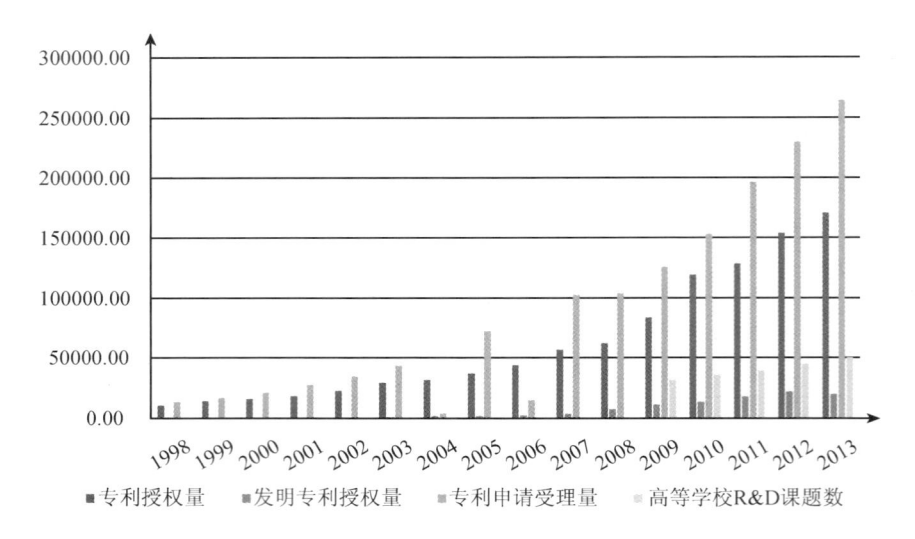

图 5—12　1998—2013 年广东专利与高等学校 R&D 课题情况（项）

资料来源：CNKI 中国知网——中国经济社会大数据研究平台。

3. 卫生医疗条件明显改善

一是卫生医疗资源增加。2013 年年末，全省有医疗卫生机构（含村卫生室，下同）47855 个，比 2004 年年末增长 28.4%；床位 37.84 万张，卫生人员 71.0 万人，分别比 2004 年增长 89.1% 和 86.3%。卫生人员中，执业（助理）医师 21.1 万人，注册护士 21.8 万人。2013 年年末，全省平均每千人拥有执业（助理）医师 1.98 人，拥有床位数 3.55 张，分别比 2004 年年末增长 55.9% 和 61.4%。2013 年全省医院诊疗 7.6 亿人次，出院人次为 1296.7 万人次，与 2004 年相比，诊疗人次和出院人次分别提高了 95.7% 和 150.0%。2013 年，医院病床使用率为 87.2%，比 2004 年提高 10.7 个百分点。二是妇幼保健工作取得较大进展。自 2004 年以来，反映妇幼保健的三个关键指标，即全省孕产妇死亡率、5 岁以下儿童死亡率和婴儿死亡率，均大幅下降，孕产妇死亡率从 2004 年的 20.73/10 万下降到 2013 年的 11.99/10 万，5 岁以下儿童死亡率由 10.78‰下降到 4.08‰，婴儿死亡率由 8.83‰

下降到3.23‰。三是广东农村医疗卫生服务网络日益完善，农村医疗服务能力不断加强。截至2013年年底，全省乡镇卫生院拥有医疗床位5.1万张，比2004年增长了37.8%；拥有卫生人员7.8万人，其中卫生技术人员6.5万人，执业（助理）医师2.9万人，分别比2004年增长了11.3%、14.0%和27.2%。[①]

4. 文化、体育事业取得长足发展

在文化方面，文化传播服务水平显著提升。2013年年末，全省共有公共图书馆137个，比1998年年末增加17个；博物馆（含美术馆）175个，增加53个；广播综合人口覆盖率为99.9%，提高7.9个百分点；电视综合人口覆盖率为99.9%，提高7.5个百分点。1998—2013年间，广东博物馆参观人次从2006年开始大幅度增加，2013年的参观人次超过3500万次（见图5—13）。在体育方面，广东体育设施明显改善。截至2013年年末，广东省100%的行政村已实现了公共体育设施全覆盖。同时，广东的体育产业快速发展。2013年，广东完成了2011年度全省体育及相关产业专项调查。据调查，2011年广东省体育及相关产业总产出为1798.22亿元（按现价计算），创造增加值541.76亿元，比2008年增长106.1%。2008—2011年，年均增长27.3%，高于同期GDP的增长，2011年体育及相关产业增加值占同期GDP的比重为1.02%，比2008年提高了0.31个百分点。

5. 城乡居民社会保障体系不断健全

截至2013年年末，全省已建立城镇社区服务中心2523个，服务设施45233个，分别是2004年的3.04倍和6.07倍。2013年年末，广东省提供住宿的社会服务机构1913个，提供住宿的社会服务机构年末在院人数89894人。2013年，广东建立了统一的城乡居民基本养老保险制度并实现人群全覆盖，城乡低保、农村五保、医疗救助、城乡居民基础养老金、残疾人保障、孤儿保障等底线民生保障水平居全国

---

① 根据广东统计信息网的统计资料整理而得。

▶▶▶ 中篇 财政绩效

前列。①

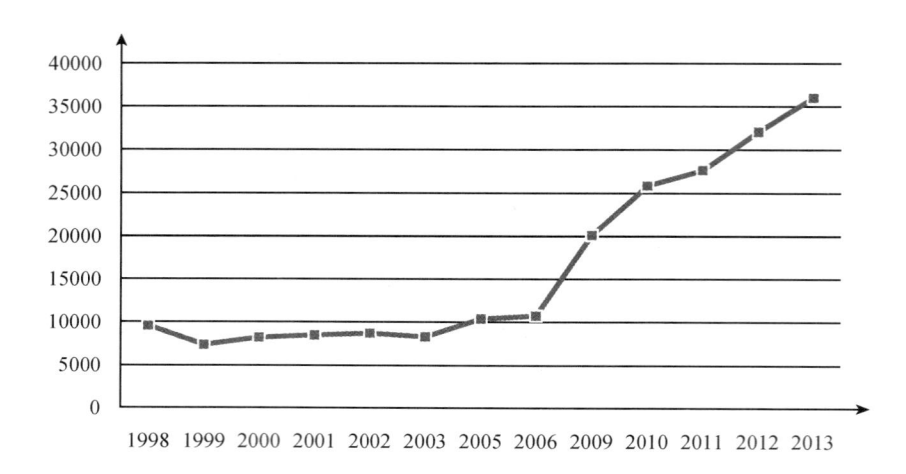

图5—13 1998—2013年广东博物馆参观人次（千人次）
资料来源：CNKI中国知网——中国经济社会大数据研究平台。

二 广东公共财政建设仍任重而道远

广东公共财政建设成效斐然，开展了多项开创性的改革，积累了不少经验与教训。一是坚持正确的政治方向，牢固树立全局观念。立足于经济社会发展的全局，将政治账、经济账和社会账有机结合起来，不断提升财政工作的目标层次，拓展财政政策的操作空间。二是明确以促发展为目的，服从以经济建设为中心。经济决定财政，壮大财政是经济发展的必然结果，又是经济发展的有力保障。广东的公共财政改革注重发挥财政资金的引导和杠杆作用，有力地促进生产力发展，积累了强大的财政基础，进一步促进经济社会发展和民生事业改善。三是因地制宜探索创新生财、聚财、用财之道，既具有敢为人先的创新精神，又先试点、后展开地审慎推进。注重结果导向，致力于少花钱多办事，集中财力办大事，"绩效优先、大事优先"，"压省级、保地方，压一般、保重点"以及建设法治财政等，实践科学理财、依法

---

① 根据广东统计信息网的统计资料整理而得。

第五章　从建设型财政、公共财政到现代财政

理财、民主理财的先进财政思想。四是坚持整体设计、配套进行的改革原则。注重公共财政改革的整体性、系统性和全面性以及与其他各项体制改革的配套协调，加强沟通协调，协调各方利益，减少改革的阻力与成本，推动广东公共财政体制改革整体走在全国前列。

广东公共财政建设在取得巨大成绩的同时，在各项制度改革和完善的过程中，还存在许多深层次的理论和实际问题需要研究解决，公共财政建设仍然任重而道远，主要体现在财政收入、财政支出和财政政策三个方面。

（一）健全地方税体系的问题

地方政府要为满足社会公众需要的各项事业发展提供坚实的物质保障，稳定增长的地方财政收入机制是不可或缺的。从图5—14可见，自1998年公共财政建设以来，广东省的财政自给能力系数[①]主要在0.77和0.88之间波动，从2007年开始呈现较明显的下降趋势。

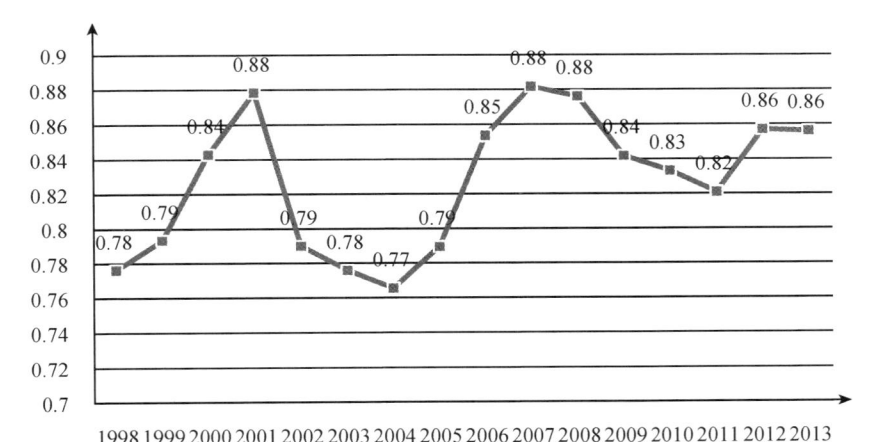

图5—14　1998—2013年广东财政自给能力系数
资料来源：CNKI中国知网——中国经济社会大数据研究平台。

[①] 财政自给能力是指在不依赖高层级政府财政援助的情况下，各级政府独立地为本级支出筹措收入的能力。各级政府公共财政预算收入与其公共财政预算支出的比例，可以定义为财政自给能力系数，即财政自给能力系数＝本级公共财政预算收入/本级公共财政预算支出。

地方财政自给能力的不足,导致广东财政收入依赖"土地财政"和地方举债,以及具有不稳定性的非税收入。据统计①,1995—2013年,全省土地出让收入总额从48.95亿元攀升到3082.26亿元,增长了近63倍;截至2013年6月底,广东省各级政府负有偿还责任的债务为6931.64亿元,负有担保责任的债务为1020.85亿元,可能承担一定救助责任的债务为1020.85亿元,截至2012年年底的债务率为54.4%;2013年非税收入占公共财政预算收入的18.6%,比2007年高出5.34个百分点,也高于全国同期水平的14.3%。广东地方财政自给能力下降的重要原因之一是地方税体系仍不完善,包括税收收入的地方分成比例偏低、地方税的主体税种缺乏和地方政府事权与财权不平衡等问题,这导致地方政府通过税收杠杆和财政支出调节与支撑地方经济社会发展的可作为空间十分狭窄。

(二) 财政支出结构优化问题

首先,公共财政要满足社会公共需要,但在实践中如何界定并划分社会公共需要,并据此明确各级政府的具体事权,仍需深入研究。其次,优化部门预算编制是建立公共财政支出体系的重要组成部分,也是体现公共财政政策导向的经济活动过程。由于各级政府具有难以抑制的投资冲动,而财政资金使用又缺乏刚性的责任约束,目前部门预算编制最为突出的问题是资金需求与供给可能之间的矛盾。建立以财政支出绩效评价为基点的结果导向的部门预算编制模式,是深化预算改革需要研究的一个重点。再次,广东城乡居民收入差距和区域发展不平衡的问题较为突出。一方面,城乡居民收入比一直以来徘徊在全国中游位置,2013年广东城镇居民人均可支配收入是农村居民人均纯收入的2.84倍。为加快缩小城乡差距,广东财政需要考虑如何有效扩大公共财政对"三农"覆盖面的问题。另一方面,省内区域间财政支出结构差异较大,公共支出保障能力差距也较大,需要着重研究不

---

① 数据来源:《广东国土资源年鉴》《广东统计年鉴》和《2014年广东省政府债券评级报告》。

同地区财政支出结构是否合理的问题，制定缩小区域间财力差距的具体措施。公共服务均等化和公共资源的合理公平配置仍然是财政未来需要努力的方向。最后，在调整优化财政支出结构中，增量调整侧重体现政策导向，存量调整侧重分配格局的优化，两者密不可分。广东在财政支出结构调整方面采取了一系列措施并已取得成效，其中增量调整主要通过年度预算安排实现，而存量调整则通过压缩对一般竞争性领域的投入、统一财政经费安排标准等方式实现。但是，由于存量调整涉及既得利益，增量调整涉及新增公共资源的分配，调整过程面临着不少阻力和困难。因此，这需要借鉴国内外经验，结合广东实际，因地制宜地对财政支出结构进行调整和优化。

（三）财政政策的调控问题

发挥财政政策措施对经济的调控作用，促进科学发展，是贯彻落实科学发展观的要求。广东在公共财政的建设过程中对财政政策的宏观调控进行了不少探索，也积累了不少经验，如发挥财政支出调整的导向作用，推动经济结构调整、促进区域协调发展等都取得了一些成效。如何完善财政扶持政策体系还有待进一步研究和实践，尤其是广东区域发展失衡、县域经济欠发达一直是"老大难"问题，需要进一步更好地发挥财政政策支持经济社会发展、扶持欠发达地区发展的作用。

第三节 广东书写现代财政新篇章

一 建立现代财政制度是对现行公共财政体制的继承与重构

2013年11月，党的十八届三中全会《中共中央关于全面深化改革若干重大问题的决定》提出，要深化财税体制改革，建立现代财政制度。这是首次明确将构建现代财政制度作为我国今后深化财税体制改革的目标方向。2014年6月，中央又审议通过了《深化财税体制改革总体方案》，进一步明确了改进预算管理制度、深化税制改革、调整中央和地方政府间财政关系三大改革任务。进入新时代以来，财政制度改革面临着新要求，被赋予了现代化的新内涵，整个财政领域的关注从公共财政聚焦到现代财政。20世纪90年代末，从生产建设型财政向公共财政转型是为了与社会主义市场经济体制相适应，而如今21世纪初由公共财政向现代财政发展则是让财政收支安排与国家治理体系和治理能力现代化相适应，是完善社会主义市场经济体制、加快转变政府职能的迫切需要，也是促进经济社会持续稳定健康发展的制度选择。作为国家治理现代化的重要基础，现代财政制度既是对现行公共财政体制的继承，又是对预算制度、税收制度和政府间财政体系等财税体制的系统性重构。总体而言，现代财政制度在功能上仍要坚持公共财政的定位，体现市场在资源配置中起基础性作用，以及在此基础上更好发挥政府的调节作用，政府和财政职能不"越位"、不"缺位"，发挥财政在稳定经济、调节分配、公共服务等方面的职能；在体系上要求建立全面规范、公开透明的预算制度，公平统一、调节有力的税收制度，中央和地方事权与支出责任相适应的制度；在机制上要符合国家治理体系与治理能力现代化的新要求，形成公开透明、权责对等、有效制衡、运行高效、可问责、可持续的制度安排。①

二 广东敢为人先迈出建立现代财政的步伐

面对国家深化财税体制改革的总体部署，广东敢为人先、勇于探索，紧紧围绕中央深化财税体制改革总体方案各项部署，以率先基本建立现代财政制度为目标，坚持立足实际、主动作为，统筹推进、重点突破相结合，自党的十八届三中全会以来开展了多项深入改革和创新性工作，在加快建立现代财政制度上迈出大胆的步伐。在党的十八届三中全会召开一年之际，2014年11月广东就出台《广东省深化财税体制改革率先基本建立现代财政制度总体方案》，形成了一个总体方案加若干子方案的改革文件架构，明确了广东推进新一轮财税体制

---

① 楼继伟：《深化财税体制改革，建立现代财政制度》，2018年3月14日，http://www.mof.gov.cn/zhengwuxinxi/caizhengxinwen/201410/t20141015_1150389.html。

改革的总目标、路线图和时间表，提出了以改进预算管理、明晰事权和支出责任、构建地方税收体系、推进基本公共服务均等化、公平配置政府公共资源为重点，推动率先基本建立现代财政制度。

广东财政改革坚持先行先试，追求与时俱进。从生产建设型财政向公共财政转型的改革过程中，广东实现了公共财政基本框架的构建，履行财政职能发挥政府作用，在经济建设、民生改善和社会发展等方面都取得了瞩目的成就。但广东的公共财政建设和经济社会发展仍存在不少问题与挑战。为此，广东丝毫不敢自满、懈怠，在财税制度改革的深化之路上不断砥砺前行。广东的改革与创新历来都是行动快、力度大、广度远，在公共财政建设中积累了丰富的经验，有公共财政的基本框架作为基石，在加快建立现代财政制度上将是"百尺竿头，更进一步"。在新一轮的政府职能转型、政府与市场关系定位的深化改革中，广东财政又会交出一份如何让社会公众满意的答卷呢？

三 广东交出详细答卷，书写现代财政新篇章

问题一：党的十八届三中全会《中共中央关于全面深化改革若干重大问题的决定》提出，要深化财税体制改革，建立现代财政制度。随后，中央又审议通过了《深化财税体制改革总体方案》，并明确2016年基本完成深化财税体制改革重点工作和任务，2020年基本建立现代财政制度。面对中央深化财税改革的总体部署，广东如何率先破题？

广东财政：

自改革开放以来，广东坚持不等不靠、主动作为、先行先试，发挥着试验田的作用。党的十八届三中全会结束后，全国范围内开始部署开展"压专项、扩一般"工作。而在中央部署开展"压专项、扩一般"工作之前，广东自2012年以来对专项转移支付资金进行清理整合，为全国提供了实践经验。广东省级财政预算编制充分体现"压专

项、扩一般"的精神，通过清理整合，2014年省级公共财政预算专项资金的数量减少274项、下降43%，金额减少151亿元、下降25%，减少的专项资金全部统筹用于加大对市县的一般性转移支付，最终一般性转移支付的占比达53%以上，比2013年一般性转移支付占比提高了5个百分点，增强了市县理财自主权。转移支付改革是广东深化财政体制改革、建立现代财政制度的重要突破口之一，为广东率先蹚过改革"深水区"铺垫基石。《深化财税体制改革总体方案》出台不久，广东以走在前列为要求，于2014年11月率先出台《广东省深化财税体制改革率先基本建立现代财政制度总体方案》（以下简称《总体方案》），提出以改进预算管理、明晰事权和支出责任、构建符合广东实际的地方税收体系、推进基本公共服务均等化、公平配置政府公共资源为重点，全面深化财税体制改革，推动率先基本建立统一完整、法治规范、公开透明、运行高效的现代财政制度。一方面，《总体方案》紧密围绕着中央《深化财税体制改革总体方案》、新《预算法》的精神进行具体设计，寻求重点处突破，明确以深化预算管理制度改革、探索研究财政事权和支出责任划分改革、深化税制改革为重点任务；另一方面，结合广东财政改革发展实际增加了深化民生财政保障制度改革、深化财政投融资制度改革两大任务，一并纳入重点改革范围，作为深化改革的重要发力点。

《总体方案》，形成了一个总体方案加若干子方案的改革文件架构，明确了广东推进新一轮财税体制改革的总目标、路线图和时间表，为广东深化财税体制改革、率先基本建立现代财政制度指明了方向，提供了依据，也为广东实现"四个走在全国前列"提供了财政制度保障。

问题二：预算可以规范财政收支活动，直接关系到经济社会的健康运行。预算制度改革是中央《深化财税体制改革总体方案》的首要任务。作为现代财政制度的基石，全面规范、公开透明的现代预算制度，是把"权力关进制度笼子"、实现有效监督的重要载体，也是实现国家治理体系和治理能力现代化的重要基础。广东的预算改革一直走在全国前列，2005年就开始全面推开省级部门预算单位财政支出项目自我绩效评价工作，推进绩效预算改革。尤其是自2009年以来，广州相继率先公开部门预算、细化公开"三公"经费与会议费、公开非税收入，财政公开透明度领先全国。改革应是"欲穷千里目，更上一层楼"，广东将如何深化预算制度改革以配合现代财政对公开透明、运行高效的新要求？

广东财政：

《总体方案》将深化预算制度改革摆到了首要位置。2014年，广东省人民政府印发《关于深化预算管理制度改革的实施意见》，坚持预算管理改革先行，突出预算管理制度的基础作用，提出了建立健全政府预算体系、完善收支预算管理、改进预算管理和控制、完善预算论证征询机制、完善财政专项资金管理、建立政府性债务管理体系等十个方面的主要任务。具体实践包括制定深化预算管理制度改革的意见、加强广东省政府性债务管理的意见、关于编制省级中期财政规划的试行办法等改革文件；推进加大基金预算、国资预算与公共预算的统筹力度，开展完善省级国有资本经营预算管理、细化全口径预算编制、清理规范重点支出挂钩事项、零基预算试点、推进预算信息公开、完善预算决策征询机制等改革。广东围绕稳步推进改革，全面推动预算编制、审批、执行、监督、公开等所有预算流程环节的改革落实，取得了阶段性成果。

在预算编制环节，强调"细化"和"动态平衡"。以2017年度预算为例，要求所有项目支出原则上细化到具体实施项目，预算草案达3200多页，"大账看得懂、细账看得清"，切实保障人大预算审查监督的权利。编制2017年预算时积极试行零基预算，全部省级一级预算单位的预算安排由"基数+增长"向"动态+标准"转变。建立跨年度预算平衡机制，编制并实施2016—2018年、2017—2019年中期财政规划，实施项目全周期滚动管理，支出确定不再是"当年安排当年工作"，而是"当年研究下年工作"。

在预算资金管理环节，强调"规范"和"公开透明"。一是全面推进项目库管理改革。除基本支出之外，全部省级财政资金纳入项目库管理改革范围，改变了以往"以资金分配为主线""先定预算，再定项目"的预算管理模式，转变为"以项目管理为主线""先定项目，再定预算"。二是完善财政专项资金管理。修订《广东省省级财政专项资金管理试行办法》，按照"一个部门一个专项"的原则，将省级一般公共预算专项资金从2015年的219项整合缩减至50项，专项资金预算"一年一定"，不固化安排。建立省级财政专项资金管理平台，实行专项资金信息"八个公开"，印发《省级财政专项资金实时在线联网监督管理办法》，利用现有的实时在线财政预算监督系统与省级财政专项资金管理平台的数据资源，建立省级财政专项资金实时在线联网监督系统，实现财政、审计、监察部门和资金使用单位互联互通、共同监督，加强财政专项资金实时在线联网监督管理，对专项资金支出进行全流程实时监控。

> 问题三：税收制度是现代财政制度的重要组成部分。地方政府要履行政府和财政职能，稳定增长的地方财政收入机制是不可或缺的。广东地方税体系仍不完善，地方财政自给能力不稳定、不平衡，导致地方政府通过税收杠杆和财政支出调节与支撑地方经济社会发展的可作为空间十分狭窄。广东如何建立健全有利于科学发展、社会公平、市场统一的税收制度体系？

广东财政：

在推进税制改革上，广东贯彻落实中央税制改革部署，迅速全面推开"营改增"试点工作，将试点行业顺利扩大到建筑业、房地产业、金融业和生活服务业。作为全国"营改增"试点户数最多、任务最重的地区，广东"营改增"试点启动迅速、运行顺利、成效明显，取得的阶段性成果稳居全国前列。据广东财政厅公布的数据，截至

2015年年底，全省试点户数从试点启动时的18.87万户增加到99.51万户（含深圳，下同），增长427%，其中一般纳税人和小规模纳税人分别为18.29万户和81.22万户，分别占19%和81%，累计实现减税953.13亿元，其中试点纳税人累计减税605.56亿元，试点纳税人减负面为98.2%，为原增值税纳税人提供抵扣减税275.71亿元，出口服务退免税71.86亿元。通过"营改增"试点，广东进一步规范税收制度，为企业减轻税负，激发市场活力，发挥了"营改增"对广东财税体制改革的强有力的牵引作用，加快地方税体系构建，与推进国家治理体系和治理能力现代化相匹配的财税体制改革迈出可喜的步伐。广东开展健全地方税体系专题研究，向国家报送改革意见建议；深化资源税改革，将广东28个矿产资源品目纳入资源税改革范围，由从量计征改为从价计征，同时做好环境保护税开征准备工作，打好污染防治的攻坚战；参与中央个人与收入财产信息系统建设，推进综合与分类相结合的个人所得税改革；启动境外旅客购物离境退税试点等。

广东的税收征管体制改革更是可圈可点，为深化财税改革提供了重要支持。广东税务部门发挥改革创新前沿阵地优势，在全面深化税收征管体制改革上先行先试，充分运用现代信息技术，瞄准办税难点、堵点、痛点各个击破，实现税收管理服务升级换挡，为全国深化税收征管体制改革提供可复制、可推广的广东经验。随着12366纳税服务热线、手机App办税、24小时自助办税终端等服务方式推广普及，POS机、网上银行、手机银行、支付宝等多种缴税方式开通使用，广东的涉税业务从实体大厅升级到互联网，大大降低了纳税人办税成本和时间，为纳税人提供了便捷服务，同时也助力"营改增"等税制改革落地。根据广东省国税局的征管数据，2016年5月1日以来，广东四大行业改革前国地税交接户数共计95.36万户（不含深圳，下同），2017年7月底达到100.07万户，累计增加4.71万户。与此同时，前期试点的"3+7"行业户数也显著增加，2016年5月至2017年7月，共增加4.62万户。广东税收征管体制的改革与创新，既加快了建立广东省税收大数据平台，又为广东良好的营商环境添砖加瓦。

问题四：公共财政要满足社会公共需要，如何界定并划分社会公共需要，并据此明确各级政府的具体事权，这是建立事权和支出责任相适应的制度需要考虑的重要问题之一。广东对此做出了怎样的探索？

广东财政：

广东于2014年开始政府间财政体系改革的准备工作，包括开展全省范围内的专题调研、试编省以下财政事权和支出责任"两个清单"、探索部分领域省以下财政事权和支出责任置换调整等一系列工作。2017年3月，《广东省省级与市县财政事权和支出责任划分改革实施方案》出台，明确广东推进省级与市县财政事权和支出责任划分改革的目标任务及实施路径。2018年1月，《推进社会治安、城乡社区事务基本公共服务领域市县财政事权和支出责任划分改革试点工作方案》出台，它选取了社会治安、城乡社区事务开展试点，分地区、分步骤地推进市以下财政事权和支出责任划分改革工作。作为建立现代财政制度的重要发力点之一，省以下财政事权和支出责任划分改革方案的出台与落实，是优化政府间财政关系的重要举措。

问题五：资源配置和稳定经济是财政的重要职能。广东在公共财政建设中，有效处理好政府与市场的关系，合理安排财政投入，发挥财政政策的杠杆作用，经济社会取得飞跃发展。现代财政更是要求进一步对政府与市场的关系定位以及对社会组织的现代化管理。关于发挥财政投入对社会资本资源的杠杆撬动作用，广东有何实践？

广东财政：

在推进财政投入和资源配置方式改革方面，按照资源配置兼顾公平与效率的原则，广东探索推进财政投融资改革，深化公共资源交易体制改革，形成"政府引导、市场运作、规范透明、监管有力"的公共资源合理公平配置机制。一方面，在经营性领域通过实施股权投资、设立政策性引导基金等方式发挥财政政策的杠杆作用，提高资金效益。2015年，广东省财政厅印发实施《关于进一步完善省财政经营性资金股权投资改革有关工作的意见》，对科技、农业等财政投入方式进行了改革创新，其中对省级科技专项资金进行整合归并，整合后的创新专项资金等主要采取股权投资、产业基金、引导性投资、风险补偿、创投联动、研发费补贴等间接投入方式。广东初步形成了财政经营性资金"专业管理、市场运作、循环使用、滚动支持"的管理模式，财政经营性资金股权投资改革取得良好成效。截至2016年年底，省级经清理规范后整合设立政策性基金15项，投入375.3亿元，基金计划规模2748.3亿元，财政资金平均放大7倍；在国内首创巨灾指数保险模式，开展巨灾保险试点。另一方面，在公共服务领域加快推广运用PPP模式。广东出台《广东省关于在公共服务领域推广政府和社会资本合作模式的实施意见》《关于加强我省政府和社会资本合作（PPP）项目管理的通知》《关于做好省级政府和社会资本合作（PPP）模式推广工作的通知》和《推广政府和社会资本合作（PPP）模式政策督查方案》等，指导各地市建立规范的PPP工作机制。同时，广东依托财政部PPP综合信息平台，建立全省PPP项目库，进行分类管理。截至2016年年底，纳入省PPP项目库管理的项目合计147个，总投资额2293亿元，全省（不含深圳）PPP项目落地率为47.8%，入选财政部示范项目的22个项目中签约落地17个，落地率达77%。

问题六：财政体制改革是全面深化改革的重要领域之一。深化财税体制改革，建立现代财政制度，要符合新时代下国家治理体系和治理能力现代化的新要求。围绕着推进国家治理体系与治理能力现代化的总体目标，现代财政制度大有可为。公共财政是政府管理的基础，财税体制改革是转变政府职能的重要途径，是平衡政府与市场关系的关键纽带，也是促进公平、改善民生的重

▶▶▶ 中篇　财政绩效

要手段。由此看来,建立现代财政制度将是推进国家治理体系与治理能力现代化的首要切入点。对此,广东财政有何实践经验呢?

广东财政:

关于如何深化财税体制改革以适应国家治理体系和治理能力现代化的新要求,广东早些年已有不少探索实践。要适应国家治理体系和治理能力现代化,财税体制改革应形成公开透明、权责对等、有效制衡、运行高效、可问责、可持续的财政制度安排,即现代财政制度。在这样的财政制度安排下,实现经济增长方式由政府主导向市场主导转变,政府由经济建设主体向社会公共服务主体转变,以此来强化政府的再分配职能,为社会公平正义提供重要的制度保障。除了前面提到的预算制度改革和深化税收征管体制改革等,广东于2009年拉开的大部制改革也体现了现代财政制度的内涵和精神。大部制改革以转变政府职能为核心,大力下放权力和减少行政审批事项,鼓励社会组织的发展,激发市场和社会主体发展的活力。2009年年初,广东落实中央关于地方政府机构改革的指示,将深圳、广州、珠海和佛山顺德区等地列入"创新行政管理体制先行先试"地区,并颁发了《关于深圳等地深化行政管理体制改革先行先试的意见》[1]。深圳大部制改革打破了现有"局办"模式,按照"行政三分"即政府决策权、执行权、监督权相互制约、相互协调,重新设置了"委局办"的政府架构。其中,财政局改为财政委员会,地方税务局由广东省地方税务机关与深圳市政府双重领导调整为深圳市政府领导,由财政委员会归口联系。"委"负责审核上报"局"拟定的涉税重大政策措施,经批准后监督执行;"局"负责拟定涉税重大政策措施,经批准后组织实施。深圳对财权事权的划分形成了决策权、执行权和监督权的协调与制约,顺应了政府治理的要求,体现了现代财政制度对权力有效制衡的要求。顺德和东莞大部制改革则实行"扩权强镇",调整区、镇(街道)的

---

[1] 彭澎:《广东大部制改革:比较与思考》,《探索》2010年第2期。

第五章　从建设型财政、公共财政到现代财政

税收分配机制。东莞的镇（街道）多年来一直承担着县一级的职能，但只能按镇一级管理权限开展工作，尤其是税务部门大多是省、市的派出机构或直属机构，这使得镇（街道）一级面临权力分割、有责无权、权责不对称的问题。通过"扩权强镇"试点后，东莞的镇（街道）具备了县级管理功能，财权与事权相匹配，体现了现代财政制度对权责对等的要求。

问题七：自改革开放以来，广东城乡分化问题和区域发展不平衡问题一直存在，这与增进社会公平、实现共同富裕不相适应。建立覆盖城乡间、地区间和人群间基本公共服务均等化体系是政府发挥公共资源合理公平配置作用的体现，是践行科学发展观的体现，也是全体人民共享发展成果的重要形式。广东从2008年开始率先破题，研究编制全省基本公共服务均等化规划。要建立现代财政制度，基本公共服务均等化还应如何推进和完善？

广东财政：

为了缩小城乡间、地区间和人群间所享有的基本公共服务差距，2008年广东率先全国破题编制全省基本公共服务均等化规划。2009年，直接关系民生的《广东省基本公共服务均等化规划纲要（2009—2020年）》正式实施，截至2013年年底，广东各地加快推进基本公共服务均等化，取得了不错的成绩。但随着经济社会发展，基本公共服务的范围、阶段目标和实现措施都需要及时跟上日益增长的民生需求，广东在2014年对《广东省基本公共服务均等化规划纲要（2009—2020年）》进行了修编，其中的基本公共服务项目由原来的8个增加到10个，即在公共教育、公共卫生、公共文化体育、公共交通4项基础服务，以及生活保障、住房保障、就业保障、医疗保障4项基本保障的基础上，新增公共安全和生态环境保障，形成了"5+5"框架体系，即5项基础服务和5项基本保障的基本公共服务框架。由于它扩大了基本公共服务保障范围，广东财政将持续加大财政民生投入力度和提

高基本公共服务支出占比，加快推进基本公共服务均等化。

广东的基本公共服务均等化综合改革不仅注重试点推进，还以结果为导向，注重绩效考评。在基本公共服务均等化综合改革试点推进上，广东全面总结评估2012年以来基本公共服务均等化综合改革试点工作，开展基本公共服务常住人口全覆盖专题研究。2014年6月，广东在惠州市继续深化基本公共服务均等化综合改革试点的基础上，将改革试点地区范围扩大到江门市、阳江市和清远市。至此，广东纳入基本公共服务均等化综合改革试点的城市扩至4个。在绩效评价上，2015年广东修订印发《广东省基本公共服务均等化绩效考评办法》，加强对基本公共服务均等化过程及其结果的综合绩效管理，充分发挥绩效考评的导向、激励和约束作用，确保全省基本公共服务均等化有效推进。考评结果由省财政部门经省政府批准后在全省进行通报。考评结果纳入《广东省市厅级党政领导班子和领导干部落实科学发展观评价指标体系及考核评价办法（试行）》考核内容，并作为下一年度相关财政转移支付资金分配的参考依据。

习近平总书记在参加十三届全国人大一次会议广东代表团审议时充分肯定了广东的工作，并赋予广东新时代新使命——"在构建推动经济高质量发展体制机制、建设现代化经济体系、形成全面开放新格局、营造共建共治共享社会治理格局上走在全国前列"。广东要做到习近平总书记提出的"四个走在全国前列"，离不开现代财政制度所提供的坚实财政支持和保障。在现代财政制度的框架下，政府将进一步简政放权，加快职能转变，优化政府与市场的关系，推动现代化经济体系建设，加大财税政策对国际国内两个市场的统筹力度，助力企业"走出去"，同时紧密财政收支活动与社会组织的联系，强化社会治理能力，营造共建共治共享社会治理格局。因此，"四个走在全国前列"也对广东加快基本建立现代财政制度提出更高水平、更深层次的改革要求和力度，现代财政新篇章将书写更多的广东特色。

第 六 章

广东财政支出：经济建设与民生改善

传统的市场失灵理论认为，市场机制不能解决垄断、外部性、公共品提供和收入分配公平等问题，存在着市场失灵，无法实现资源配置的帕累托有效和社会公平。当市场失灵时，为实现资源有效配置和促进社会公平，就需要借助政府的干预。现代市场经济都有政府干预的影子，政府承担着宏观调控的职能。政府要弥补市场失灵，实现控制通货膨胀、促进就业和稳定经济等宏观调控目标，往往以财政收支为抓手。财政是国家治理的基础和重要支柱，财政收支活动在促进经济社会发展中扮演了重要角色。改革开放以来，广东从生产建设型财政到公共财政再到加快建立现代财政，促进了政府职能的转型和公共服务能力的升级。广东从以经济建设为重心转变为一手抓经济建设、一手抓民生改善。基于效率和公平的视角，本章分别讨论广东在发挥财税政策对经济发展的宏观调控作用和调整财政支出、改善民生两个方面的实践与成效。

第一节 财税政策筑造广东"经济大省"

改革开放四十年，广东地区生产总值由 1978 年的 185.85 亿元增加到 2017 年的 89879.23 亿元，在 1989 年实现了对江苏的超越，连续 29 年居全国首位，年均增长率为 12.39%；地方财政收入从 1978 年的

39.46亿元增加到2016年的10390.35亿元，突破万亿，总量连续25年居全国第一，年均增速达16.57%。广东成为全国"经济大省"，其成功的经验是多方面的，其中重要的一点是坚持改革开放的方针，按照市场经济的要求，坚持市场经济的基础性作用，与时俱进地不断提升财税政策的目标层次，强化财税政策的灵活性，着力于营造良好的经济环境。

一 营造良好经济环境促进经济发展

广东充分利用中央给予的包括财政方面的特殊政策和灵活措施，在改革开放中先行一步，综合运用财政资金和政策手段，通过新增安排资金、落实税费减免、募集社会资本等方式筹措资金以支持经济增长，通过税收政策营造良好的经济环境，激发市场活力和调动民营企业的积极性。

（一）创新投资方式支持扩大基础设施建设

改革初期，广东大胆出新招，按照"谁投资、谁受益"的原则，开创和推行"以电养电""以桥养桥""以通信养通信""以路养路""以水养水"等筹集资金新模式，加快基础设施建设。广东财政资金的合理安排，有力地支持了高速公路、铁路、城际轨道、航运等交通基础设施和省产业园基础设施、水利基础设施的建设以及棚户区改造、保障性住房建设、农村危房改造、环保设施建设和污染防治等民生福利工程。基础设施的全面建设和完善，带动了商业、产业和人才的集聚发展，为广东经济取得飞速发展奠定了必要的基础。

（二）支持实施创新驱动战略

综合运用补助、贴息、风险补偿、设立引导基金等方式，瞄准创新驱动的重要环节，精准发力，促进科技创新。重点推动科技研发及成果转化，包括支持高新技术企业发展，支持产学研协同创新，引导企业加大研发投入；通过对科技型初创企业进行普惠性补助，支持社会机构及个人创办孵化器等；安排战略性新兴产业创业投资基金，连同整合其他相关的科技存量和增量资金，设立省级重大科研成果产业化基金，吸引社会资本投入战略性新兴产业领域中的初创期和早中期创新型企业，促进应用型科技成果转化等。

(三) 严格落实税费减免

一是通过税收手段优化产业结构。广东通过企业所得税优惠、新材料新产品的开发费用所得额扣除、科技成果转化增值税优惠、企业改制重组增值、所得税、契税、印花税等优惠措施，引导和支持企业优化产业结构。二是通过多项举措深化"放管服"改革，优化营商环境。2012年以来，广东省税务部门取消了80项非行政许可审批事项，并公布广东省税务行政处罚权力清单和税务行政处罚权力运行流程图，同时运用"互联网＋"手段，国地税融合共建省级电子税务局，800多项业务实现网上办理，极大地提升了税务部门的涉税服务水平。

二 城乡一体化建设加快粤城镇化进程

在改革开放大潮中，广东提出20年基本实现现代化的奋斗目标，实现这一宏伟目标，关键和难点在于农村和粤东西北三区，可以说实现城乡一体化是实现广东现代化的主要标志（程拔文，1994）。很长一段时期，我国农村处于自然经济和产品经济中的贫穷与落后状态，农村城镇化在计划经济体制时期发展极为缓慢，远远落后于工业化发展。改革开放以来，在商品经济体制驱动下，农村城镇化发展极为迅猛，"政府搭台，群众唱戏"，在"人民村镇人民建"的号召下，小城镇如雨后春笋，星罗棋布似的发展，改变了农村的旧面貌。在改革开放浪潮中走在前头的广东，在城镇化进程上也是先行先试，尤其是珠三角地区作为广东经济最发达的地区，城乡一体化起步较早、规模较大、发展较快。根据珠三角城乡一体化测评结果，从2009—2012年，珠三角城乡一体化水平稳步提升[①]，广东城镇化的整体水平走在全国前列。广东统筹城乡发展取得的成绩，与财税政策的支持是分不开的。

(一) 减轻农民负担的同时建立农民增收的长效机制

广东根据中共中央、国务院《关于进行农村税费改革试点工作的通知》精神，适时推进了农村税费改革工作，农民负担不断得到减轻。广东农村税费改革于2000年试点、2002年扩大试点，并在取得经验的基础上从2003年7月1日起在全省范围全面铺开。通过农村税费改革，广东省确立了以农业税和村内"一事一议"筹资为主要内容的新的农村税费制度框架，逐步形成了农民负担的刚性、透明的约束机制，较大幅度地减轻了农民的负担。随后，从2005年1月1日起全省免征农业税后，农民实现了农业税负零负担。据统计，2000年全省农业税计税面积3531万亩，到2004年为2265万亩，2000—2004年全省实征正税税额累计271666万公斤，地方附加累计15914万公斤。

在给农民减负的同时，广东着眼于建立农民增收的长效机制，健全农业农村财政投入机制和农民增收的政策机制，从政策法规上保障农民增收的合法权益，为农民增收创造良好的社会环境。全省各级财政部门主要采取了以下措施：(1) 加强农业基础设施建设和农业综合开发投入力度，进一步提高农业综合生产能力。从1989年起至今，广东省通过农业综合开发、基本农田整治、农业现代化示范区建设、种粮补贴、农机补贴、畜牧养殖补贴等多种方式加大对农业基础设施和农业产业的投入，取得了显著成效。(2) 加强农村防灾减灾体系、农业社会化服务体系和农业产业化投入，为发展现代农业促进新农村建设保驾护航。(3) 大力推进珠三角地区产业和劳动力向粤东西北地区的"双转移"。

---

① 刘进：《广东首次发布珠三角城乡一体化指数》，《南方日报》2014年3月29日第A14版。

以云浮新兴县的农业产业化为例，云浮市新兴县是全国闻名的养鸡大县，全县大部分养鸡户都加入了"公司+农户"的产业模式。1986年，温氏集团陆续吸纳了15户养鸡农户，尝试最早的"公司+农户"模式。在这一产业模式下，农民可以放心生产，公司可以放心销售，于是农民开始放开手脚养鸡。温氏集团平均每年以30%的增长速度扩张，在10余个省份建立32家一体化公司。截至2003年，温氏集团销售总额为38亿元，带动了2.5万户养猪、养鸡的农户，户均获利1.8万多元。新兴县的农业产业化经营还从养鸡业延伸到养猪业和水产业，从养殖业拓展到种植业和流通加工业，从平原地区辐射到山区乡镇。新兴县不仅成为广东最大的肉鸡生产销售基地，还是广东最大的凉果加工销售基地、广东最大的胡子鲶育苗基地，农业产业化经营对农村经济的贡献率达到70%。

（二）大力支持户籍制度改革，推进城乡社会管理一体化

广州、东莞等地大面积实行"村改居"试点工作，并将原本由农村集体经济组织承担的部分公共设施及公益事业支出列入预算支出，使农村居民真正享受到了户籍改革的成果。广州市等地公安机关取消了实行多年的暂住证制度，进一步放宽对农民工的管理，实行重大户籍制度改革，建立城乡统一的户口登记制度。在全省范围内取消农业、非农业以及其他所有户口性质划分，统一登记为广东省居民户口，实行城乡户籍"一元化"登记管理，真实体现户籍制度的人口登记管理功能。重点解决广东流动人口存量问题，除广州、深圳两市外，进一步放宽人才入户条件。

（三）提高农村基本公共服务水平

一是促进农村教育发展。主要包括：（1）加大对农村基础教育的财政投入，全面落实农村义务教育免费政策，推进农村义务教育经费保障机制改革；（2）出台"高校毕业生到农村从教上岗退学费"的财政补贴政策，逐步解决农村中小学代课教师工资问题，实现中小学教师待遇与当地公务员待遇的均等化；（3）省财政每年投入财政资金以推进珠三角与粤东西北地区联合发展职业技术教育，开展"百万农村

技能培训工程"和"智力扶贫工程"。

二是加大农村公共文化建设。为解决农民"看书难"问题，补贴流动图书馆下农村基层为农村服务费用，专项补贴东西两翼欠发达地区农村基层文化站建设经费。为丰富农民的文化娱乐生活，实施农村电影"2131"工程，并且建立财政专项继续支持广播电视村村通工程建设。

三是继续加大财政扶持力度，改善农村医疗卫生条件。包括提高新农合筹资标准、合理使用新农合财政补助资金、建立乡镇卫生院保障机制和村卫生站卫生财政补贴制度以及对经济欠发达乡镇卫生院业务用房建设、设备装备给予补助。

四是构建城乡一体化的劳动社会保障网络。实行城乡统筹就业方针，建立城乡并重的就业制度和劳动力市场。通过建立城乡统筹的就业管理制度，对全省农村劳动力进行技能培训转移就业，健全城乡一体的就业服务体系。

五是推动城市基础设施向农村延伸。将城乡基础设施进行整体规划建设，形成城乡衔接的公共交通、供水供电、邮电信息、环境保护和生态建设网络。全省在2000年实现村村通公路的基础上，2005年年底水泥路通达率达67%，农村自来水普及率由2000年的70.3%提高到75%，10千伏及以下农村电网改造面达到60%，基本实现城乡同网同价。

（四）实施激励型财政政策，促进县域经济发展

2004年1月1日起，广东先于全国实施"三奖一补"，对县级财政大力实施激励型财政机制，一定四年不变。在一般性转移支付中，大力度引入激励机制；在原来一般性转移支付的基础上，将每年新增一般性转移支付的60%左右用于激励困难县市"多劳多得"，40%左右用于确保困难市县财力的稳定增长，并对县域经济财政发展取得较好成绩的市县进行奖励。

目前，广东城乡一体化水平整体上仍然有待提高，并且区域间差距也较大。珠三角城市的城乡一体化发展水平均优于粤东、粤西和粤

北。而粤东、粤西和粤北的城市彼此间差异较大,城乡一体化发展水平排位较后的城市都在粤东和粤西①。财税政策在促进广东城乡一体化建设中也存在着不少问题有待改进,包括财税政策手段的系统性和配套性较差、财政资金缺乏有效的统筹集资以及政府间事权与财权不相匹配等。

三 广东区域经济向协调平衡目标砥砺奋进

回顾广东改革开放四十年的历程,广东区域协调发展的问题主要与两个关键的历史发展节点有关。一是改革开放初期,即20世纪八九十年代,广东珠三角地区依靠毗邻港澳的地理位置优势,利用国家改革开放的第一波优惠政策,吸引了轻工制造业等外资企业的入驻,率先在全国迅速发展起来,形成区域的经济中心。二是从20世纪末开始,面对长三角经济发展势头的紧逼,广东实施"中心—外围"互动政策,促进珠三角与粤东西北地区的互动发展。珠三角腾笼换鸟,推进产业结构调整和转移升级,粤东西北地区迎来一波发展的热潮。

21世纪以来,广东也开始重视促进区域经济协调发展。在国民经济和社会发展的"十五"规划中,广东提出了协调区域经济发展的"分类指导、梯度推进、协调发展、共同富裕"方针,做出了发挥经济特区和珠三角的带动作用,加快粤东西北地区发展步伐的战略安排。2002年《中共广东省委、广东省人民政府关于加快山区发展的决定》首次提出"积极引导和促进珠江三角洲产业向山区转移",把加快粤北山区发展作为实施区域协调发展战略的工作重点。尤其是2005年以来,广东紧锣密鼓地部署一系列促进区域协调发展的重大战略措施,包括《广东省东西两翼地区经济发展规划意见(2005—2010)》(2005年)、《关于促进粤东地区加快经济社会发展的若干意见》(2006年)、《关于推进产业转移和劳动力转移的决定》(2008年,即"双转移战

---

① 邹宇静、李林:《新型城镇化背景下广东省城乡一体化水平测度与评价》,《南方农村》2017年第33卷第1期。

略")、《关于促进粤西地区振兴发展的指导意见》(2009年)、《关于促进粤北地区跨越式发展意见》(2010年)等。

在市场经济体制下,促进区域经济发展的力量主要是市场自发力量和政府调控力量。按照市场经济下区域发展的倒"U"形理论,区域差距随着经济发展呈现先扩大后缩小的趋势。现实中,广东区域间生产要素流动不完全,珠三角地区经济发展水平较高,但对粤东西北地区产业和经济带动能力不高,而粤东西北地区自身经济发展水平偏低,难以形成新的增长动力。因此,本身存在缺陷的市场机制并不能实现区域经济的协调发展,需要政府对区域经济协调发展加以干预。在以上政府的紧密部署下,广东在财税政策促进区域协调发展上进行了不少探索,包括加大公共投资力度、兴建公共基础设施、实行激励型财政政策、建立县级财政管理体制等。2004年4月,广东省政府颁布了《关于促进县域经济发展财政性措施的意见》,建立"确定基数,超增分成,挂钩奖罚,鼓励先进"的激励型转移支付机制。2005—2007年,在现行财政激励机制基础上,省财政每年再安排4亿元,集中用于帮助100个县(区)、1000个镇(乡)解决目前的财政困难,促进了县域经济的发展[①]。

GDP反映一个国家(地区)的经济总量,是经济实力的综合表现。省内区域的GDP在全省所占的份额是区域间经济发展情况的重要衡量指标之一。同时,一个国家(地区)的经济发展水平决定着其财税收入状况。税收是财政收入的主要来源,是经济的晴雨表。因此,财税收入也是反映区域发展差异的一个重要指标。21世纪以来,粤东地区的财政收入增长速度于2004年开始较大幅度地提升,一度超过珠三角地区的增长速度。尤其是2009年以后,粤东西北地区的财政收入增长速度都高于珠三角地区。但2014年开始,粤东西北地区的财政收入增长开始较大幅度地下滑,甚至出现负增长(见图6—1)。从整个经济水平来看,珠三角地区生产总值占全省比重仍然呈现波动上升的

---

① 钟阳胜:《深化改革,依法理财,建设法治财政》,《广东经济》2005年第10期。

第六章　广东财政支出：经济建设与民生改善 ◀◀◀

趋势（见图6—2），广东区域协调发展水平仍然有待提高，财税政策的支持力、系统性和配合度都需要进一步加强。

图6—1　2003—2016年广东经济区域财政收入增速

资料来源：2004—2017年《广东统计年鉴》。

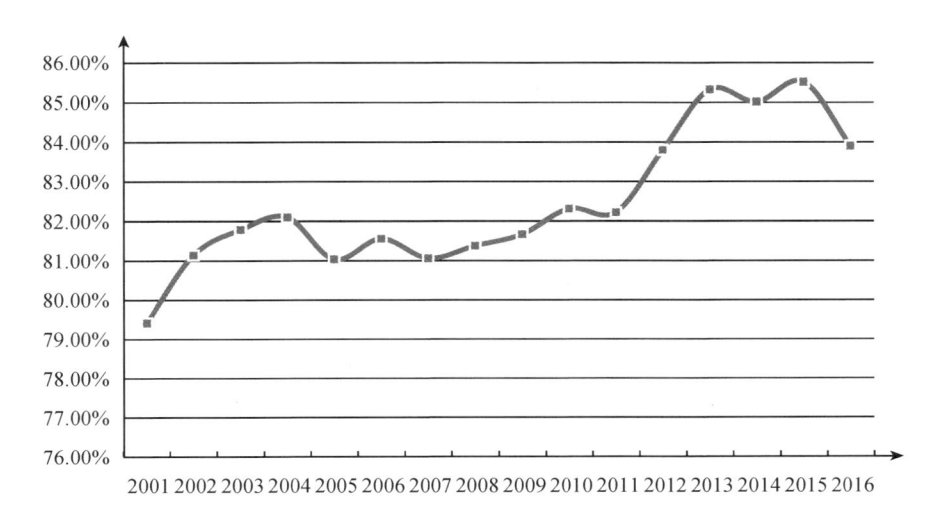

图6—2　2001—2016年珠三角地区生产总值占全省比重

资料来源：2002—2017年《广东统计年鉴》。

四 广东自由贸易试验区挂牌助力开放型经济升级

作为中国的南大门，广东充分运用中央给予的特殊政策、灵活措施，在改革开放中"先走一步"，借助毗邻港澳、华人华侨众多的区位优势，率先全面实施外向带动战略，积极发展开放型经济。对外开放是广东经济发展的灵魂，使得广东从一个落后的农业省发展成全国的经济大省。广东开放型经济的成功，离不开财政支持。改革开放之初，广东主要通过给予外资企业在税收减免、专项补贴、土地出让等方面的优惠待遇，吸引外商投资，发展外向型经济。然而，随着全国对外开放格局的形成，广东所拥有的政策优势已不足以成为对外开放的王牌。同时，2008年金融危机之后，传统的"以外资为主、以制造业为主、以出口为主"的"两头在外、大进大出"的对外经济发展方式已不能适应全球经济发展要求，需要转型升级。税收减免等财政支持手段，对于开放型经济的转型升级而言是杯水车薪。体制机制创新才是打造新一轮高水平对外开放格局的关键所在。而广东自贸试验区就是对接更高水平开放的试验示范窗口。广东自贸试验区于2014年12月31日经国务院正式批准成立，涵盖广州南沙新片区、深圳前海蛇口片区和珠海横琴新区片区。广东自贸试验区的设立，有利于国家推进新一轮对外开放战略，进一步深化粤港澳全面合作，助推开放型经济转型升级，打造带动区域发展的对外开放新高地。

广东税务部门通过税收服务创新，支持广东自贸区发展。2015年4月，广东出台的"自贸税易通"12项创新税收服务措施，具体包括提供"随身易"电子办税服务、"全天易"自助办税服务、"开票易"电子发票服务；快速办理出口退（免）税、快速办理税收优惠、快速办理涉外业务；优化涉税事项办理、优化票证领用手续、优化税收政策辅导；实行税务登记联合赋码、纳税信用联合共建、粤港澳税收联合互动。这12项税收新举措，借助电子化、无纸化、自助化手段，实现办税过程服务创新全覆盖，显著提高了税务部门的服务水平，有效地满足了广东自贸区的发展规划和纳税人的需求，为广州南沙新区片区、珠海横琴新区片区纳税人提供便捷高效的税收管理服务。广东自贸区的税收服务创新,有利于营造良好的营商环境,在试点过程中形成可复制、可推广的制度成果,对建立与新一轮对外开放新格局相衔接的税收管理模式具有重要借鉴意义。

第二节 幸福广东,民生财政

一 何为民生财政

2008年1月19日,在广东省人大会议分组讨论会上,部分人大代表当场追问列席会议的广东省财政厅官员:新增财政70%用于民生投入,究竟什么是"民生"?为什么财政厅长的报告没有对此做出说明?在场的广东省财政厅官员给出的解释是:教育、卫生、科技、文化、农林水、环保、公共交通、社会保障、城乡社区事务管理,都属于民生的范围。这一解释当场遭到人大代表的质疑:如果这么统计,那么除了公检法行政机关支出,其余都属于民生支出,甚至凡政府用钱都成了民生支出。[①]

在传统的政府预算观念中,国计与民生是紧密相连的。在预算编制中,民生支出并没有具体界定。广东人大代表的追问和质疑真是一针见血,一是引发究竟哪些属于民生支出、何为民生财政的思考;二是预算公开要详细具体列出哪些内容才算真正的公开,才能真正体现人大代表对公共财政的监督。

什么是民生财政?这一问题迄今为止尚未有统一的解释。

一种观点认为民生财政是民生支出占主导地位的财政。鉴于我国财政支出从2003年以来逐步向教育、医疗卫生、社保等领域倾斜的实践认识,安体富认为,用"民生财政"一词来概括财政支出结构的这一变化可能比较确切,民生财政是指在整个财政支出中,用于教育、医疗卫生、社保和就业、环保、公共安全等民生方面的支出占到相当

[①] 亦菲:《人大代表炮轰财政厅,啥叫民生》,《中国青年报》2008年1月22日。

高的比例,甚至处于主导地位。这一定义从财政支出划分若干项目界定为民生支出项目,与官方文件列举的民生财政内容相一致。如在2008年的政府预算报告中,民生支出包含教育、医疗卫生、社会保障、就业、廉租住房、文化、环境保护和生态建设以及公共服务和公共安全等。[①]

但是这一定义存在以下几点疑虑:(1)民生项目的划分标准是什么,并且试图笼统地将财政支出划分为民生支出和非民生支出,容易导致专门概念的混乱和实际工作中的无所适从;(2)以占财政比重来评判民生财政仍需慎重考虑,一是多大的比重才算建成民生财政?二是不同年份的财政各类支出比重也可能不一样,如果仅以某些支出比例的增加就称之为民生财政,那么当它们比重下降,是否就不再是民生财政了?因此,另一种观点提出,民生财政不可能是游离于或是作为替代物而对立于"公共财政"的另一事物,公共财政其实就是民生财政,公共财政与民生财政本为同一事物的两种称呼,所有的财政支出都应是直接、间接地服务于民生的(贾康等,2011)。张馨(2009)进一步提出民生财政从本质上属于公共财政,但与公共财政在具体内涵上有区别(见表6—1)。他认为民生财政以公共财政为制度基础,本质就是公共财政,只要财政活动是服务于民众生计的,都可划入其范畴,要绝对划分民生支出和非民生支出,实际上是不可能的。

表6—1　　　　　民生财政与公共财政具体内涵的区别

	民生财政	公共财政
产生背景	我国体制转轨时期的产物	随市场经济产生和发展
研究对象	解决我国转轨时期出现的特殊问题	解决普遍性的公共服务问题
财政职能	社会公平	配置资源、稳定经济、分配收入

① 2008年3月5日在第十一届全国人民代表大会第一次会议上,财政部做了《关于2007年中央和地方预算执行情况与2008年中央和地方预算草案》的报告。

还有一种观点是以结果为导向。刘尚希（2008）认为，财政只要始终关注社会的终极目标（如国民消费水平提高，防范消费差距过大，推进基本消费平等化，增加社会总福利等），就是民生财政；偏离了终极目标就不是民生财政，并指出民生财政具有三大职能：一是促进消费水平与生产力水平相适应；二是控制消费差距过大，促进人的全面发展；三是化解消费风险。

由此可见，民生财政与"吃饭财政"无论在内容还是形式上都不一样。"吃饭财政"是指主要将财力用于行政经费等方面的财政，核心在于解决政府供养人员的吃饭问题，包括财政供养人员的工资、奖金、各项福利以及公务人员的办公费用。民生财政体现的是"取之于民，用之于民"的以人为本的财政理念。民生支出并不等于民生财政。因为民生投入的简单增加不一定能实现社会公平正义。即使提高了民生支出的比例，但没有充分考虑城乡间、地区间和居民间的差距而一味地安排民生支出，忽略民生支出的绩效，甚至将"民生"本身当作财政支出正当性基础，这都是与以人为本的财政理念相违背的。真正做到"取之于民，用之于民"，切实为社会公众谋福利，增进社会公平正义，才是民生财政题中应有之义。因此，民生财政应该通过法律程序体现人民的意志，完善预算体制使得财政支出获得明确的事先授权，落实民生投入前期的可行性论证、财政投入过程中的监督工作和财政投入后期的绩效评价与风险控制，从预算批准、执行到绩效评价的整个运作过程都应该受到人大代表的监督。

二 从"吃饭财政"到民生财政的广东样本

随着我国进一步深化改革、扩大开放，社会财富急剧增长的同时，经济增长与收入分配之间的矛盾也越发严重，共享改革和发展成果的机会存在着地区和群体间的不均等。因此，改善社会民生、实现社会公平，逐渐成为公共政策的重要取向和财政投入的重点，从原有的公共财政体制下的"吃饭财政"转向民生财政。在当前我国分税制体制下，地方政府的事权和财权不相匹配，民生领域的大量财政投入依赖地方政府，而作为我国经济和人口第一大省的广东省，区域间发展失衡和县域经济落后一直是老大难问题，全省底线民生保障总体水平及多项保障标准也较低于全国平均水平，地方财力和民生投入也存在明显的区域间差异。面对省内的现实问题，广东由"吃饭财政"转向民生财政，一手抓经济建设，一手抓民生改善。

解决民生问题，广东积极部署。从2003年起，广东先后部署实施了十项民心工程、建设教育强省、社会主义新农村、基本公共服务均等化、构建幸福广东等重点工作，突出解决民生问题，切实做到"取之于民，用之于民"，维护社会和谐稳定。在十项民心工程上，2003年起在全省实施《十项民心工程》，包括全民安居、扩大与促进就业、农民减负增收、教育扶贫、济困助残、外来员工合法权益保护、全民安康、治污保洁、农村饮水、城乡防灾减灾等内容，基本上涵盖了广东省群众生产生活中存在的突出问题。2011年4月，《关于落实十件民生实事的实施方案》对十件民生实事的工作目标、工作进度和工作措施进行详细规划，切实履行为人民群众办好十件民生实事的承诺。2014年，广东首次把"底线民生"写入省政府工作报告，将提高底线民生保障水平置于民生十件事之首，将城乡低保、五保供养、孤儿残疾人保障、医疗救助、基础养老金等纳入底线民生保障范畴。在基本公共服务均等化上，2009年12月，广东印发《广东省基本公共服务均等化规划纲要（2009—2020年）》，清晰界定了基本公共服务均等化的内涵和范围，在国内也首次界定了基本公共服务八个方面的内容，解决了什么是基本公共服务的问题，明确了推进基本公共服务均等化的指导思想、发展目标、实施路径和保障机制，为推进全省基本公共服务均等化发挥纲领性作用。2012年5月，《深入推进基本公共服务均等化综合改革工作方案（2012—2014年）》与时俱进，动态改革。该方案进一步将公用设施、社会安全、社会服务、权益保障、人居环境、生态环保等纳入基本公共服务的范畴，并且选择惠州市作为基本公共服务均等化综合改革首个试点市。针对流动人口杂多的问题，广东要"通过实施人口迁移，将流动人口纳入基本公共服务均等化范围，促进人口由农村向城市转移，由欠发达地区向珠江三角洲地区迁移"。其中，中山市"入户积分制"——以积分排名的方式为外来流动人员安排一定数量的入户指标，达到一定分数的流动人员可以享受与本地居民一样的公共服务，包括教育、医疗等，自2007年起就先后在小榄镇、火炬开发区、东升镇三个镇区开展流动人员子女凭积分入读公办学校试点。按照先局部后整体、先试点后推开的原则，入户积分制试点取得良好成果，中山市将积分制向全市"全面铺开"。关于幸福广东的提出，2011年5月，广东省在"十二五"规划中明确把"加快转型升级，建设幸福广东"作为未来五年各项工作的核心，为民生筑网托底也成为全省各级政府工作的出发点和落脚点。2011年10月，广东出台全国首个省级幸福指标体系，突出以人为本，既有主观评价指标又有客观评价指标，尽可能地反映人民物质和精神生活的提升变化。需要强调的一点是，在幸福广东指标体系出台前，广东曾发布征求意见稿公开征求社会公众意见，体现民生财政的"听取民声"。

政府过上"紧日子"，让百姓过上"好日子"。为给企业减负，为民生保底线，广东财政面临较大的减收压力，收支矛盾较为凸显。从2008年起，广东勒紧裤腰带过紧日子，要做到公务购车和用车经费、会议经费、公务接待费用、党政机关出国（境）费用预算"五个零增长"，并且将省级部门公用经费和专项公用支出纳入压减范围，后来还出台公务用车改革方案，明确取消一般公务用车，发放公务交通补贴。广东财政还通过晒账单来严控支出，率先自2013年起在预算报告中反映三公经费、行政经费预算情况。除了压减支出，广东还加强财政资金优化整合。第一，进一步统筹不同预算体系。省级政府性基金预算转列一般公共预算，2015年转列8项、66亿元，2016年进一步转列9项、64亿元，2017年转列新增建设用地土地有偿使用费等。省级国有资本经营预算调入一般公共预算，2016年调入5.85亿元，2017年调入8亿元。第二，清理整合专项资金。专项资金实现"一个部门一个专项""预算一年一定"，按项目需要确定年度资金使用计划，专项资金从2013年的670项压减到2017年的51项，整合效果显著。第三，适度合理举债。在国家赋予地方政府的融资权限内依法举债，在符合债务限额和债券资金使用规定的前提下，预算中安排不足的部分建设投资资金，优先通过发行地方政府债券解决。第四，盘活存量资金。按照"压减存量、控制增量、加大统筹"的原则，优先考虑从存量资金调剂解决新增支出需求，确有不足的才新增预算。在压缩支出、统筹资金的努力下，广东民生投入不减反增，保持刚性稳增长。

改善民生践行"问政于民、问需于民、问计于民"。2011年，广东省委常委集体出动，围绕改善民生问题分赴粤东、粤西、粤北和珠三角4个片区开展集体调研。通过开展民生调研活动，省委常委对广东的民情有了进一步的认识和把握，为进一步制定相关措施确立客观依据，提升决策的民主化和科学化水平，增强决策的针对性和可操作性。广东十项民生实事都是经过充分调研提出来并且不断动态更新的，争取每年都向社会公众公开征求意见建议。如2014年年底，广东省政府办公厅就开始向公众公开征求2015年十件民生实事的意见建议。根据意见稿，多项社会保障补助标准提升，如2015年7月起，将城乡居民基础养老金标准从80元每人每月提高至100元每人每月；广东将全面实施城乡居民大病保险，百姓得了大病，经基本医疗保险报销后还可给予"二次报销"等。

民生建设坚持阳光运作。信息化管理、网络问政是广东民生财政的一大亮点，将各项资金的运用进行网络公开，深化民主评议，接受监督。广东省财政厅于2003年8月开展财政支出绩效评价试点工作，2004年设立了全国第一个省级财政支出绩效评价机构，通过开展重点项目评价试点，逐步积累经验后全面推开项目自评工作，并于2005年省级财政率先全面推开省级部门项目绩效自我评价工作。2011年，广东财政在原有财政支出绩效评价的基础上，积极推进支出绩效第三方评价改革，将评价结果和建议等内容在第三方评价机构门户网站和广东省财政厅网站上向社会公布，并且接受社会公众的监督和提议。评价结果将用于检验重大民生政策落实情况即专项资金使用绩效，并作为今后年度专项资金安排的重要依据。

三 广东民生支出的总体情况与绩效

根据前面对民生财政内涵的梳理以及政府文件的相关说明，为了方便起见，下文将以民生支出[①]为主来考察广东民生财政的总体建设情况以及绩效。同时，鉴于广东财政对民生问题的关注主要从 2003 年部署十项民心工程开始，因此主要选取 2000—2016 年的时间窗口对广东民生财政的总体情况进行考察。

（一）民生支出的总体情况

1. 民生支出整体增幅明显

广东财政支出从 2007 年开始呈现较大幅度的增长，支出规模扩大，尤其是 2015 年实现较大幅度的飞跃，民生问题成为广东财政重点关注的领域。广东民生支出从 2000 年的 229.77 亿元增加到 2016 年的 10102.41 亿元，年均增长率达 30.15%（见图 6—3）。

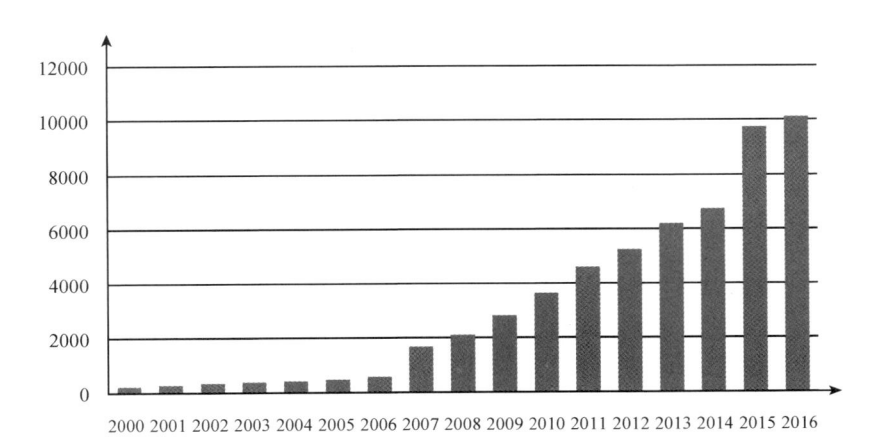

图 6—3 2000—2016 年广东民生支出（亿元）

资料来源：Wind 资讯。

[①] 按照财政部统计口径，民生支出分为"与民生直接相关的支出"和"与民生密切相关的支出"，其中，"与民生直接相关的支出"包括教育、文体传媒、社保和就业、医疗卫生、住房保障 5 个类级科目；"与民生密切相关的支出"包括科技、节能环保、城乡社区事务、农林水、交通运输、商业服务业、国土资源气象、粮油物资储备 8 个类级科目。此处所指民生支出，既包括民生直接相关支出，也包括民生密切相关支出，共 13 个类级科目。

2. 占财政支出比重保持上升态势

2000—2006年，民生财政支出占财政总支出的比重大概在21%，在两个百分点以内波动。这表明该期间广东仍未开始从"吃饭财政"转向民生财政，民生财政支出增长规模与财政支出增长规模同比扩张，民生领域的财政投入相对稳定。2007年，党的十七大报告提到"必须在经济发展的基础上，更加注重社会建设，着力保障和改善民生"。政府的施政理念开始发生转变，相应地，财政支出结构也开始向民生领域倾斜，民生支出增长速度超过财政支出增长速度。2007年，广东省民生财政支出占财政总支出比重突破50%，此后保持逐年平稳上升，尤其是在2011年突破七成（见图6—4）。

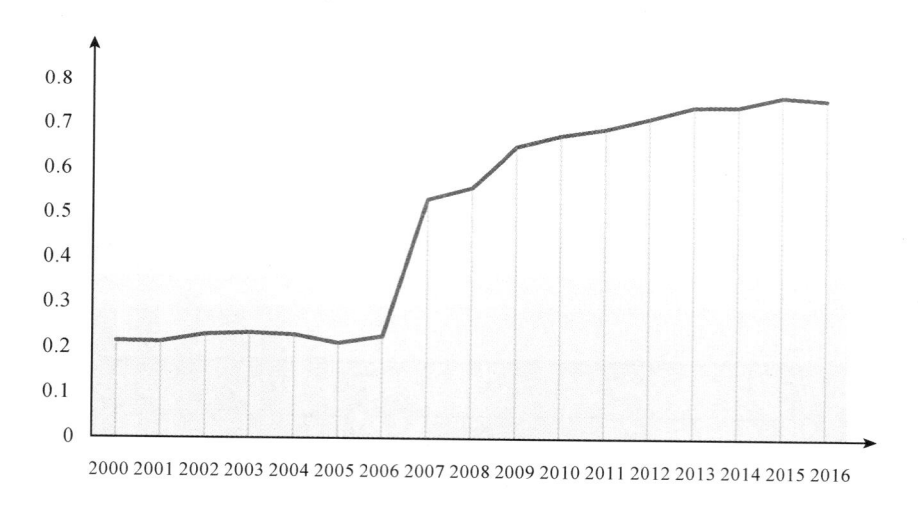

图6—4 2000—2016年广东民生支出占财政支出比重（%）
资料来源：Wind资讯和中经网数据库。

3. 占GDP比重平稳提升

广东省民生支出占地区生产总值比重从2000年的2.38%增加到2016年的12.49%。2007年之前，广东民生支出占地区生产总值的比重变化不大，直到2007年增长幅度与增长趋势较为明显，表明财政对民生投入形成较为稳定的增长机制（见图6—5）。

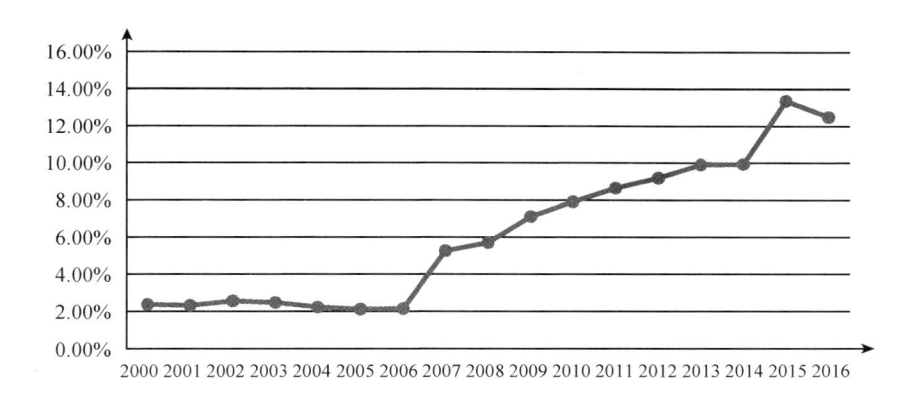

图6—5　2000—2016年广东民生支出占GDP比重

资料来源：Wind资讯和中经网数据库。

（二）民生财政的绩效

民生财政的目标主要是提高社会公众的消费水平，缩小收入或消费差距，推进基本公共服务均等化和增加社会总福利。

1. 城乡差距缩小

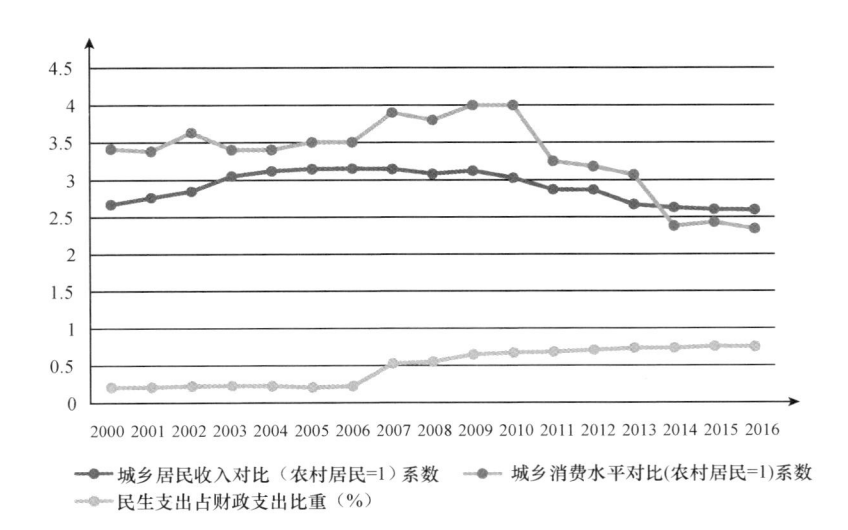

图6—6　2000—2016年广东城乡差距

资料来源：中经网数据库。

从图6—6可以看出，2007年以来，随着民生支出的增加，广东城乡居民收入对比（农村居民＝1）系数和城乡消费水平对比（农村居民＝1）系数都呈现下降趋势，表明广东城乡差距有所缩小。

2. 城市公共服务水平提高

从图6—7可以看出，2007年广东城市用水普及率和城市燃气普及率开始抬升，供水和供气服务覆盖范围扩大；城市公共交通和公共厕所数量呈现上涨趋势，尤其是公共交通汽车数量增加幅度较大。广东外来人口较多，随着城市人口的增加，公共交通和公共厕所的人均水平仍保持上升或稳定水平，表明广东城市服务的承载能力较强。整体而言，随着民生支出的增加，广东城市公共服务水平在一定程度上有所提高。

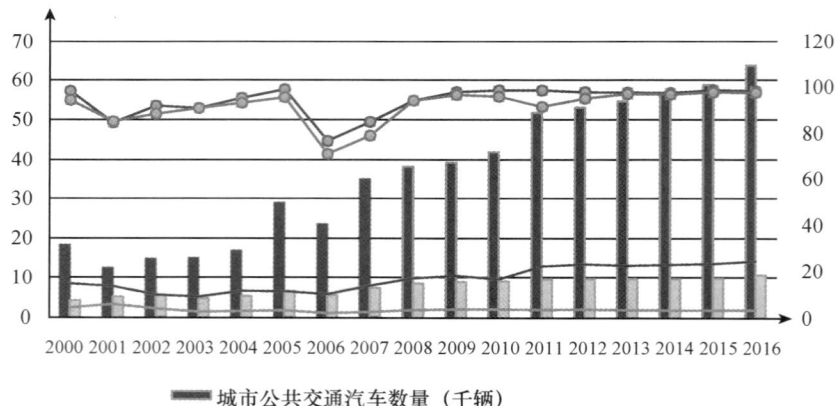

图6—7 2000—2016年广东城市公共服务水平

资料来源：中经网数据库。

3. 人民幸福度和满意度提升

民生财政的关键之一是老百姓是否满意。根据广东省省情调查研究中心、广东省社会科学院绩效评估中心公布的2017年广东省地方服务型政府建设系列调研报告，随着民生财政的不断发展完善以及基本公共服务均等化的深入推进，广东居民对公共服务的满意度普遍较高，并且群体差距、城乡间差距都有所缩小。从全省来看，2017年广东省地方政府公共服务总体满意度得分为73.51分，比2016年提高1.28分，创下九年来最高成绩，其中公用事业及市场服务、公共交通、公共教育满意度位居十大类公共服务前三，供电服务满意度连续九年排名第一，环境保护、住房保障、就业保障是服务型政府建设的薄弱环节。从区域差距来看，珠三角地区满意度水平仍显著高于粤北山区和东西两翼，其中惠州市、广州市、佛山市、深圳市、珠海市满意度位居全省21个地级以上市前五位，梅州市、清远市、揭阳市、汕头市、汕尾市满意度位居粤东西北地区前五位，越秀区、香洲区、惠城区、天河区、顺德区位居调查的125个县（市、区）前五位。

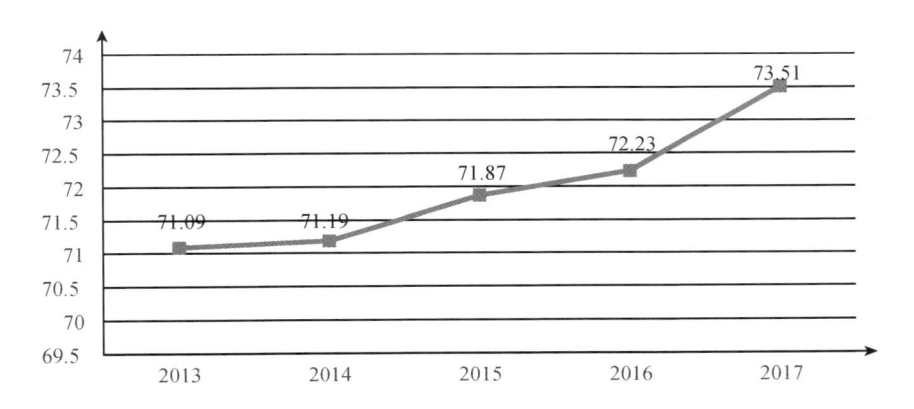

图6—8 2013—2017年广东地方政府公共服务总体满意度

资料来源：2017年广东省地方服务型政府建设系列调研报告。

第三节 广东财政支出绩效评价的实践

一 广东开展财政支出绩效评价的背景

改革开放以来，随着市场化趋势的进一步强化，国民经济的健康运行离不开政府的宏观管理。在财政指导思想的审时度势下，扩张性财政政策成为我国宏观调控的主基调。通过扩张性财政政策刺激内需、拉动投资，拉动经济稳中向好，促进经济社会发展和提高人民的生活水平。然而，在经济增长、财政增收的同时，公共支出也在膨胀，扩张性的财政政策导致财政收支矛盾并没有因为财政增收而有所缓解。在传统的量入为出的理财观念下，财政资金使用部门极易忽视财政支出的结果和绩效，在编制预算时往往争取更多的财政资金，取得多少收入就安排多少支出，导致收支矛盾越来越严重。因此，单靠简单的收入增长并不能解决政府有限的财力增长和无限的公共支出需求的内在矛盾。根据市场经济发展水平和公共财政管理水平较高的国家的政府绩效管理改革实践，这些国家安排财政支出是以结果为导向，在压缩公共支出的同时，对公共支出进行绩效考评，从而比较有效地抑制公共支出盲目低效的现象，提高财政资金的使用效益。由此来看，我国政府实行财政支出绩效管理是缓解财政支出压力的可行之道。自 20 世纪初以来，我国中央和各级地方政府陆续探索以结果为导向的绩效预算管理改革，把财政支出绩效评价作为绩效预算改革的突破口[1]。2003 年，党的十六届三中全会明确提出"建立预算绩效评价体系"。2004 年，财政部制发《中央经济建设部门项目绩效考评管理办法（试行）》，指导各地先行试点、由易到难、分步实施地开展绩效评价工作，在此基础上，《财政支出绩效评价管理暂行办法》于 2009 年制定，并于 2011 年修订。2014 年，财政支出绩效评价被写进修订的预算法（2015 年 1 月 1 日起施行），绩效"参与性"摆在预算绩效管理的突出位置，将资金使用效果纳入人大预算是审查的重点，将绩效评价结果作为下一年度预算编制参考，明确要求各级政府、各部门、各单位开展预算支出绩效评价。

广东是全国探索财政预算绩效管理改革的先行先试省份，2003 年就先走一步开展财政支出绩效评价试点。改革开放以来，作为经济大

---

[1] 颜海娜：《评价主体对财政支出绩效评价的影响——以广东省省级财政专项资金为例》，《中国行政管理》2017 年第 2 期。

省，广东也一直是我国财政收入大省。但它同样面临着财政收支矛盾：一方面，财政支出压力越来越大，民生方面的刚性支出需要保持平稳增加，同时还需要财政支出支持经济发展方式升级，带动经济增长；另一方面，财政收入增幅趋缓，分税制以来，广东地方一般公共预算收入增速由20世纪90年代25%以上的高速度波动下降到15%左右（见图6—9）。2003年，政府管理要求加强执政能力，构建预防腐败体系，财政管理要增收节支、提高效益，财政资金的安排和使用到了不得不讲求效益的风口浪尖。于是，经财政部批准，广东省开始以绩效评价为起点，探索基于绩效评价的预算管理改革，为整体财税体制改革提供财力保障[①]。

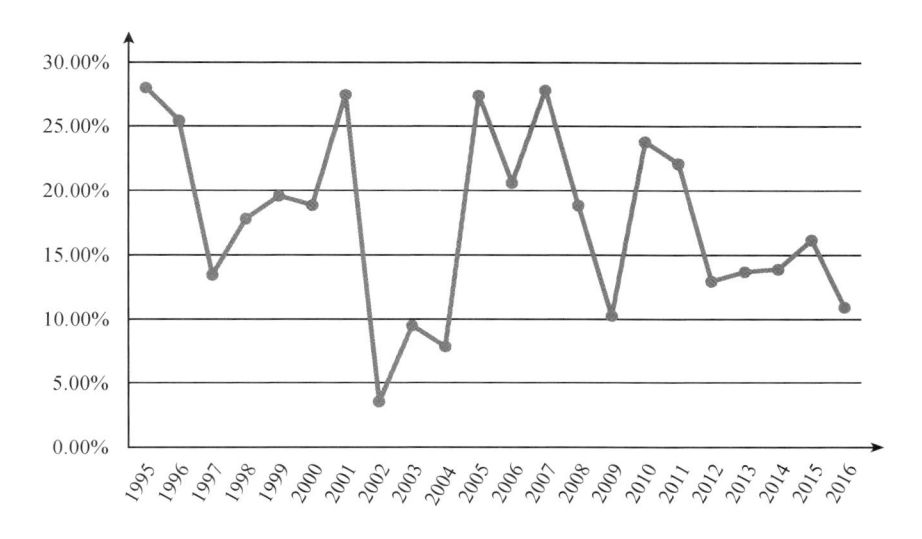

图6—9 1995—2016年广东地方一般公共预算收入增速

资料来源：中经网统计数据库。

何为财政支出绩效评价？刘昆（2008）认为，财政支出绩效评价就是指运用科学、规范的绩效评价方法，依据一定的原则，对财政资

---

① 乔彬彬：《面向绩效的预算改革实践评价——以广东省为例》，《发展研究》2007年第1期。

金使用的综合效果进行评判（在公共财政下，财政资金使用效果包括经济、政治和社会效益），并通过绩效评价找出财政支出决策和执行中的问题以及改进的方向。在财政部制发的《财政支出绩效评价管理暂行办法》（以下简称《办法》）中，财政支出绩效评价是财政部门和预算部门（单位）根据设定的绩效目标，运用科学、合理的评价方法、指标体系和评价标准，对财政支出产出和效果进行客观、公正的评价。《办法》明确规定，绩效评价的主体是各级财政部门和各预算部门（单位），绩效评价的对象包括纳入政府预算管理的资金和纳入部门预算管理的资金。绩效评价只是预算管理改革的起步，最终应该形成一个完整的绩效预算管理体系，即以结果为导向、以结果为依据分配预算资源的预算管理方式。刘昆（2008）认为，绩效预算是一个复杂的系统，主要包括政府绩效评价体系、财政支出绩效评价体系和组织管理体系三部分内容。建立科学规范的财政支出绩效评价制度，将现代市场经济的思想理念融入预算管理，科学客观评判财政支出行为过程及其效益，既是推进财税体制改革的重要手段，又是开展绩效预算管理改革的重要突破口。

二 广东财政支出绩效评价的实践过程

为加强财政支出管理，提高资金使用效益，广东于2003年先行先试开展财政支出绩效评价试点，采取"先易后难、由点及面、稳步推进"的指导原则，从项目绩效评价切入突破，将项目绩效评价结果与项目预算编制有机结合，财政支出绩效管理工作在稳步推进中取得新突破、新亮点，为全国推广项目绩效预算提供了丰富的样本。在试点过程中，广东建立了绩效评价专门机构，制定和施行财政支出绩效评价的制度规范，项目绩效评价工作进入了制度化、规范化、程序化的崭新阶段，目前已经形成纵向贯通项目事前、事中、事后的全过程绩效管理，横向覆盖项目支出、部门支出、综合支出的全方位绩效管理新局面。

从时间线来看，广东财政支出绩效评价试点早、推开快。

2003年，广东省财政厅率先开展财政支出绩效评价试点工作。

2004年，广东省财政厅成立全国首个省级财政支出绩效评价专门机构（省财政厅绩效评价处）。

2005年，广东省财政厅全面推开省级部门预算单位对500万元以上和跨年度的省级财政支出项目资金使用情况进行自我绩效评价的试点工作。

2009年，广东开始重点构建规范的绩效评价指标体系。

2011年，广东开始试行省级财政专项资金委托第三方绩效评价的试点。采取公开（邀请）招标方式，选定具有服务资格的第三方专业机构来独立负责整个财政支出项目（专项资金）绩效评价工作，最后评价结果报告通过验收后在省财政厅和第三方机构官网共同发布，接受社会公众监督。据广东省财政厅公布的数据统计，2011—2013年间广东省财政厅委托第三方完成省级财政专项资金绩效评价累计超过10项（类），评价金额近600亿元，其中2013年由第三方独立实施的"2012年度省级'十件民生实事'财政资金绩效评价"，覆盖省级财政108项专项资金逾478亿元。

2016年，广东省财政厅制发《广东省省级部门整体支出绩效评价暂行办法》，按照先试点后推广的原则，选取省国土资源厅、省林业厅、省质监局、省食品药品监管局、省知识产权局、省残联6个部门作为试点，开展省级部门基本支出和项目支出的整体绩效评价工作。

2017年，广东将绩效自评范围扩至所有省级财政专项资金和试点部门的整体支出，从一类拓展为三大类，并完成《广东省省级财政资金绩效自评工作规程》，以"一个办法+X个规程+X个细则"为总体框架，明确规定了绩效自评工作的目的、依据、适用范围、原则、职责任务、业务规范、工作程序等。

从具体内容来看，广东财政支出绩效评价逐步有序地建立了"项目—单位—部门—综合"四个层次的评价体系，为绩效预算管理改革进一步深化打下了良好基础。

(一) 以推进重点项目绩效评价试点工作为起点

广东财政支出绩效评价工作先从重点项目着手,通过在经济社会发展和预算管理改革重点领域中选定年度绩效管理重点来开展评价工作。从2003年8月起,广东陆续对民营科技园建设财政专项资金、山区老区小学改造财政补助资金、扶贫重点县公路建设专项补助资金等重点项目进行绩效评价。绩效评价试点工作开展顺利,实行绩效评价的项目覆盖了越来越多的领域。2016年,全省组织开展的财政资金绩效评价达到22类、278项,涉及金额6000亿元左右。按照先试点再逐步推广的指导方针,绩效评价工作由重点项目提升到了部门整体支出的层次,绩效评价范围逐步横向覆盖"部门整体支出、专项资金、财政政策和财政管理"。2016年,广东选取省国土资源厅、省林业厅、省质监局、省食品药品监管局、省知识产权局、省残联6个部门作为部门整体支出绩效评价工作的省级试点单位,重点对部门项目、"三公"经费、专项资金等进行合法性、规范性、效益性的评价。

(二) 建立和完善财政支出绩效评价管理办法

广东省财政厅制定《关于进一步加强财政支出管理的意见》《广东省财政支出绩效评价试行方案》等文件指导预算部门开展绩效评价工作,分别对财政资金的项目申报、预算审核、过程监督和使用绩效结果评价提出了要求,对绩效评价的工作原则、基本方法、指标体系、组织管理、工作程序、分类实施、实施范围和步骤、结果应用等主要内容做出了规范。广东通过详细流程、成文制度,使得财政支出绩效评价工作有方法可循,有制度可依,在实践中可落实操作。一是精心设计了整个绩效评价工作流程的规范,包括绩效评价内部协调工作制度、中介机构参与绩效评价工作管理办法(试行)、自评报告复核程序和自评结果审核标准等,并且详细地制发绩效评价工作流程图、自评报告基础表格和绩效评价分析报告书等范本。二是建立专家评审制度和审核意见反馈制度。通过组织专家审核,提高绩效评价结果的公信力。自评报告初审意见会以书面形式

第六章　广东财政支出：经济建设与民生改善

反馈给各部门单位并充分听取意见，对经审核审查存在较大问题的自评项目进行抽样复审和组织重点评价，最后形成审核结论正式下达给各部门单位。三是积极推进绩效评价立法工作，2005年正式向省法制办提出了将《广东省财政资金使用绩效评价办法》作为2007—2010年立法计划项目的建议。

（三）建立财政支出项目自我绩效评价的长效机制

自2005年开始，省级部门预算单位对财政支出项目资金使用情况进行自我绩效评价工作，以及财政部门对重大项目进行综合评价工作，在广东全省范围内全面铺开。部门预算单位的自我绩效评价工作是先对500万元以上项目或跨年度项目进行自评试点，自评报告需要提交给财政部门进行复核审查和抽查，其中重大项目则由省财政厅与其他有关部门一起进行综合评价。整个自评工作过程非常严谨完整，涵盖了布置培训、自评、初审、专家复审、反馈意见、抽样复核、重点评价、下达结论、内部通报9个阶段。财政支出项目绩效自我评价通过规范的流程，逐渐形成了自我评价、自我监督和外部评价、外部监督两个层次相结合的长效机制，增强了各部门预算单位的绩效观念和责任意识，改变以往量入为出的观念，注重资金使用效果，从而谨慎规范地请款用款。

（四）开展第三方评价，构建科学的第三方管理体系

2006年，广东开始探索委托第三方对项目实施绩效评价，先从10个重点评价项目中选取了省教育厅"高校建设211工程"和省计生委"计划生育技术服务经费"两个社会关注度较高的项目进行试点。2011年，广东进一步探索整体委托第三方独立评价的试点，走出财政支出绩效评价的新路子。一是建立第三方制度管理体系。广东出台了《财政资金使用绩效引入第三方评价实施方案》《预算绩效管理委托第三方实施工作规程（试行）》《委托第三方实施预算绩效管理内部工作细则》和《第三方机构参与预算绩效管理业务指南》等一系列规范第三方评价的文件，明确了开展第三方评价的评价范围、工作程序、工作要求、职责分工、具体操作以及第三方机构的选取和委托。二是保

证第三方评价的质量。通过公开招投标的方式选定第三方评价机构，采用"定额计费法"或"计时计费法"合理测算安排项目委托服务费用，同时要求第三方评价保持独立性。第三方需要在部门预算单位自评工作的基础上，通过调查访问、定性分析、数理统计等科学方法，完整实施书面评审、现场评价和综合评价等程序。三是开展绩效信息化管理。以财政支出绩效信息管理平台、专家评审管理子系统、部门预算绩效目标管理子系统、财政专项资金全过程绩效管理子系统、财政综合支出绩效管理子系统、评价指标及标准库、项目库、专家库、资料档案库等信息库作为绩效信息化管理和第三方监控的技术支撑。四是强化对第三方评价的监督和考核。财政部门通过调查访问、抽查工作底稿和采集基础数据资料等方式，对第三方预算绩效管理工作情况及质量进行跟踪管理和监控。财政部门还会对第三方受托预算绩效管理工作情况进行严格的考评，综合考虑考核评估结果以及被评价单位对第三方评价工作的反馈意见，以此作为委托服务费用支付和以后年度选取承担预算绩效管理工作资格的参考标准。自 2011 年广东整体委托第三方开展预算支出绩效评价以来，已从试点阶段的 4 个重点评价项目扩大到 2017 年 200 个项目，第三方实施重点评价项目累计达 494 个，涉及财政资金超 8000 亿元。

（五）绩效评价结果成为预算安排的重要依据

财政支出绩效评价除了对财政资金的安排和使用形成有效的监督和约束，更重要的是运用绩效评价结果，为实行绩效预算做好必要的基础性工作。从 2005 年开始，广东引入绩效预算的原则和理念，确立"大事优先""绩效优先"的财政资金分配原则，做到财政支出绩效与部门发展目标、绩效评价结果与财政资金管理、绩效评价结果与预算编制的有机结合，逐步建立科学规范、奖罚分明的项目资金分配使用约束机制。省级部门预算单位申报项目预算时，要报送项目的绩效目标、资金使用绩效自我评价以及财政部门出具的评价意见等相关材料。绩效评价结果还会采用内部通报的机制，跟省直各部门单位通报省级财政支出项目自我绩效评价结果，以此激励和监督省直部门。

（六）建立健全绩效评价机构

财政支出绩效评价工作政策性强，专业性突出，必须要有专门的机构和人员来保证绩效评价的质量。2004年，广东省财政厅率先成立省级的专门负责财政支出绩效评价的机构，并随后向下推广到市县财政部门设立绩效评价机构。财政部门通过加强机构人员的业务学习培训，培养了业务素质高的评价人员，更好地满足了财政支出绩效评价工作的全面铺开。

广东财政支出绩效评价的实践，一是初步改变了长期以来各预算单位"重使用、轻效益""狮子大开口"的现象，有效减少和防止了盲目请款、无效支出及盲目支出等行为发生，提高了财政预算资金的使用效率，真正发挥财政资金"四两拨千斤"的杠杆作用，有效地缓解了财政收支矛盾；二是促使用款单位自觉建立内部管理和监督机制，形成自我约束、内部规范的良性机制，规范执行预算，强化科学理财观念。随着经济社会转型，政府职能从行政管治型向服务责任型转变是必然趋势，完善公共财政框架、实行预算绩效管理和绩效问责也是建立现代财政制度的必然选择。

第七章

国有资本经营和社保基金收支与广东财政 40 年

按照《中共中央国务院关于深化国有企业改革的指导意见》和基本养老保险制度改革有关要求，国务院于 2017 年 11 月 18 日公布《划转部分国有资本充实社保基金实施方案》，踟蹰多年的国资划拨社保的方案终于出台。方案明确指出，从 2017 年开始，选择部分中央企业和部分省份开展试点，统一划转企业国有股权的 10% 充实社保基金，弥补因实施视同缴费年限政策形成的企业职工基本养老保险基金缺口，划转范围内企业实施重大重组，改制上市。划转部分国有资本充实社保基金，既有利于推动国有企业进一步深化改革，又能促进养老保险制度更公平、更健康地发展。"划转部分国有资本充实社保基金"的思路从 20 世纪 90 年代就开始酝酿，一波三折后至今终于落地，划转之后是否会给国企改革和社保改革带来新契机？本章将回顾改革开放四十年来广东财政在国有资本经营和社保基金管理方面的改革历程及其取得的效益，提炼出对全国有益的经验。

第一节 广东先行：为全国国有资本经营树立先进典型

国有企业改革是经济体制改革的重要内容，国有资产管理体制改革则是深化国有企业改革的重要组成部分。追溯两者的改革历史，不

第七章 国有资本经营和社保基金收支与广东财政40年 ◀◀◀

难发现国有资产管理体制的改革发展是与国有企业改革进程相适应的，而国有资本的概念也随着国有企业改革的深化被提出来，体现了国企改革思路的转变。在国有企业改革和国有资产管理体制改革的过程中，财政同样发挥着重要的推动作用和监督作用。改革开放以来，在中央宏观决策部署下，广东国有企业改革和国有资产管理体制改革先行先试，围绕着市场化改革，先后经历了以放权让利、建立现代企业制度、建立现代产权制度为主要特征的三个阶段。在40年的改革历程中，中央政府主导"一盘棋"与地方改革实践的良性互动以及广东地方财税体制改革的共同推动，使得广东国有企业改革和国有资产管理体制改革具有鲜明的地方特色，为全国国有资本经营树立了先进典型。

一 "简政放权、减税让利"的初步探索时期（1978—1992年）

1979年4月中央工作会议上，广东省委书记（时设第一书记）王全国提出："这么大的国家，这么大和复杂的经济规模，一切集中于中央，是办不好的。主要问题还是权力过于集中，地方权力过小。这个问题不解决，扩大企业的自主权也是难以解决的。地方没有多大权力，还有什么权力分给企业呢？"[1] 广东的反映引起中央重视，在财政困难、各地提出强烈的"放权"诉求、经济管理体制改革要推动的背景下，中央确定了以"简政放权、减税让利"为核心的国有企业改革基本思路，把人、财、物、产、供、销等生产经营权下放给企业，扩大企业自主权，解放和发展了企业生产力。这一时期的改革并没有触及国有资产所有权或者所有权实现形式的层面，基本停留在国有资产经营权和经营方式的层面上。改革的主要手段是进行企业自主权试点，扩大企业经营自主权，将中央管理的国有资产下放给地方管理，探索承包经营责任制、资产经营责任制等多种国有资产经营方式，尝试政企分开。

---

[1] 广东省委党史研究室编：《广东改革开放决策者访谈录》，广东人民出版社2008年版，第244页。

▶▶▶ 中篇 财政绩效

在中央部署"放权让利"之前,广东清远县已经在探索扩大企业自主权试点。1978年第四季度,清远氮肥厂等4家国营工业企业试行职工奖金与企业经济效益挂钩,即从超过计划上交的利润中提取一定比例的职工奖金。1979年4月,清远县又在工业管理体制改革上先行一步:统一由县经委直接管理企业的人财物、产供销,同时把一部分权限下放给企业。在总结广东、四川扩大企业自主权试点工作经验的基础上,1979年7月,国务院印发《关于扩大国营工业企业[①]经营管理自主权的若干规定》等5个改革企业管理体制的文件,在全国推广扩大企业自主权试点工作。广东清远县的探索获得中央层面决策的支持后,全省开始大范围推行清远经验。1979年9月,省财政局发布《关于核定扩大企业自主权试点企业利润留成比例的通知》,在省属和广州、韶关等城市中选100户企业,扩大企业自主权,实行利润留成试点。1980年7月,确定100户国营工交企业进行扩大自主权试点,年末扩权试点增加到179户,部分商业企业也加入试点行列。

扩权让利激发了企业超额完成计划和增产增收的积极性,但由于缺乏扩权让利的约束机制和宏观体制的配套,从而出现了重复建设、多发乱发奖金、不完成国家调拨计划等新问题。1979—1980年,国家连续两年出现巨额财政赤字,于是1980年12月的中央工作会议提出增加财政收入、减少财政赤字的要求。为落实财政上交任务,广东在扩权试点的基础上,对工业企业试行利润包干的经济责任制。1981年4月,全国工业交通工作会议正式肯定了经济责任制[②]。为配合工业经济责任制的实行,广东省财政厅下发《关于1984年国营企业财务体制改革的意见》,陆续对国营企业试行财务包干办法。1981年10月,国务院批转了《关于实行工业生产责任制若干问题的意见》,对全国工业企业实行"包干加奖励"的经济责任制,强调企业对国家的责任,确保"国家得大头"。

---

① 1993年3月八届全国人大一次会议通过的《中华人民共和国宪法修正案》规定,"国营企业"修改为"国有企业"。

② 黄速建、金书娟:《中国国有资产管理体制改革》,《经济管理》2009年第1期。

第七章 国有资本经营和社保基金收支与广东财政 40 年

工业经济责任制下,政府与企业往往是"一对一"谈判决定包干政策,虽然部分企业在短期内取得了增产增收的效果,但是随着大范围推行,企业间苦乐不均问题严重,内在的缺陷逐渐抵消短期的成效,甚至引起了经济混乱和物价上涨。因此,中央于 1983 年决定在全国实行"利税并存",对国营企业所创利润先征收一定比例的所得税和地方税,剩下的再在企业与国家之间谈一个分成比例。广东省从 1983 年 6 月起,对除军工、邮电等少数企业外的地方国营企业实行第一步"利改税",在中等城市小型企业的划分标准、核定企业留利水平和人均留利额三方面比全国放得更宽一些。第一步"利改税"并没有从根本上解决好国家与企业的分配关系,企业受到的行政干预也未得到松绑。为克服第一步"利改税"的弊端,1984 年 10 月 1 日起,广东在财政管理体制不变的情况下对国营企业实行第二步"利改税",从"利税并存"过渡到完全的"交税",税后利润完全归企业安排。在广东部署第二步"利改税"的同时,广州、佛山等地的省属大型企业已开始实行盈亏包干[①],并且实现扭亏为盈,得到了中央的肯定。在总结广东等省份承包责任制经验的基础上,1987 年 5 月,国务院决定在全国范围内普遍推行承包经营责任制,广东承包责任制的先行探索丰富了地方实践经验。

在国有资产体制改革上,广东还积极发挥改革开放的"窗口"和试验田——深圳经济特区的作用。1983 年,深圳对国有企业进行股份制改革,得到中央的肯定。同年,国务委员兼国家经济委员会主任张劲夫到重庆嘉陵摩托集团搞股份制试点,时任国务院领导人对此很积极,要求"此事由体改委牵头,北京、上海、深圳等地都要试点"[②]。1986 年 10 月,深圳市决定在深圳发展银行、万科企业、金田实业等 6 家大型国有企业进行股份制试点。1987 年 5 月,深圳发展银行向社会发行首批 1000 万元的股票,却遭到"冷遇",最终政府动员党政干部

---

① 梁灵光同志在全省财贸工作会议上的讲话,1984 年 8 月 3 日。
② 张劲夫:《股份制和证券市场的由来》,《百年潮》2001 年第 5 期。

和国有企业认购①。政府和理论界对此轮深圳股份制改革的看法不一，姓"社"姓"资"的争论也使得股份制试点进展缓慢。直到1990年年底，承包经营责任制发展不顺利，股份制试点才出现新转机。1992年4月，中央批准扩大股份制试点，但规定向社会公开发行股票（不上市）的股份制试点只在广东、福建、海南三省进行，公开发行股票并上市交易试点只在上海、深圳进行，未经国务院批准，其他地方不得公开发行股票和设立证券交易机构。②深圳股份制试点的实践经验，为国有企业改革的制度创新指明了新的方向。至1990年年底，深圳累计公开上市发行股票2.7389亿元，除国家直接控制约占60%外，个人可以转让股权保守估计，市场价值大约为11.5亿元，相当于深圳个人储蓄存款余额的1/4③。

与国有企业改革进程相适应，1988年，国务院决定组建国家国有资产管理局，这标志着我国国有资产管理体制改革在政府层面将社会经济管理职能与国有资产管理职能分开。按照中央的部署，1989年，广东省财政厅在企业财务处下专设国有资产管理组，国有资产管理仍属于财政管理的重要组成部分。1991年，国有资产管理组正式挂牌为广东省国有资产管理办公室，负责包括资产评估、产权登记和清产核资等在内的国有资产管理相关工作。

二 建立现代企业制度和实行政资分开的改革阶段（1993—2002年）

1993年11月，中共十四届三中全会通过《关于建立社会主义市场经济体制若干问题的决定》，指明"建立现代企业制度，是我国国有企业改革的方向"，将现代企业制度具体化为"产权清晰、权责明

---

① 王凯辉、杨行建：《大胆试行社会主义股份经济——关于深圳股份制改革的调查报告》，《教学与研究》1992年第5期。
② 中央文献研究室编：《十三大以来重要文献选编》（下），人民出版社1993年版，第2036—2047页。
③ 国家社会科学基金《国有大中型企业实行股份制的前景、模式和途径研究》课题组：《企业股份制改革的新探索——深圳特区股份制试点调查》，《特区经济》1991年第2期。

确、政企分开、管理科学",首次提出"政资分开"的概念——对国有资产实行国家统一所有、政府分级监管、企业自主经营的体制。围绕着"建立现代企业制度"和"政资分开"的改革思路,广东进行了现代企业制度试点和国有资产管理体制先行改革等,形成了顺德产权制度改革、深圳建立国有资产管理体制等颇具地方特色的管理模式,为全国国有企业改革和国有资产管理体制改革树立典型示范。

(一)开展现代企业制度试点

广东贯彻 1993 年 12 月全国经济工作会议的部署,积极开展建立现代企业制度试点。1994 年 8 月,广东选择 250 户企业(1996 年调整为 187 户)作为建立现代企业制度的先行者和探路者。广东财政部门针对清产核资、资产评估和产权界定等问题制发了一系列规范性、可操作性文件。在财政部门的指导下,试点企业改制形式多样化,确定了一批国有资产运营机构,一定程度上实现了增资减债、负债结构调整优化,进一步提升了深入解决国有企业改革重点难点问题的改革信心。广东现代企业制度的试点工作在 1994 年 11 月召开的全国建立现代企业制度试点工作会议上得到国务院点名赞扬。

财政放权,经济转轨,市场竞争加剧,加之 1998 年的财政体制改革对竞争性国有企业经营性亏损的补贴"断奶",广东国有企业陷入大面积亏损,相当部分企业处于破产倒闭边缘,1997 年年末,全省国家核定的重点脱困企业占全国比重第一[①]。1997 年 7 月,中央政治局常委、国务院副总理朱镕基在辽宁考察时提出,要用三年时间使大多数国企走出困境。广东贯彻中央决策,在财政方面采取技改贴息的措施,设立省技改专项资金,鼓励困难企业通过实行加速折旧、盘活土地资产、部分资产变现等方式筹集技改资金。除了财政补贴,财政还给予税收优惠,对符合产业政策并被列为国家和省重点的技改项目,不再征收企业调节税。

---

① 王莹:《从"放权让利"到"制度创新"——以改革开放以来广东国有企业改革为例》,《红广角》2017 年第 z3 期。

(二) 顺德产权改革

改革开放后,顺德迅速发展起来的外向型乡镇企业名义上属于集体所有制企业,但实际运行与国有企业无差。根据1995年中央提出的"抓大放小"改革思路,1993年6月,广东顺德开始进行产权改革,但并不同于其他地方将"放小"诠释为"甩包袱"——把资不抵债的企业进行产权转让,而是推行"靓女先嫁"——把经营状况良好的企业进行公有产权部分转让,发展混合型经济。1995年5月底,全市1001家公有企业完成转制,建立起混合型产权制度,公有资产的比重为61.2%[①]。

(三) 深圳国有资产管理体制改革

1995年1月,广东省国有资产管理局正式挂牌成立,随后"三定"方案获得省政府批准,明确国资局仅行使国有资产管理职能,没有任何其他社会管理职能。广东省国有资产管理局的清产核资工作得到中央电视台的报道,在《焦点访谈》节目播出。但国有资产管理局的基本职能只是组织清产核资、产权界定与登记、资产评估认定等,算不上真正意义上的所有权行使机构。这就使得多个部门仍可以对同一个企业发号施令,国有资产管理体制多元管理、权责不清、政资不分的局面并未改变。因此,2000年广东不再保留国有资产管理局,将其职能并入财政厅。同年10月,广东省财政厅推动全省国有企业绩效评价试点,落实国有资本保值增值责任,尝试建立有效的激励和约束机制。国有企业绩效评价工作继续推进,2001年8月在广州召开广东省企业绩效评价专家咨询组工作会议,决定组织各地对所属国有企业分级分类开展评价。

在国有资产管理体制改革中做得比较有深度意义的是深圳模式。深圳在全省率先探索建立国有资产管理体制,部分解决了国企改革中越发凸显的出资人缺位问题,在全省乃至全国范围都起了示范作用。

---

① 招汝基、邓俭、允冠、杨文灿:《先行者的30年——追寻中国改革的顺德足迹》,新华出版社2008年版。

深圳的改革思路是将政府对国有资产的产权管理职能与政府的行政管理职能和一般经济管理职能分离，国企不再由政府部门直接管理，政府与企业间是以国有资产为纽带的投资人与被投资人关系。具体措施如下：1987年7月，深圳成立全国第一家独立的国有资产投资管理公司——深圳市投资管理公司；1992年，建立国有资产管理委员会（简称国资委）；1995年，出台了《深圳经济特区国有资产管理条例》，国有资产管理驶入有法可依的新轨道；1996年，重新调整组建三家国有资产经营公司，将资产管理和人员管理相结合，形成了以产权管理为主线的"国有资产管理委员会—国有资产经营公司—企业"三个层次的国有资产管理体制。

三 建立现代产权制度和国营资本经营预算制度的深化阶段（2003— ）

2003年党的十六届三中全会通过了《关于完善社会主义市场经济体制若干问题的决定》，提出建立现代产权制度，大力发展混合所有制经济，实现投资主体多元化，使"股份制"成为公有制的主要实现形式，还首次明确提出要建立国有资本经营预算制度。党的十七大明确提出，深化国有企业公司制股份制改革，健全现代企业制度，优化国有经济布局和结构，增强国有经济活力、控制力、影响力仍然是国有企业改革的重要任务。2013年十八届三中全会进一步提出，要积极发展混合所有制经济，完善国有资产管理体制，以管资本为主加强国有资产监管，改革国有资本授权经营体制，组建若干国有资本运营公司，同时继续修订和补充完善国有资本经营预算制度，提高国有资本收益上交公共财政比例。党的十九大报告强调，要完善各类国有资产管理体制，改革国有资本授权经营体制，加快国有经济布局优化、结构调整、战略性重组，促进国有资产保值增值，推动国有资本做强做优做大，有效防止国有资产流失。

自2003年以来，在紧锣密鼓的国有企业改革部署下，广东国有企业改革双轮齐驱：一边推动以产权多元化改革为核心的国有企业改革，一边推动以强化财务监管为突破口的国资监管体制改革。随着国企改革的深化,建立合理的国有资本经营预算制度成为广东财政工作推动国企改革的重要抓手。广东在加快企业调整重组、强化资本运作、开展与不同所有制企业间资本对接试点、开展经营者和员工持股试点、开展混合所有制改革试点等方面敢为人先,走出了具有广东特色的国有资本经营道路。

(一)建立由省国资委主导的国有资产监管体制

参照国资委的架构,2004年6月,广东省国有资产监督管理委员会成立,其基本职能除了参照国务院国资委职能设定,还增了两项职能:一是向所监管企业委派财务总监;二是督促所监管企业国有资本金收益。省国资委成立后,制定和完善了30多项国有资产监管制度,包括产权监督、资产评估监督、业绩考核监督、风险管控监督等法规,以及董事会制度、监事会制度等公司内部治理结构制度等。2008年,21个地级以上市中19个已经成立国有资产监督管理机构。随着国有资产监管制度纵向延伸至多级政府权限,横向覆盖外部监管与内部治理,广东逐步建立起由省国资委主导的国有资产监管体制,比较彻底地解决了省属国有资产、国有企业长期存在的出资人缺位问题。

(二)有进有退,优化国有经济布局

广东先后出台《关于深化国有企业改革的决定》《广东省省属国有资本优化布局与结构调整"十三五"规划纲要》等纲领性文件,以战略规划统筹国有资本优化整合的各项工作,引导国有企业做到"有进有退",逐步退出一般性竞争领域,快速集中到基础性、公共性、平台性、资源性、引领性等关键领域和优势产业,打造营业收入超千亿元的国企"航母"、营业收入超百亿元的企业群体和具有核心竞争力的"单打冠军"。2014年6月,广东推进清单管理制度,省国资委从省属2000多家二级及以下企业中择优选取了50家作为体制机制改革创新的试点企业,覆盖了战略性新兴产业、关键基础产业、现代服务业和传统优势产业等潜力较大的重点领域。试点企业以市场机制整合行业资源,开展跨地域、跨所有制的并购重组,突出主业,打造细分行业的"单打冠军",形成一个共建共赢的国有资本经营格局。

(三)深化国有企业股份制改革,实现产权多元化

国有独资和控股企业比例过大是广东国有企业改革的重点问题。广东于2005年开始对省属国有大中型企业进行股份制改革,大力发展混合所有制经济,促进国有企业产权多元化。十八届三中全会后,引入非国有资本发展混合所有制成为国企改革的重头戏。广东出台《中共广东省委广东省人民政府关于全面深化国有企业改革的意见》,明确了混合所有制改革的目标、路线图和时间表,提出通过引进战略合作伙伴、境内外公开上市、收购兼并、员工持股等多种方式,改变国有企业"一股独大"的状况,以产权多元化来实现国有资本的控制和导向作用。广东专门出台了《关于规范省属企业发展混合所有制经济的意见》及操作流程指引,强调产权流转要做到"信息公开化、评估规范化、竞价制度化、交易平台化"。

在资本运作方面,巧妙利用基金杠杆撬动社会资金,提速产权多元化改革,是广东国企改革的一大特色。2015年,广东成立全国首家支持国企开展体制机制改革创新试点的市场化运作基金——广东国有企业重组发展基金。广东国企发展基金采取"母基金+子基金"形式运作,母基金首期由省属企业、基金管理公司和财政资金等共同出资。试点企业的员工可以按一定比例以自有资金出资或采用增资扩股方式持股。广东国有企业重组发展基金通过增资扩股、股权置换、可转债等多种方式,引入了不少实力强、信誉好、有行业资源优势的战略投资者和财务投资者,提升了企业价值。

通过国有企业股份制改革,广东国有资产管理实现从"管国企"到"管国资"的转变,建立和完善"国资委—国有资本运营与投资公司—国有企业"国有资产管理体系。国资委不再直接管理企业的具体运营,而是在《公司法》框架下,由国有资本的代表机构作为股东来监管资本。

(四)建立国有资本经营预算制度,发挥财政监督作用

"国有资本"概念的提出和强调,意味着国资国企改革思路的转

变,更加强调资本的投资效率和收益,不再强调控制的概念。把国有资本收益收支安排纳入预算管理,不仅有利于形成对国有资本经营的监督管理,推动国有企业改革发展,还有利于扩充财政实力,增强政府宏观调控能力和提供公共服务的财力。为了规范和加强省属国有企业资产收益收缴管理,2005年7月,广东印发《广东省省属国有资产收益收缴管理暂行规定》,对国有资产收益收缴范围和上交比例作了规定说明,并规定省国资委负责所监管企业国有资产收益的监缴,省财政厅负责其他企业国有资产收益的监缴。随着国有企业股份制改革的铺开,开始探索将国有资产收益纳入预算管理范围。2009年2月,省政府印发《广东省省级国有资本经营预算试行办法》(以下简称《试行办法》),规范了省级国有资本经营预算收支范围、预算编制、预算执行、预算监督和绩效评价,《广东省省属国有资产收益收缴管理暂行规定》同时废止。按照《试行办法》的规定,省财政设立省国有资本收益专户,依法依规收取省级国有资本收益,2010年开始试编省级国有资本经营预算。试编期间,省财政厅着力规范省级国资预算收入收缴、项目支出管理和决算工作,并引导市县开展全省国有资本经营预算编制工作。2013年,省级国有资本经营预算首次与公共财政预算、政府性基金预算一并报送省人代会审议,进一步扩大政府预算编制范围。这标志着广东国有资本经营预算制度正式建立,加快了全口径预算编制的进程。2015年11月,广东省财政厅印发《关于进一步完善省级国有资本经营预算管理的实施意见》,从完善国有资本经营预算编制、加强国有资本经营预算收益收缴、规范国有资本经营预算支出责任、加强资金绩效评价和监督检查等方面入手,全方位规范完善国有资本经营预算管理。其中,亮点一是细化国有资本经营预算编制。统一将收支科目全部细化到"项"级,并对国有资本经营预算支出,在保留原按结构编列的同时,再按支出性质进行分类,细化至支出项目。亮点二是提高企业收益收缴比例。逐步提高省属国有企业利润收缴比例,更多用于保障和改善民生。企业利润收入的收缴比例,原则上2015—2016年达到20%,2017—2018年达到25%,2019—

2020年达到30%；企业股利、股息收入、产权转让收入和清算收入，继续按原定的100%比例上交。亮点三是加强国有资本经营预算项目绩效评价。按规定组织开展国资监管部门绩效自评、财政部门重点评价以及引入第三方中介机构评价资金使用绩效，并且国资预算资金使用的评价结果将作为下一年度编制资金支出方案的重要依据。随着国有资本经营预算制度的建立和完善，广东财政对国有资本经营的监督管理更加规范化、法治化和透明公开化。

改革开放40年，广东国资国企改革在中央宏观决策部署下大胆探索、大胆实践。国有资产作为国家财政的重要组成部分，其管理营运、保值增值和收益分配都有国家财政的参与。回顾广东国资国企改革历程，国资国企改革离不开财政支持，不仅需要与经济体制市场化改革相容，还要与财税体制改革相容。广东清远经验、深圳股份制试点、顺德产权制度、深圳探索国有资产管理体制改革、建立国有资本经营预算制度等先行经验，都被不同程度地提炼到国家层面的宏观部署，作为全国国有资本经营的先进典型，在全国范围推广。

第二节　广东民生：社保基金收支坚持民生为本

社会保障是基本公共服务的重要内容，是社会安全网有效运行的基本途径，是对和谐社会至关重要的"减震器"[1]。社会保障是国家通过国民收入分配和再分配形式，确保社会成员基本生活水平，实现社会稳定和谐，包括社会保险、社会福利、社会救助等一系列正式制度安排。社会保障具有准公共产品属性[2]，因此政府承担着向社会公众

---

[1] 联合国开发计划署：《中国人类发展报告2007—2008：惠及13亿人的基本公共服务》，中国对外翻译出版社2008年版。

[2] 柯卉兵：《分裂与整合：社会保障地区差异与转移支付研究》，中国社会科学出版社2010年版；杨莲秀：《政府部门在社会保障制度中的定位和职责——基于公共产品理论》，《财会研究》2008年第20期。

▶▶▶ 中篇 财政绩效

提供社会保障服务的基本职能，政府财政支出是社会保障所需资金的重要来源。我国现行的社会保障资金主要分为财政预算内社会保障资金和社会保险资金两大内容[①]。社会保险资金主要是按照国家法律、法规规定由用工单位和劳动者缴纳的社会保险费，一般由各级社会保险经办机构（社会保险基金管理中心等）进行管理。财政预算内的社会保障资金在我国现阶段主要表现为支出项目，包括卫生经费支出、抚恤和社会福利救济支出、行政事业单位离退休经费支出、社会保障补助支出和社会保险经办机构事业费[②]。我国的社会保障支出以地方财政支出为主，地方政府是社会保障服务的主要提供者。改革开放40年以来，地方政府在社会保障制度改革试点实践中发挥着重要作用，中国社会保障制度经历了从"国家—单位保障制"到"国家—社会保障制"全面而深刻的制度变革。社会保险制度是社会保障体系的重要组成部分，广东作为改革开放先走一步的地区，从1983年起开始对社会保险制度进行改革。经过40年的实践与努力，广东财政推动全省社会保险制度改革和发展，广东社保基金收支坚持民生为本，逐步建立起与公共财政相适应的社会保险基金预算制度，建立健全全省社会保障体系，为民生实力托底。

一 广东财政推动全省社会保险制度改革进程

广东社会保险制度改革始于1983年。1983年以前，在单位包办的社会保障制度模式下，广东与全国一样实行的是《中华人民共和国劳动保险条例》。改革开放初期，广东充分利用中共中央给予的"特殊政策，灵活措施"，发挥经济特殊试验田作用，迅速推开改革开放的步伐，实现经济的超常规增长，整个经济社会的结构也发生了越来越大的变化，原有的劳动保险制度越来越不适应改革开放和现代化建设的需要。如何建立与经济发展相适应的社会保险体系亟待解决。

[①] 柯卉兵:《分裂与整合：社会保障地区差异与转移支付研究》，中国社会科学出版社2010年版。

[②] 林治芬:《社会保障资金管理》，科学出版社2007年版。

1983年，广东率先在劳动合同制职工中试行社会保险，从而拉开了社会保险制度改革的序幕。1992年，国务院批准广东作为建立统一的社会保险制度的试点省份。广东以此为契机，大胆地改革社会保险管理体制，成立了以副省长为主任、各有关部门负责人参加的广东省社会保险委员会，同时还组建了直属省政府领导的广东省社会保险事业管理局，为社会保险的统一规划、统一政策和统一管理迈出了实质性的一步。

（一）建立社会保险基金预算

随着公共财政制度基本框架的建立，广东社会保险制度改革也逐步与公共财政制度相适应，进入规范化和法制化阶段，建立起社会保险基金财务管理的核心。

为将社会保险基金逐步纳入社会保障预算管理，广东于1998年颁发《广东省社会保险基金实行收支两条线管理暂行办法》。在国家财政建立社会保障预算制度之前，为了确保社会保险基金的安全和各项待遇的按时足额发放，广东将社会保险基金纳入单独的社会保障基金财政专户，实行收支两条线管理，必须专款专用，专项管理，不得用于平衡财政预算。在"收"这条线，社会保险经办机构开设"社会保险基金收入户"，除向财政专户缴款外，只收不支；财政部门开设"社会保障基金财政专户"，接收社会保险经办机构收入户划入的社会保险基金，并且只能拨付到社会保险经办机构的支出账户和再就业基金户以及拨付到国库做购买国债用，不能拨付到其他方面。在"支"这条线，社会保险经办机构开设"社会保险基金支出户"，除接收财政专户拨入的基金及银行支付给该账户的利息外，只支不收。广东社会保险基金实行收支两条线管理后，社会保险基金的管理和监督得到了加强，也为建立社会保险基金预算制度打下基础。

2005年5月，广东社会保险基金决算首次接受省人大常委会审议并获通过，在全国率先将社会保险基金的预算执行全过程纳入人大的监督管理职能之下。同年年底，广东省社会保障处增挂"省社会保险基金财政管理中心"，主要负责社会保险基金财务管理和财政监管工作，以及参与研究社会保险制度改革和制定相关政策。2006年年底，广东省财政厅、省劳动保障厅、省地方税务局联合发文，要求全省各市按统一的基金预算报表编报2007年度社会保险基金预算，一改以往全省没有统一规范基金预算编报要求的状况，有效提高了基金预算编制的准确性和严肃性，增强基金预算的约束力，并逐步从制度上规范基金预算的编制工作。在预算编制上，广东社会保险基金预算编制工作由人社、财政、税务三家齐抓，省市县三级联动，实行三层审核。第一，注重强化统筹保平衡。针对各统筹区基金运行不平衡问题，广东注重发挥省级调剂金功能，及早下达省级调剂金指标，确保困难地区基金预算收支平衡，防止出现赤字预算。第二，突出预算的精准科学。坚持以统筹地区为单位，逐级编制，逐级汇总，并组织三层审核，确保数据准确。"一审"抽调地市经验丰富的业务骨干进行集中会审，逐市审核；"二审"由省级人社、财政、税务三部门编审人员进行二次会审，在"一审"基础上，查漏补缺；"三审"将各地预算草案交人社、财政、税务三部门各业务处室复核，修改完善。在预算执行监控上，广东从人大审议到专项检查的各个环节都狠下功夫，确保社保基金预算执行到位。一是接受省人大审议。广东建立省人大审议社保基金预算制度，省人大代表对社保基金预算进行审议和专题询问，做到预算严审议、严批复、严执行。二是实施联网实时监督。广东建立省级预算支出联网监督系统，省人大预算工委通过系统在线实时监控，按季出具预算执行监督信息通报，提高预算执行效率。三是及时研判社保基金的运行态势。广东按月编印《社会保险基金监测月报》，及时反映预算执行情况，对影响预算执行和基金运行安全的问题，早分析早应对。四是开展专项督导。广东省人社、财政、地税三部门第四季度联合开展专项督查，全面掌握部分市养老保险基金收支缺口情况，分析问题原因，研究提出解决措施，督导各地按时按质完成预算目标。五是主动接受公众监督。广东将社保基金预算执行和决算信息列入重点公开内容，通过政府公报、门户网站、白皮书、服务窗口、电话咨询五个渠道对外公开，自觉接受公众监督。"财政牵头、部门配合、沟通协商、共同推进"的社会保险基金预算编报工作机制,强化了社会保险基金预算的编制和执行,实现社会保险基金收支运行动态管理。广东省财政厅的社会保险基金收支管理工作较为出色,曾经荣获财政部"2008年度全国社会保险基金决算"一等奖。

(二) 落实社会保险费征缴工作

为加强广东社会保险费征缴管理,保障被保险人的社会保险待遇,广东于2001年出台并实施《广东省社会保险费征缴办法》。由地方税务机关负责,采用综合征缴的方式,按地方税收管理体制实行属地征收社会保险费,征缴所需的经费由财政拨款,列入财政预算。随后,从2009年1月1日起,根据《关于强化社会保险费地税全责征收促进省级统筹的通知》的规定,地方税务机关开始全面负责社会保险费征缴环节中的缴费登记、申报、审核(核定)、征收、追欠、查处、划解财政专户等相关工作,并将征收数据准确、及时地传递给社会保险经办机构记账。为实现扩面征缴,广东地税部门全面推进社会保险与税收"同征、同管、同服务、同考核"的协同管理机制。既利用税务登记户信息,查对参保户,实行源头控管,又利用企业缴费基数核对管理,带动全员足额参保。由税务部门全面负责社会保险费征缴工作,充分运用了税务部门较为成熟的税收征管系统和税务人员专业的税收征管能力,从而能比较快地完成社会保险费的征缴,为社会保险制度的顺利运行提供保障。目前,广东社会保险费管理由地税、财政、社保三方协同工作,利用协同办公信息共享工作平台,逐步解决社会保险管理部门间信息系统分割、数据管理分散、账目不匹配等问题,提高工作效率,维护缴费人利益。

(三) 贯彻实施《社会保险法》

2007年年底,《中华人民共和国社会保险法(草案)》提交全国人大常委会审议,草案确定了"广覆盖、保基本、多层次、可持续的方针",明确了我国社会保险制度的基本框架,对社会保险的覆盖范围、社会保险费征收、社会保险待遇的享受、社会保险基金的管理和运营、社会保险经办机构的职责、社会保险监督以及法律责任等方面作了规定。2010年10月,《中华人民共和国社会保险法》通过,自2011年7月1日起施行。《社会保险法》的出台标志着我国社会保障事业进入法制化轨道,增强社会保障制度的权威性和稳定性。为做好《社会保险法》的贯彻实施工作,广东省地方税务局联合省人力资源与社会保障厅举办了4期《社会保险法》学习培训班,培训内容涵盖了社会保险制度建设原则、配套法规建设和《社会保险法》的主要内容,来自全省地税系统、人保系统的各级分管领导、业务骨干共1000余人参加了培训。

(四)参保缴费便民化

随着信息技术的发展,广东社会保险管理制度进入了智能化时代。2017年,广东省集中式人社一体化信息系统社会保险板块已在清远成功上线,为全省范围上线、建成全省统一的互联互通大信息平台积累了宝贵经验。依托该系统融合的网上办事大厅、移动应用、自助终端、短信平台等电子渠道,实现养老保险待遇领取资格"刷脸"认证和移动端缴费,向参保民众提供了方便高效的多元人社服务。该系统还提供了业务办理进度在线监控平台,利用数据监测,实时掌握业务窗口的最新情况,实现可视化展示与分析,有效地提升业务管理能力。在总结提炼清远经验的基础上,广东将逐步在全省各地市推广清远的实践经验,通过建立全省一体化的信息平台,改变以往老百姓需要多个窗口、多个柜台、往返多地办理业务的状况,逐步实现人社全业务"一柜通办"及异地业务"全省通办"。

改革开放四十年来,广东财税体制改革逐步建立起公共财政制度的基本框架,在财务管理方面积极地推动社会保险制度的改革,使得社会保险基金收支实现法制化管理。在多部门的努力和协调下,广东以养老保险和医疗保险改革为重点,逐步推行失业、工伤、女职工生育保险,通过改革,以保险费用社会统筹为突破口,建立社会统筹和个人账户相结合的社会保险制度,在社会保险管理一体化上取得了长足的进展。

二 加大财政投入力度，以养老保险和医疗保险改革为重点

（一）广东养老保险工作走在全国前列

广东养老保险制度改革于1983年拉开序幕。1983年，深圳市政府颁发《深圳实行社会劳动保险暂行规定》，在全国率先对劳动合同制工人和企业固定职工实行社会保险制度；1984年，广东省政府印发《广东省全民所有制单位退休基金统筹试行办法》，在全省试行全民所有制和县以上集体所有制企业固定职工退休费用社会统筹；1985年，广东组建省、市、县三级事业性质的社会保险管理机构——社会劳动保险公司；1986年，建立国营企业职工待业保险制度，全省普遍开展了劳动合同制职工养老保险；1989年，制定临时工社会养老保险制度；1990年，实行固定职工个人缴纳养老保险费制度；1992年，建立企业职工工伤保险制度。1983—1992年是广东养老保险制度改革的起步阶段，以部门组织为主，以县（市、区）为核算单位统筹退休基金，促进了"企业保险"向"社会保险"的转变，"还原"社会养老保险的基本职能，在一定程度上缓解了企业离退休费的负担。但是由于缺乏系统规划和整体统筹，多是单项推进，改革力度小，与商品经济相适应的养老保险制度基本框架尚未成型。

1992年，广东省政府在总结改革实践经验的基础上，制订了《广东省社会养老保险制度改革方案》，对深化改革做出了整体长期规划和分步推进的安排。接下来的五年（1993—1997年）是广东养老保险制度改革的基本成型阶段，也是广东养老保险事业快速发展的时期。1993年出台的《广东省职工社会养老保险暂行规定》（1994年开始施行），确立了社会统筹与个人账户相结合的养老保险模式。1994年，广东开始在全省直属机关及事业单位实行个人缴纳养老保险费的制度。随后，新型的养老保险制度基本建立，覆盖范围由国有和集体企业职工扩大到所有企业职工、个体工商户和部分事业单位职工，形成社会统筹与个人账户相结合、保障水平与承受能力相适应、基本养老保险与补充养老保险相结合的多层次社会养老保险制度。1998年7月，广

东省养老保险制度顺利完成了与全国统一制度的并轨，同时在立法环境成熟的条件下，省人大、省政府先后颁布《广东省养老保险条例》《广东省社会养老保险实施细则》，以地方性法规的形式确立了省养老保险制度。

广东新型养老保险制度的发展历程，一方面是受经济体制改革市场化的推动，另一方面是与公共财政的发展相适应的过程。广东财政工作给予了省养老保险制度不少支持。在征收管理方面，为了实现在2000年年底实现养老保险覆盖全社会的目标，广东采取地税部门征收保险费、工商部门年检控制等措施，各职能部门密切配合，迅速扩大养老保险的覆盖面。在资金安排方面，广东也给予了不少财政投入。国有企业改革脱困期间，我国提出了实施"两个确保"，其中一个确保是确保企业退休人员养老金的按时足额发放，意味着新的制度承担着解决大量已经退休人员的社会养老保险支付任务。这一历史债务最终由社保制度和国家财政共同承担。《社会保险法》明确规定除了主体是社会保险费的征缴收入，社会保险资金的来源还包括财政投入，由财政弥补养老金当期发放的缺口。

经过近30年的改革实践，广东养老保险制度改革进入城乡统筹和省级统筹的新阶段。广东建立城乡居民统一的养老保险制度先从合并实施两项制度切入。2011年7月，国务院关于开展城镇居民社会养老保险试点的指导意见颁布后，广东就在制定城镇居民社会养老保险试点实施办法时提出："有条件的地区应提前建立城乡居民统一的养老保险制度，尚不具备条件的地区，也要积极创造条件将两项制度合并。"当时，广州、佛山、汕头、惠州、江门、梅州、云浮等多个市先行先试，提前合并实施了两项制度，为全省建立统一制度提供了实践经验和基础。2012年7月，广东已实现新型农村社会养老保险和城镇居民社会养老保险的制度全覆盖，截至2012年年底，基本实现人群全覆盖。2013年8月，广东省政府审议通过了《广东省城乡居民社会养老保险实施办法》，并于11月1日起正式实施，全省统一的城乡居民基本养老保险制度正式建立，逐步适应公共财政的发展要求。在开展城乡统筹工作的同时，广东在探索养老保险省级统筹中，先对企业职工基本养老保险试行省级调剂与预算管理相结合的省级统筹模式，由省统筹调剂金用于补助支持粤东西北地区按时足额发放养老金。2017年5月，广东颁布《广东省完善企业职工基本养老保险省级统筹实施方案》（以下简称《实施方案》）和《广东省完善企业职工基本养老保险省级统筹考核办法》（以下简称《考核办法》），决定从2017年7月1日起实施全省企业职工基本养老保险省级统筹。实行企业职工基本养老保险省级统筹后，全省企业职工基本养老保险基金由省里统筹管理，在全省范围内统一调配和使用，将从根本上解决粤东西北等地区养老保险基金收不抵支、待遇发放难等问题，确保养老金按时足额发放。养老保险由省级统筹，也是与经济发展需要相适应的，因为它将帮助企业降低成本，助推供给侧结构性改革和产业转型升级，促进珠三角和粤东西北地区人员合理流动、产业共建、协调发展。这一项重大改革部署增强了全省社会保险管理经办服务能力，为群众提供更加便捷、优质、高效的服务，充分体现政府以民生为先的责任担当。

在机关事业单位养老保险制度改革上，广东同样发挥着探路者作用。在总结广东等五个省市进行事业单位改革经验教训的基础上，2015年国务院印发《关于机关事业单位工作人员养老保险制度改革的决定》，要求机关事业单位工作人员的基本养老保险费将由单位和个人共同负担，结束了近20年的养老金"双轨制"时代。同年年底，广东正式印发《关于贯彻落实〈国务院关于机关事业单位工作人员养老保险制度改革的决定〉的实施办法》，给出了"广东版"方案：为机关事业单位改革范围内的所有工作人员（不包括已退休人员）建立职业年金，同时要求机关事业单位基本养老保险基金单独建账，与企业职工基本养老保险基金分别管理使用，纳入社会保障基金财政专户，专款专用。

（二）广东基本实现全民医保

广东于20世纪90年代开始着手医疗保险试点，是全国最早开展医疗保险制度改革与试点的省份。从城镇职工基本医疗保险的逐步完善到城乡居民基本医疗保险的建立，广东省基本实现了医疗保险全民覆盖。

广东的医疗保险试点以城镇职工医疗保险制度改革为突破口。1991年9月，深圳市成立医疗保险局。1992年，广东深圳、佛山率先在全省范围开展职工医疗保险试点，将公费医疗与劳保医疗改革成职工医疗保险。1999年，广东发布《关于印发全省城镇职工基本医疗保险制度改革规划方案的通知》，在全省范围内启动职工基本医疗保险制度改革。21世纪初，广东全省各地级以上市的职工基本医疗保险制度全部实现"统账结合"模式。随后，《关于加快推进我省基本医疗保险和生育保险市级统筹工作的通知》《关于印发广东省流动就业人员基本医疗保险关系转移接续暂行办法的通知》等一系列指导文件开始制发和实施，全省基本完成了职工基本医疗保险市级统筹工作，也实现了省内职工基本医疗保险关系顺畅转移接续。此外，考虑到就业方式转变和人口流动的特殊需求，广东稳步推进将灵活就业人员、农民工等纳入城镇职工基本医疗保险范围的工作，建立单建统筹模式的职工基本医疗保险制度。

为了统筹城乡发展和促进医疗保障的公平性，广东加大财政筹措力度，通过政府财政补助、集体扶持和个人缴费相结合的方式推进全省医保工作，先后探索建立新型农村合作医疗制度、城镇居民基本医疗保险制度以及城乡统筹机制，逐步将全省医疗保障范围覆盖城镇居民、城镇非从业人员以及农民群体（见表7—1）。

表7—1　　　　　　广东城乡居民基本医疗保险的完善历程

年份	历程
2002	探索建立新型农村合作医疗制度。
2004	佛山市顺德区、东莞市和中山市先行探索建立城乡居民基本医疗保险制度。
2006	全省各地基本建立新型农村合作医疗制度，覆盖有农业人口的县（市、区）。
2007	在梅州、湛江、揭阳、韶关、惠州和肇庆6市范围内开展城镇居民基本医疗保险试点，将城镇非从业人员纳入医疗保障范围。

续表

年份	历程
2008	全省范围内推进城镇居民基本医疗保险，年底参保人数位居全国第一。
2010	基本完成城镇居民基本医疗保险市级统筹工作。
2012	全国率先在全省范围内全面整合城镇居民基本医疗保险和新农合制度，实行城乡居民医保和职工医保两项制度并行的"二元制"。
2016	全省21个地市实施统一的城乡居民基本医疗保险制度。

通过推进居民医保城乡统筹，广东全省各地市同步进行基金管理改革。原城镇居民医保和新农合两项基金合并成一个基金，统一管理，统筹使用，发挥基金大数法，促进医保待遇的稳步提高。原新农合由县级统筹升级为市级统筹，打破原有的县域壁垒，参保人可自主选择在统筹区内医疗机构就医，实现统筹区内医疗费用直接结算、异地居住老人和异地转诊病人省内直接结算，有效地减轻群众跑腿负担和垫付压力。

（三）广东财政为社会保险制度改革提供财力财务支持

广东确立了城乡统筹和省级统筹的社会统筹与个人账户相结合的养老保险模式以及基本实现全民医保，这些社会保险工作的斐然成绩离不开财政投入和财政管理。各级财政部门筹措资金，加大民生投入力度，推动各项社会保险制度的改革和发展。

一方面，广东加大财政投入，不断优化财政支出结构，为社会保险改革发展提供坚实的财力保障。第一，对城乡居民基本养老保险和医疗保险进行财政补助，不断提高基本社会保险待遇（见图7—1）。2013年，广东将城乡居民基础养老金水平纳入"底线民生"保障范围，基础养老金标准提高到65元每人每月；各级财政对城乡居民基本医疗保险的补助不低于280元每人每年。2014年7月1日，广东再次将城乡居民基本养老保险基础养老金从65元每人每月增加到95元每人每月，居全国第九；各级财政对城乡居民基本医疗保险的补助增加到不低于320元每人每年。广州、佛山、珠海、惠州和江门新会区等地开展了正常调整试点，逐年提高基础养老金，2014年全省待遇最高的珠海已达330元每人每月。2015年7月1日，城乡居民基本养老保险基础养老金标准提高到100元每人每月；各级财政对城乡居民基本医疗保险的补助增加到不低于380元每人每年。2017年继续将城乡居民养老和医保财政补贴标准分别提高至120元和450元。第二，不断优化支出结构，保证对社会保险基金的财政补助。根据广东社会保险基金年度决算数据，2013年全省共安排社会保险基金财政补助资金288.87亿元，其中企业职工五项社会保险基金补助资金15.31亿元，城乡居民社会养老保险基金补助资金91.23亿元，城乡居民基本医疗保险基金补助资金182.33亿元。2014年全省共安排社会保险基金财政补助资金347.64亿元，其中企业职工五项社会保险基金补助资金22.47亿元，城乡居民基本养老保险基金补助资金11.8亿元，城乡居民基本医疗保险基金补助资金213.37亿元。

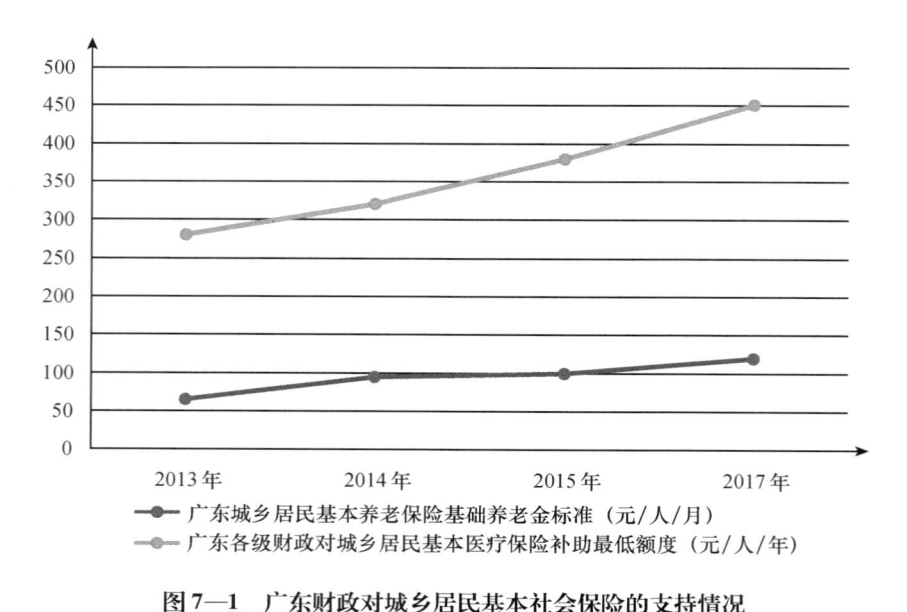

图7—1 广东财政对城乡居民基本社会保险的支持情况

另一方面，广东财政强化基金监督管理，切实做好社会保险基金增值保值工作。社会保险基金纳入财政专户管理，由财政部门负责社会保险基金收支的监督管理。在全省范围内经常开展财政社会保险补助资金检查和保险基金支付及经办服务专项检查，严格定点医疗机构管理，完善医保费用结算制度，规范社保经办和基金管理。各级财政部门按规定预留两个月社保待遇后，其余及时转存定期存款，2013年广东财政专户定期存款比例达到87%。在此基础上，在追求安全目标的同时，广东各级财政部门积极制定合理的存储方式和增值规划，拓宽保值增值渠道，实现基金存储结构最优化和利息收入最大化。在养老保险制度改革的过程中，广东在社会保险基金运营中首次以基本养老保险基金为突破口，于2012年将1000亿元城镇职工基本养老金正式委托给社保基金理事会投资运营，目前委托投资运行情况良好，并继续延长到2017年。这次社保基金理事会受托的广东养老金将主投国债、银行存款、企业债、金融债等固定收益类产品，跟之前相比增加了固定收益类产品的种类，提高了收益率。千亿养老金投资试水，开启了社会保险基金市场化的投资机制，有利于规范社会保险基金的投资管理。

社会保障制度改革是改革发展中的重要一环，对解除人民群众后顾之忧、促使社会财富合理分配具有重要作用。广东社会保障制度的改革实践坚持民生为本，增进民生福祉。在社会保险制度改革上，广东先行探索，形成了"罗湖模式""东莞模式""惠州模式"等丰富经验。通过政府引导、财政投入和市场机制的融入，广东社会保险制度以最大限度地保障参保人的利益为宗旨，为人民群众编织覆盖城乡、普利普惠的保障网，并向高水平迈进。

第三节　国有资本经营和社保基金收支的改革效益

一　广东国有资本经营成果显著

自2004年广东各级政府相继成立国有资产监督管理机构以来，全省各级国资委积极推动国有企业深化改革和国有资产管理体制改革,取得了明显的进展与成效。国有经济驶入又好又快发展的新阶段,国有企业对全省经济社会贡献日益突出,在一定程度上提升了全省的经济活力,增强全省的财政实力。

(一)国有经济总体实力日益增强,税收贡献份额大

根据2004年年末全国国有资产评估报告,广东全省国有及国有控股企业(未含金融类企业)国有资产总额达11891亿元,居全国各省市前列[①]。1998—2004年,国有及国有控股企业虽从16501家减少到8547家,数量上压减了近一半,但实现利润却从57.7亿元提高到311.9亿元,增长了4.4倍;国有企业资产总额从10175亿元增加到11891亿元(未含2003年上划中央管理的广东电网公司),净资产从3331亿元增加到4545亿元[②]。2004年,广东全省规模以上国有及国有控股工业企业2009户,仅占全省规模以上工业企业数的7.7%,但销售收入、工业增加值、利润总额、税收总额和资产总额分别占了全省工业的20.5%、23.5%、27.2%、45.6%和29.4%。约占工业资产总量1/3的国有资产,税收却占全省工业税收总额的近50%[③]。这一组极具反差性的数据表明,广东国有企业历经多轮改革后整体效益提升,做到合理的"有进有退",为成为广东经济发展的中流砥柱打下坚实的基础。

自全省各级国资委相继成立以来,国资监管企业运营状况良好,资产规模进一步壮大,发展质量和效益进一步提升,国有经济继续保持竞争力,主要经济指标均居于全国前列。广东国资委公开发布的《国资企业改革动态》(2016年第5期)显示:(1)国有企业资产结构和质量显著优化。2015年年底,广东国资监管企业资产总额59178.81亿元,同比增长18.53%;净资产14140.02亿元,增长

[①] 陈韩晖、谢思佳:《广东国企新政》,《南方日报》2005年8月29日。
[②] 同上。
[③] 同上。

27.53%；资产负债率66.3%，同比下降1.6个百分点①。其中，省属企业的资产负债率也实现了较大幅度的下降，资产总额11647.57亿元，同比增长17.56%；净资产3407.38亿元，增长41.03%；资产负债率57.8%，同比下降4.35个百分点。（2）在经济下行压力增大的态势下，国有企业实现大幅盈利。2015年，广东国资监管企业实现营业收入13477.84亿元，同比下降0.5%。其中，省属企业在压减高风险业务后实现营业收入3869.57亿元，同比下降8.6%。然而，2015年，广东国资监管企业实现利润1470.31亿元，同比增长17.54%，比营业收入增幅高18个百分点。其中，省属企业实现利润217.59亿元，同比增长5.5%，比营业收入增幅高14.1个百分点。（3）国有企业对财政收入贡献突出。2015年全年，广东国资监管企业实交税金1253.77亿元，同比增长16.6%，比营业收入增幅高17.1个百分点，其中省属企业实交税金233.49亿元，同比增长10.6%，比营业收入增幅高19.2个百分点。据国务院国资委数据反映，广东国资监管企业资产总额、营业收入和利润总额全国排名分别为第二、第三和第一。

（二）国有企业控制力显著增强，提高国有资本运营效益

为了充分发挥国有经济在国民经济中的主导作用，广东加快对国有经济进行战略性调整和重组，推动国有资本向基础产业、重要行业、关键领域和优势企业集中，加快退出竞争性领域，增强了国有经济的控制力。在行业结构调整上，国有资本逐步向关系国家安全和国民经济命脉的重要行业与关键领域集中，国有企业占据了全省石化、造船、钢铁、有色金属等行业中的龙头位置，基本掌控着基础性产业的投资、建设、管理与运营②。例如，省粤电集团、深圳能源集团、省韶钢集团、广钢集团、惠州TCL集团、深圳中兴通讯、广州汽车集团、省交通集团等一批主业突出、有竞争实力的大型国有和国有控股企业，成为行业的排头兵，实现国有资产的保值增值，带动全省经济效益的提

---

① 李刚：《12条措施探索新途径，广东让国企运营更规范机制更灵活》，《人民日报》2016年8月7日第2版。

② 陈杰、孙晓艳：《广东国企"四力"实现新跨越》，《广东经济》2011年第7期。

升。2009年,广东最大的发电企业粤电集团资产总额1400亿元,可控发电装机容量2105万千瓦,占全省30%;广东最大的交通企业交通集团完成高速公路建设3000公里,占全省的90%[①]。根据广东省国资委公布的统计数据,2015年年末,省国资委监管企业所有者权益为5357.87亿元,比上年增长12.2%,扣除各项客观增减因素后,平均国有资本保值增值率为102.36%。

二 社会保险制度改革成果普惠民生

广东在社会保险制度改革上也取得了瞩目的成绩。社会保险的实施范围从小到大,项目从少到多,社会化程度日益提高,建立起多项目、多层次、适应市场经济的社会保险制度。根据2015年度广东省社会信息披露,截至2015年年末,全省参加基本养老保险7586.24万人,其中城镇职工基本养老保险(含离退休人数)参保人数占比67.05%,城乡居民基本养老保险参保人数占比32.95%;参加基本医疗保险10136.02万人,其中失业保险2930.13万人,工伤保险3122.72万人,生育保险3081.80万人;全省参加城镇职工基本养老保险的离退休人员为473.25万人,月人均基本养老金达2400元。2017年,全省社会保险基金总收入5845.85亿元,比2016年增长20.9%,预计支出3885.02亿元,比2016年增长17.1%,当期结余1960.83亿元,滚存结余12909.94亿元,全省社会保险制度运行平稳。社会保障为民生托底,分享改革发展的成果,体现财政分配职能,增加全民社会福祉。

(一)"老有所养"有保障

我国养老保险制度体系由基本养老保险、企业年金和职业年金以及个人储蓄型养老保险和商业养老保险三大支柱构成。其中,广东城镇职工基本养老保险目前运行较为平稳,参加城镇职工基本养老保险的居民基本实现退休后"老有所养"。根据《中国社会保险发展年度报告

---

① 陈杰、孙晓艳:《广东国企"四力"实现新跨越》,《广东经济》2011年第7期。

2014》，广东地区的企业养老保险抚养比居全国首位，达到9.75：1，即超过9个人"养"1个人。早在2012年3月，经国务院批准，广东省政府在全国率先委托社保基金理事会投资运营广东省企业职工基本养老保险结存资金1000亿元。社会保障基金理事会基金2015年年度报告显示，广东委托资金权益1196.49亿元，其中，委托资金1000亿元，累计投资收益314.27亿元，扣除按合同约定返还首个委托期2年期应得收益117.78亿元后，首个委托期满至2015年年末的投资收益累计196.49亿元。广东基本养老保险基金投资运营首次试水就取得较好的收益，为"老有所养"提供了物质保障和运营经验。

广东多次提高退休人员的养老金水平，共享经济社会发展的成果。为实现人群全覆盖，广东于2013年建立起统一的城乡居民基本养老保险制度，实现人群全覆盖，截至2017年7月，全省参保人数达到2547万。广东省政府每年都将提高城乡居民基本养老保险基础养老金标准列入十件民生实事重点工作安排，连续五年先后六次调整。从2012年的每人每月55元提高到2017年的每人每月120元，增长幅度达到118.18%，比国家统一标准高出50元。

广东在养老保险管理上充分体现公共服务意识。广东省社保局通过扩大和联通全省资格认证服务网点，使得全省离退休人员办理领取养老金资格认证业务更加方便快捷。2015年，省社保局大力推广使用全省协作认证系统开展认证，省本级领取基本养老金人员均可在全省829个网点办理资格认证。其中，省直通过异地联网系统完成的认证业务达5.89万笔，比上年增长52.59%。这意味着更多的异地居住参保人选择在居住地进行认证，避免因办理认证在待遇领取地和居住地往返奔波。2016年，省社保局继续优化了全省资格认证服务网点，增加了湛江、佛山、梅州等市的服务网点数量，并将深圳市邮储银行141个业务网点纳入合作对象，全省可以办理资格认证的服务网点共1099个，比2015年增长32.57%。此外，广东领取养老金资格认证工作的一大亮点是即时利用现代技术，使用网上人脸认证方式，省直离退休人员可登录广东省社保局门户网站，足不出户即可完成认证。

（二）"看病贵"问题得到缓解

广东医保基金运行平稳增长，保障水平居全国前列，有效缓解了"看病贵"问题。一是广东医保基金收入保持增长态势。2016年，广东城镇职工医保基金收入达1036.7亿元，与2010年相比增加了639.5亿元，年平均增长率为23%；其中，统筹基金收入579.6亿元，较2010年增加了354.2亿元，年平均增长率为22.4%；个人账户收入397亿元，较2010年增加242.1亿元，年平均增长22.3%。2016年，城乡居民基本医疗保险基金收入418.2亿元，比2015年增加69.4亿元，增长率为19.9%。二是医保基金支出水平稳步提升。2016年，广东职工医保基金支出758.3亿元，较2010年增加467.9亿元，支出年均增长率为23%；城乡居民医保基金支出363.4亿元，比2015年增加81.6亿元，增长率为29%。三是医保基金存量充足，运行平稳。2016年，城镇职工医保基金和城乡居民医保基金当期结余分别为278.4亿元和54.8亿元，累积结余分别为1375.8亿元和343.8亿元。广东省医保基金的收入与支出增长速度基本相当，城镇职工医保基金和城乡居民医保基金的结余充足，为全省医保保障水平提供了殷实的经济保障。广东医保保障水平在全国名列前茅。2015年，广东省职工医疗保险总费率为8.68%，其中用人单位费率为6.64%，分别远低于全国平均水平的10.01%和7.83%；广东省职工医保住院政策范围内的报销比例为84%，高于全国82%的平均水平；城乡居民医保住院政策范围内的报销比例为69%，高于全国67%的平均水平。

广东基本医疗保险不仅率先实现了全省居民医保城乡统筹，2016年年底，广东省基本医疗保险参保人总数约占全国的六分之一，参保率达到98%。而且，广东于2014年建立大病医疗保险，扩大基本医疗保险的保障范围，涵盖住院、门诊特定病种、普通门诊和大病保险，有利于解决"看病贵""因病致贫"和"因病返贫"等问题。广东大病医疗保险的筹资来源为城乡居民医疗保险基金收入或基金结余，因此城乡居民参保并不需要额外缴费。大病医疗保险的参保人因患大病发生高额医疗费用，经医疗保险报销后需个人负担的合规医疗费用给予"二次报销"。大病医疗保险制度坚持"三挂钩"原则：一是起付线与城乡居民收入挂钩，原则上为上一年度当地农村居民年人均纯收入，最高不超过当地城镇居民年人均可支配收入，目前全省平均为1.5万元；二是报销比例与个人负担的医疗费用支出挂钩，向大病、重病倾斜，医疗费用越高报销比例越高，原则上不低于50%，最高可达95%；三是封顶线与城乡居民收入挂钩，目前全省平均为20万元，最高的市近50万元。广东实施大病保险，实质上是将商业保险的市场优势引入医保，将部分管理服务职能委托给商业保险机构办理，为医保的发展提供新的思路。

在医保管理上，广东同样强调"便民、利民"的服务意识。全省异地就医联网结算工作从2012年就开始铺开，解决参保人异地就医垫付和来回往返报销医疗费用等问题。2015年10月28日，广东省正式建成省异地就医结算系统并正式上线。2016年年底，全省已有332家机构接入平台，累计住院就医联网结算人次34.6万人，结算金额达85.9亿元。为进一步便民、利民，广东在全省异地就医结算的基础上进一步开展跨省异地就医结算合作。广东以广州市为跨省异地就医试点城市，广东省人民医院为跨省异地就医试点医疗机构，已与海南、云南、重庆、广西、吉林、湖南和湖北等省签订或商讨了异地就医合作，且广州已与新疆实现了跨省联网结算。

三 国资划拨社保后广东的未来实践

虽然广东企业养老保险抚养比全国最高，但是广东养老同样藏有隐忧。一方面，广东基本养老保险基金的投资运营仍需进一步完善。广东已有1000亿元社会保险基金委托全国社保基金理事会投资运营，且投资运营的成绩单也较为满意。但是，除去委托运营的1000亿元外，广东省大部分社保基金仍存在银行。2014年，全省城镇职工基本养老保险基金总资产中，银行存款达4452.75亿元；全省城乡居民基本养老保险基金总资产中337.86亿元存在银行，两者合计存银行比例高达80%。基本养老保险基金存在银行虽然稳定，但收益率较低。根据广东各市公布的2014年度社保信息，多数城市的收益率"跑不赢"当年的CPI。其中，广州2013年企业职工养老保险基金利息收益率不到1.6%，低于广东当年CPI涨幅1个百分点；深圳2013年企业职工养老保险基金利息收益率更低，不到0.46%，远低于深圳2013年CPI涨幅2.7%；江门2014年城镇职工基本养老保险基金利息收益率也低于1%[1]。另一方面，广东抚养比高的一部分原因是目前广东缴纳养老保险的人多，领取的人少。由于有很多外来务工人员来粤工作，拉高了抚养比。在将来进入人口老龄化高峰期之后，广东基本养老保险基金能否支持"老有所养"仍不能定论。

国务院于2017年11月18日公布《划转部分国有资本充实社保基金实施方案》。方案明确，从2017年开始，选择部分中央企业和部分省份开展试点，统一划转企业国有股权的10%充实社保基金，弥补因实施视同缴费年限政策形成的企业职工基本养老保险基金缺口，划转范围内企业实施重大重组，改制上市。将"全民所有"的国有资本划给"全民享有"的社保基金，实际上是国有资本从左口袋到右口袋。这有一个很重要的问题是，国有资本划转社保基金是否有成熟的监管制度准备。国资划转社保之后，广东国企改革和社保改革的未来实践更要注重监管问题，"四本账"的预算公开透明化需要进一步加强。

---

[1] 徐载娟、张丽娜、徐燕红：《广东省基本养老保险基金投资运营的现状及对策研究》，《现代经济信息》2016年第15期。

下 篇

财政管理与创新

第八章

广东财税体制改革服务实体经济发展的经验分析

党的十八大以来，围绕服务实体经济发展，广东省在深化财税体制改革方面，做出了一系列重大改革措施。服务实体经济发展是税收改革的重要使命，广东拥有发达的市场经济体系，经济总量与税收总量一直领先全国，也有能力、有责任为财税改革服务实体经济发展创造"广东样本"，形成"广东经验"。

第一节 税收服务环境[①]不断优化

为贯彻落实习近平新时代中国特色社会主义思想和党的十九大精神，以更大的作为加快实现习近平总书记对广东提出的"四个走在全国前列"的要求，广东省国税局、地税局联合广东省委改革办积极推进"优化广东税收营商环境[②]"工程建设，打造广东成为税收营商环境新高地。

---

① 广东省地方税务局关于发布《广东省地方税务局环境保护税核定征收管理办法（试行）》的公告。

② 广东省国家税务局、广东省地方税务局关于开放财务会计报表数据标准接口的公告（纳税人可根据《接口标准》自行将本单位财务报表转换为符合税务机关格式要求的财务会计报表，实现联网报送，一次报送后的财务数据可以实现国地税互享、共用）。

一 "最多跑一次"[①] 清单实现两个降低"80%"

2018年4月1日起,广东省国税局、省地税局分别编制和梳理形成《广东省国家税务局办税事项"最多跑一次"清单》《广东地税"最多跑一次"办税事项清单》及《广东地税"最多跑一次"办税事项指南》,首批共同推出包括报告类、发票类、申报类、备案类、证明类五大类258项办税事项"最多跑一次"清单,使得纳税人在办理列入两份清单范围内的纳税事项时,在保证涉税资料完整且符合法定受理条件的前提下,最多只需要到税务机关跑一次,即可完成办税事务。具体措施如下:

一是发挥"互联网+"税务服务功能,实现部门协同共治。广东税务部门积极与第三方支付等新兴移动支付方式实现对接,实现缴税退税等在线收付,满足纳税人多种资金支付方式的需求。与物流服务衔接,应用现代化的物联网流程,通过邮政快递、回单柜等多种手段,实现发票文书O2O配送;与国土等政府部门对接,推行房地产交易智能办税,实现一表集成、智能填报全流程网上办理,平均办理时间下降80%。二是实现网上办。广东省电子税务局为实行实名认证的纳税人发布网上办税指引,实现了行政审批事项可网上办理,纳税人上门次数减少了75%,纸质资料报送减少了80%。

二 全力践行"减税降费"服务小微型企业发展

供给侧结构性改革的本质是通过"减税降费"措施实现对产业发

[①] 据统计,2013年以来,广东税务部门共取消或调整审批事项81项,目前只保留6项行政许可审批事项。同时,加快审批办结,实现税务行政审批"零超时""零逾期"办理。率先试点国际贸易"单一窗口"平台,出口企业可通过"单一窗口"平台"一键式"自动提取出口报关单等第三方数据,简化申报数据采集与录入。

展的源头性支持。广东税务部门坚持服务效率提升、管理手段信息化、综合成本降低等改革思路,创新性地实现了"税务+金融"的合作模式,特别是在服务中小型企业方面,推出了新办纳税人"套餐式"服务[①],解决小微企业办税的经验缺乏问题。《广东省国家税务局关于小型微利企业按季申报及附送相关资料的公告》规定,符合条件的小型微利企业实行按季度预缴企业所得税,原按规定在每季度终了后15日内一次性报送本季度三个月的月报、季报财务会计报告的小型微利企业,改为按季度报送季度财务会计报告,同时不再要求企业报送月度财务会计报告。

数据统计显示:2017年广东小微企业已经达117万户,比2015年增长56%,有效激发了经济活力。2017年全年办理各类税费减免超4600亿元。2013年,广东税务部门率先开展"银税互动"合作项目,截至2018年年初,已联合29家省级银行机构签署合作协议。数据显示,近三年全省"银税互动"累计发放贷款1021亿元,其中仅2017年就发放贷款571.56亿元,惠及企业近1.8万家,80%以上为小微企业,有力改善了小微企业担保弱、融资难的困境。(资料来源:国家税务总局和广东省税务局)

三 "便民办税春风行动"增强纳税人满意度

习近平总书记在党的十九大报告中明确指出:"要坚持发展为了人民的改革方向不动摇。"市场主体的感受是衡量营商环境好坏的重要标准。在广东税务部门2017年开展的纳税人需求大调查中,"提速""减税"是纳税人关注的热点话题。税收营商环境改善的最直接受益者便是广大的纳税人,增强纳税人满意度是纳税改革成功的关键

---

① 新办纳税人"套餐式服务"是对新办纳税人办税流程的"重构",从以往的断续的"点状式"转变为优质的"链条式"服务,最大限度地简化办税流程、压缩办税时间,让纳税人的办税体验得到极大提升。

衡量因素。

资料显示：广州市番禺税务部门以纳税人便捷办税为出发点，自2014年开展"便民办税春风行动"以来，相继推出了26类90项系列创新服务举措，邀请纳税人代表走进办税服务厅，零距离实地体验网上办税、套餐办税等便利化举措，增进征纳双方的沟通理解，充分感受税务部门的新风貌。汕头市财政局积极打造"互联网+财政管理"新模式：从"人工跑道"到"信息化高铁"，在全省率先实现国库直接支付、授权支付业务全程电子化；以政府采购业务"零跑动"，实现政府采购业务全程"线上"循环，全面提高采购执行率。积极推广离境退税政策，截至2018年年初，广州市已公告的备案退税商店共74户，为来自全球105个国家和地区的境外旅客开出退税申请单2085份，涉及销售额3867万元，应退税额425万元。

四 "企业走出去"税收风险提示

广东省积极实践国家扩大开放战略，鼓励企业走出去投资，并给出了企业海外投资的税收风险政策建议，具体如下：一是熟悉当地的税法，包括实体法和程序法，以便依法纳税、依法办理涉税事务、依法享受税收优惠。二是熟悉当地财务、会计规定，以便正确核算、准确计税，避免因财务、会计处理不当造成涉税风险。三是熟悉国际税收惯例，以便按照国际上通行的做法，维护并争取涉税权益的最大化。四是树立国际税收意识，在涉税跨国所得的处理方面应遵循公平交易原则，减少与所在地税务当局发生争议和规避不必要的税务检查。五是如果投资所在国与我国有税收协定，还要熟悉税收协定内容，以便享受税收协定规定的互惠待遇和运用税收协定来维护自身权益。六是了解当地涉税公共环境，注意寻求社会各界包括政界和税务中介机构的涉税支持和服务。与国内税务主管机关保持常态化的联系，以便获得适时的咨询服务和涉税事务援助。

第二节 精准实施财税政策

发挥"财税杠杆效应"服务实体经济的强大功能，需要实施精准的财税政策。广东省积极探索财税改革服务产业转型升级的路径，取得了显著的成效。

一 建设美丽乡村

突出支持实施乡村振兴战略，坚决打好精准脱贫攻坚战是最大亮点。2018年预算安排616.8亿元，比2017年增长125.9%，规模为历年最大，幅度为历年最高；加上其他用于"三农"的资金后，总规模达1054.54亿元。其中，全面推进美丽宜居乡村建设，坚持整县统筹、连线连片推进，安排257亿元改善农村人居环境，加强农村环境综合整治、农村污染防治减排及垃圾处理，促进农村旅游产业发展，推进南粤古驿道保护利用和"厕所革命"，打造农村的美丽家园。深入推进农业供给侧结构性改革，安排167.85亿元完善农业支持保护制度，支持构建现代农业体系，推进农业综合开发，强化农产品质量安全监管，培育新型农业经营主体发展壮大，健全农业担保体系。安排81.7亿元加强农村水利、交通建设，重点实施山区中小河流治理，提升农村防洪减灾能力，支持农村公路建设，完善"四好农村路"建设和管理等。

二 推进科技兴省战略

为深入贯彻落实省委、省政府《关于加快经济发展方式转变的若干意见》（粤发〔2010〕8号）的精神，加快广东战略性新兴产业发展，做好战略性新兴产业发展专项资金省财政预留资金（以下简称专项资金）的竞争性分配评审工作，省财政厅制订了《广东省战略性新兴产业发展专项资金（省财政安排）竞争性分配实施方案》。专项资金评审按太阳能光伏、核电装备、风电、生物制药、新材料、节能环保、航空航天、海洋八类战略性新兴产业领域和项目性质，每类均分为单个企业项目组和产业集群项目组共 16 个项目组进行。专项资金评审通过调动参评单位的积极性、主动性、创造性及竞争意识，引导各地、各参评单位重点发展具有广阔市场前景、资源消耗低、带动系数大、综合效益好的战略性新兴产业项目，促进广东战略性新兴产业集约化、规模化集聚发展，抢得发展先机，抢占核心领域，进一步提升广东产业国际化竞争力，打好经济发展方式转变这场"硬仗"。支持建设创新人才高地。落实"珠江人才计划""广东特支计划""扬帆计划"等重大人才工程的资金安排；未来 3 年投入 130 亿元支持实施"高水平大学建设项目""粤东西北高校振兴项目""特色高校提升项目""创新强校工程"等建设项目。

三 积极实施跨境税收优惠

2018 年 1 月，国家税务总局发布《关于境外投资者以分配利润直接投资暂不征收预提所得税政策有关执行问题的公告》，这对广东而言又是一大政策利好。广东税务部门巧用征管数据和综合治税平台等第三方信息，对目标群体开展精准辅导。新政实施一个多月以来，共向在粤外资企业开展税收宣传 9 万余户次，为外资企业减免税款 3.5 亿元，吸引外资企业扩大在粤投资超过 35 亿元。与此同时，根据《营业税改征增值税跨境应税行为增值税免税管理办法（试行）》《国家税务总局关于发布〈营业税改征增值税跨境应税行为增值税免税管理办法（试行）〉的公告》和《关于进一步明确全面推开营改增试点有关再保险、不动产租赁和非学历教育等政策的通知》，"走出去"企业的下列跨境应税行为免征增值税：工程项目在境外的建筑服务、工程监理服务、工程勘察勘探服务、会议展览服务、存储地点在境外的仓储服务、标的物在境外使用的有形动产租赁服务、在境外提供的广播影视节目（作品）的播映服务、在境外提供的文化体育服务、教育医疗服务、旅游服务、为出口货物提供的邮政服务、收派服务、保险服务、向境外单位销售的完全在境外消费的电信服务、向境外单位销售的完全在境外消费的知识产权服务等。

四 稳步实施绩效预算

广东省全面贯彻落实财政部关于《财政支出绩效评价管理暂行办法》（财预〔2011〕285号），深入推进财政支出绩效管理改革。一是把握机遇，不断完善财政支出绩效管理制度。结合本地实际逐条对照，查找差距，进一步完善和细化本地区绩效管理制度及相关业务规范，将绩效管理工作纳入规范化轨道，不断提高财政支出绩效管理的科学性和权威性。二是加大力度，建立健全财政支出绩效约束机制。进一步加强绩效管理的约束力，建立健全财政支出绩效目标申报审核机制、跟踪评价机制、结果反馈及问责机制，强化绩效管理与预算管理的关系，优化财政支出结构，提高资金使用效益。三是夯实基础，积极推进"两基"建设。进一步细化绩效指标体系。完善不同项目类型的评价指标表，并根据部门职责和项目特点进一步健全评价指标体系及标准框架、设置要求等。进一步加强对绩效管理队伍的业务培训和指导，不断提高绩效管理工作的整体水平。

五 着力降低制造业企业成本[①]

为了推进制造业企业"降本增效"，进一步提升广东实体经济发展的质量和水平，2017年8月，广东省人民政府出台印发了《广东省降低制造业企业成本支持实体经济发展的若干政策措施》。具体措施如下：在降低企业税收负担方面，提出在国家规定的税额幅度内，降低城镇土地使用税和车船税适用税额标准；降低购销合同印花税核定征收标准，允许符合条件的制造业企业总分机构汇总缴纳增值税，调整契税办理期限等措施。在降低企业用地成本方面，提出划设工业用

---

① 广东省财政厅原厅长曾志权：2016年广东省在省财政厅牵头下，全年为企业直接减负约2124.63亿元。省定涉企行政事业性收费已实现"零收费"，营改增已全面扩围，社会保险单位费率在全国范围内处于较低水平，全省21个地级以上城市均已公布本地区规范和阶段性适当降低住房公积金缴存比例工作办法，全省18个试行普通车辆通行费年票制的地市均已取消年票制。

地控制线，保障重点制造业项目用地，优先发展产业土地出让底价按标准的 70% 执行，鼓励工业用地弹性年期出让，工业用地先租后让方式使用可优先受让，对制造业发展较好的地市给予用地指标奖励等措施。在降低企业社会保险成本方面，提出推进全省养老保险统筹，统一单位缴费比例和缴费基数；推动实施失业保险和工伤保险浮动费率制度，结余较多的地市适度降低单位职工医疗保险、生育保险缴费费率等措施。2017 年出台的《广东省降低实体经济企业成本工作方案》，在 2016 年降成本行动计划 7 个方面 35 项措施的基础上，提出了 10 个方面 57 项政策措施，增加了清理规范行业协会和中介组织、第三方评估组织收费、加快社会信用体系建设、加快剥离国有企业办社会职能、开展资产证券化和投贷联动试点、清理规范工程建设领域保证金、化解企业债务链风险、利用信息技术手段降低成本等系列工作措施，并提出将降低企业外部成本与企业内部挖掘相结合，进一步调动各方积极性。

六 深化政府采购"放管服"改革

2015 年 11 月，广东省印发《关于进一步深化政府采购管理制度改革的意见》，就着力构建放管结合、权责清晰、规范透明、公平竞争的政府采购管理机制，更好发挥政府采购制度在实现经济社会发展目标、提供优质高效公共服务、提高政府治理能力等方面的重要作用。具体做法如下：进一步探索推进通用类项目改革，不断完善批量集中采购、网上竞价、电商直购和定点采购"四位一体"的采购执行模式，探索扩大改革试点范围，进一步完善电子政府采购交易管理平台。简化政府采购操作流程，明确信息公开权责，统一全省政府采购信息发布渠道，实现全省政府采购信息公开"一盘棋"，着力增强政府采购透明度。进一步贯彻落实《关于进一步深化政府采购管理制度改革的意见》，积极推动科研院所采购自主权改革，配合做好高水平大学科研仪器设备动态项目库采购管理，适时引导扩大进口产品清单适用范围。对政府采购工作进行流程再造，通过将事前审核改为事后备案、电子化采购、实施进口产品清单管理等多项改革措施，改变以往环节多、效率低的情况，实现政府采购"随时报送、秒过备案"①，显著提高效率，更好地激发全省经济社会发展的活力和动力。

七 服务经济高质量发展

广东省财政将把推动经济高质量发展作为制定完善财政政策措施的基本要求，明晰财政权责，健全体制机制，提升财政资源配置效率和使用效益，支持和配合其他领域体制机制改革，合力推动实现经济高质量发展。首先，按照打造"一核一带一区"区域协调发展新格局的要求，坚持公平优先，构建完善以满足基本支出需求为目标的托底类转移支付机制，加大对粤东、粤西、粤北输血力度，促进区域财力均衡。其次，健全完善广东生态保护补偿办法，加大重点生态功能区转移支付力度，实行生态保护和绿色发展成效与资金分配挂钩，提高生态考核因素权重，重点支持粤北生态特别保护区建设。最后，推动形成促进绿色发展的体制机制。推进以绿色生态为导向的农业补贴制度改革，完善促进农业资源合理利用与生态环境保护的农业补贴政策体系。完善支持绿色低碳循环经济发展财政奖补措施，探索实施生态公益林区域差异化补偿办法，制定打赢"蓝天保护战"财政保障措施，通过支持企业技术升级改造，淘汰高污染高排放设备，减少大气污染物排放，支持打好大气、水、土壤污染防治三大战役。

第三节 开展财税服务机制创新

税收既是国家财政资金来源，又是服务实体经济的重要工具。高

---

① 2016年全省实际政府采购金额2618.67亿元，较2015年同比增幅达到18%，节约资金242.92亿元，节约率达到8%，政府采购规模连续五年位居全国首位。截至2017年6月底，网上竞价完成项目数3845笔，采购金额2.57亿元；电商直购完成采购订单67499笔，采购金额6.58亿元；继续推进开展批量集中采购工作，共实施了13期批量集中采购活动，采购金额7.21亿元，节约资金3.54亿元，节约率32.94%，集中采购规模效益进一步凸显。

效发挥税收杠杆的引导作用,将为实体经济发展注入强大的资金资源,广东创新使用"税收+"①、政府引导基金等模式,走出了一条特色鲜明的道路。

一 税收+金融+绿色

发挥税收工具的杠杆效应是深化税收服务体制改革的重要内容。广东省自2012年开始构思针对中小微企业的"税银互动"产品创新;2015年,成功实现了广东税务部门与多家省级银行建立"征信互认、税银互动"信息共享机制,受惠群体从纳税信用A级纳税人到B级纳税人逐步扩大,覆盖范围从省级银行到村镇银行不断增多,有力改善了中小微企业担保弱、融资难的困境;2017年,通过"大数据+互联网+金融科技"实现业务模式的更新换代。绿色发展是财税改革的重要目标,广东于2016年出台了《关于加强环保与金融融合促进绿色发展的实施意见》,推动绿色金融改革创新试验区建设作为金融强省建设重点工作,写入"金融十条"和省政府工作报告。在这一精神的指导下,广州市制定《广州市绿色金融试验区绿色企业和项目库管理办法》,建立绿色企业和绿色项目库运营机制,定期举办绿色项目产融对接会。支持创新产品服务,拓宽绿色企业融资渠道,引导和激励绿色资金投入绿色产业发展。

二 推广政府和社会资本合作模式

广东各级政府综合考虑建设运营成本、项目风险、财政支出等因素,通过特许经营权、合理定价、财政补贴等事先公开的收益约定规则,使社会资本获得长期稳定的合理收益。对项目收入不能覆盖成本

---

① 银税互动在广东的创新实践历程让王正刚看到"沉睡"的税务数据转化为纳税人的信贷凭证对小微企业的发展正在发挥至关重要的作用。王正刚用一组数据说明:"作为建设银行第一个线上的银税互动产品,'云税贷'上线至今不到4个月的时间,受惠的小微企业已超过1万家,授信金额超过100亿元。"

第八章　广东财税体制改革服务实体经济发展的经验分析

和合理收益的，可通过政府付费等方式给予适当补贴，并从补贴建设向补贴运营逐步转变。各地政府应以项目运营绩效评价结果为依据，综合考虑产品或服务价格、建造成本、运营费用、实际收益率、财政中长期承受能力等因素，建立动态补贴机制。健全公共服务价格调整机制，完善政府价格决策听证制度，广泛听取社会资本、公众和有关部门意见，确保定价调价的科学性。

三　财政科技投入机制创新

广东各级政府深入实施创新驱动发展战略。一是以企业为主体、市场为导向，实施企业研究开发事后奖补，引导企业有计划、持续地增加研发投入。二是开展创新券补助政策试点，引导中小微企业加强与高校、科研机构、科技中介服务机构及大型科学仪器设施共享服务平台的对接。三是省级整合科技创新基金、创业引导基金、新媒体基金设立创新创业基金，发挥引导带动作用，争取吸引更多社会资本投向处于种子期、起步期的初创科技企业。优化创业投资环境，聚集大批创业投资机构和人才，做大做强创业投资。扶持发展文化传媒产业，为广东文化领域供给侧结构性改革增添新动能。四是探索开展科技融资补贴与风险补偿等新的扶持方式，进一步完善科技型企业投融资体系建设。同时，鼓励各地积极发挥财政资金撬动作用，通过市场化手段引导社会资本投入科技创新项目，推进"大众创业，万众创新"深入发展。

四　创新财政推进区域协调发展机制[①]

广东省财政厅厅长戴云龙指出：一是完善转移支付政策，通过调整完善激励型财政机制，落实县级基本财力保障机制和重点生

---

① 2017年省财政预算安排转移支付3461.9亿元，资金向粤东西北欠发达地区倾斜，缩小区域间财力水平差距。一是建立激励型转移支付，重点从制度上激励和促进县级努力开拓财源，充分调动县级发展经济的积极性和主动性。2017年，省财政安排激励型转移支付318.7亿元，比2016年增长16.6%。

态功能区转移支付等政策，提高粤东西北地区财力水平。二是资金安排进一步向粤东西北地区倾斜，包括落实支持跨区域产业共建的政策措施，统筹安排约210亿元推动产业在省内高水平转移；统筹安排地方政府债券资金，支持粤东西北高速公路、铁路干线、普通公路、棚户区改造等基础设施和重大民生项目建设。三是加大对重大平台支持的力度，支持珠三角优化发展。包括落实省财政对横琴新区、中新广州知识城专项补助政策，以及对南沙新区、广州临空经济示范区财政支持政策等，切实增强珠三角辐射带动作用。

五 基本公共服务均等化取得重要经验

广东省惠州市在城市基本公共服务均等化综合改革方面走在前列，探索出了一套具有示范性的制度体系和工作框架。一是"选对路子"，构建了一套与市情财力相适应，并随着经济社会发展而动态调整的、可持续的基本公共服务体系。二是"搭好架子"，由公共财政统一标准、托底保障，适度集中力量，优先解决群众最基本、最关心、最迫切的公共服务需求，并在此基础上，加快顶层设计。三是"沉下身子"，建立了由书记、市长亲自抓，分管市领导具体抓，横向覆盖到部门、纵向延伸到县（区）甚至到镇（街）的工作推进网。四是"盘活银子"，通过加大财政投入力度、设立专项统筹资金、建立横向转移支付机制和国有资产收益收缴机制等，建立财政投入保障机制，引导和撬动社会资金投入，探索基本公共服务多样化供给形式。五是"跳出圈子"，跳出改善民生就一定要"砸大钱"的传统认识，不拼财力拼机制，建立政府主导、社会参与、底线保障、均衡发展、供需反应和动态调整六大创新机制，同时探索推行电子教育券、文化消费卡、公共卫生券等公共服务券，实施"巡教""巡医"制度等创新做法。

六 清理整合省级财政出资政策性基金[①]

广东印发《关于进一步清理整合省级财政出资政策性基金的实施意见》，对省级现有15项政策性基金进行清理整合，更好地发挥政策性基金带动社会投资作用，支持广东经济社会发展重点领域和薄弱环节项目建设，为推动供给侧结构性改革提供有力支撑。一是清理收回四类基金。对尚未设立、资金投放进度慢、可由社会资本完全市场化运作的基金，收回财政出资，不再按原计划增资，避免财政资金沉淀。二是整合组建四项基金。对投向领域相近的基金进行分类整合，经清理整合重新组建四项基金。三是严格规范基金管理。进一步完善基金的组建架构、投资运作、规范管理、考核约束等制度，明确基金整合后的管理体制。四是明确部门职责分工。明确部门、受托管理机构职责，避免部门职责不清、责任不落实的问题。牵头部门全面负责基金整合后的管理和运作工作，制订基金整合组建方案；研究完善基金投资领域，制定产业目录或清单；牵头优化政府部门审批流程，加快部门间研究协商效率；协调有关部门、受托机构和托管银行开展基金组建和运作。

七 为加快经济发展方式转变精准减税

为推动广东经济高质量发展，广东省在促进节能减排、循环经济发展等方面实行了税收优惠政策。一是企业从事环境保护、节能节水项目的经营所得，可以免征、减征企业所得税。企业从事公共污水处理、公共垃圾处理、沼气综合开发利用、节能减排技术改造、海水淡化等环境保护、节能节水等项目的所得，自取得第一笔生产经营收入所属纳税年度起，第一年至第三年免征企业所得税，第四年至第六年

[①] 截至2017年，省级财政共出资设立15项政策性基金，通过带动社会资本投入，有效发挥财政资金"四两拨千斤"的杠杆效应。15项政策性基金省财政计划出资375.3亿元，基金总规模（含财政出资额、拟募集社会资本额）2648.3亿元，撬动各级财政及社会资金投入基金2273亿元，财政资金平均放大7倍。

减半征收企业所得税。二是综合利用资源生产产品取得的收入，在计算应纳税所得额时减计收入。企业以《资源综合利用企业所得税优惠目录》规定的资源为主要原材料，生产国家非限制和非禁止并符合国家和行业相关标准的产品取得的收入，减按90%计入收入总额。三是企业购置用于环境保护、节能节水等专用设备的投资额，可以实行税额抵免。企业购置并实际使用《环境保护专用设备企业所得税优惠目录》《节能节水专用设备企业所得税优惠目录》规定的环境保护、节能节水等专用设备的，该专用设备的投资额的10%可以从企业当年的应纳税额中抵免；当年不足抵免的，可以在以后5个纳税年度结转抵免。

第 九 章

广东地方政府债务管控及投融资体制创新研究

地方政府债务问题在地方经济发展的过程中不可避免，高效、科学、可持续的债务运行机制，不仅能够给政府部门带来较低成本的建设和社会管理资金，与此同时，通过债务杠杆能进一步放大政府部门的投融资能力，促进地方经济的可持续发展。地方债是一把"双刃剑"，但它不是猛兽，更不是压力和悲观的代名词。科学合理的举债规划，是地方政府债务管理能力的体现。本部分首先对广东地方政府债务的规模进行跟踪分析，通过选取广东地方政府债务控制的先进经验，进一步分析广东债务风险的可控性与可持续性，最后通过对广东地方政府建设与发展过程中的投融资体制机制创新问题开展研究，特别是从"资产端"视角来审视广东政府债务问题，对广东地方政府投融资体制改革提供新的思路。

第一节 地方政府债务：定义、属性与功能

地方政府债务对于经济增长的影响来自20世纪30年代的凯恩斯主义分析框架。从政策工具层面来看，以赤字率和公共债务率为主体特征的赤字财政政策，显然已经成为各国宏观经济运行的"常态现象"；从政策风险与可持续性上看，对赤字率与偿债率的规模与上限的探讨，不同的文献给出了不同的答案；从政策的实施效果上看，赤

字财政对经济增长的拉动作用,受到广大经济学家和政策制定者的认可与推崇。

怎样给出地方政府债务的科学界定,根据《国务院关于加强地方政府性债务管理的意见》(国发〔2014〕43号)规定,政府性债务包括政府债务和政府或有债务。其中,政府债务,是指政府负有偿还责任的债务,需要通过财政资金偿还;政府或有债务,是指由某一或有事项引发的债务,这种债务是否会变为现实,要看或有事项是否发生以及由此引发的债务是否最终要由政府来承担,包括政府负有担保责任的债务和政府可能承担一定救助责任的债务。

事实上,地方政府债务与经济增长之间的关系问题,国际上主流文献进行了不同层面的论证与研究,具体如表9—1所示。

表9—1　　　　　公共债务与经济增长倒"U"呈关系的争论

作者	研究样本	转折点
Reinhart and Rogoff (2010a and 2010b)	20个国家(1790—2009年)	超过GDP的90%时为负相关
Thomas Herndon (2013)	同上	超过GDP的90%时为正相关
Caner et al. (2010)	101个国家(1980—2008年)	接近GDP的77%
Checherita (2010)	12个欧盟成员国(1970—2011年)	接近GDP的70%—80%
Padoan (2012)	28个OECD国家数据	接近GDP的90%
Westphal (2012)	OECD国家	接近GDP的43%—63%
Jernej Mencinger (2014)	新旧欧盟成员国	转折点的情况只出现在新欧盟成员国,超过GDP的90%

由表9—1可知,近年来关于公共债务促进经济增长的有效区间问题成为研究和争论的热点。事实证明,不同的研究样本和时间范围,公共债务发生作用的转折点是不同的。特别值得关注的是:(1)如果Thomas Herndon(2013)对Reinhart and Rogoff(2010a and 2010b)的

批评和质疑成立,那么就意味着公共债务的上限可以持续增加,因为其对经济增长的边际贡献依然为正。对此,探讨高债务率情形下的经济增长问题,需要构建进一步深化和综合多变量控制的理论模型。(2) 如果 Mencinger（2014）的研究成立,那么在现实经济中,经济与金融危机冲击后,新旧欧盟成员国对待赤字性财政政策的态度和方式,以及最终的政策选择都需要区别对待,按照本国的实际情况进行设计。(3) 同样是以 OECD 国家为研究样本,Padoan（2012）和 Westphal（2012）得出了差异性较大的研究结论,说明在选择研究方法和核心变量的构成时需要慎重。

政府债务[①]问题的另一面即是政府的债务可持续性问题（有的学者也称为财政可持续性问题）,学术界大多以两个角度进行分析。一是基于宏观经济学中预算约束式的分析。该类分析通常假设政府主要通过发行国债举借债务,因此每期存在一个名义国债收益率。通过本期与上期债务的预算约束关系,分析出经济增长、债务占 GDP 比例、国债收益率的关系,进而对政府债务的可持续性设置检验标准的模型。二是基于微观经济学中的个人消费效用最大化的模型,着眼于在不同的政府债务水平以及财政政策下微观主体福利的探讨。表 9—2 给出了不同研究视角下的财政可持续性的数学条件。

表 9—2　　　　不同研究视角下的财政可持续性的数学条件

Blanchard（1990）	$d_c - d_e = (e - r_B) b - d_e, (d_c - d_e) > 0$	"基准预算缺口指标",财政可持续
IMF（2002,2003）	$B_t + \sum_{n=0}^{\infty} \dfrac{E_t(G_{t+n} + R_B B_{t+n})}{(1 + R_B)^n} \leq \sum_{n=0}^{\infty} \dfrac{E_t(RE_{t+n})}{(1 + R_B)^n}$	政府期初债务、未来公共支出和债务利息支出的期望规模总和低于未来的期望收入

---

① 债务率 = 债务余额/综合财力,该指标为衡量地区债务风险的核心指标。综合财力为财政收入、转移性收入、政府性基金收入及国有资本预算收入之和。负债率 = 债务余额/GDP,一般以 60% 为警戒线（来自欧盟测算依据,事实上,美国的几位学者划分出了 "60%,90%" 的拐点）。

续表

Blanchard（1990）	$d_c - d_e = (e - r_B) b - d_e, (d_c - d_e) > 0$	"基准预算缺口指标"，财政可持续
Mendoza and Oviedo（2004）	$\bar{b} = (T_{\min} - G_{\min}) \dfrac{1+e}{r_B - e}$	"自然债务限度"模型，其中$G_{\min}$代表最低支出，$T_{\min}$代表最低收入
WCED（1987）	$db/dt = (r_B - e) b, r_B < e$	当政府债务增长率低于经济增长率时，债务规模动态收敛，可持续
Besancenot（2004）	$D_{\max} = \dfrac{Y[1 - ((1+q)/(1+r))^n]}{(r-q)/(1+r)}$	Y为基期财政盈余，q代表增长率，r表示利率

国内学者运用本国的数据也对政府债务与经济增长的关系进行了探讨，比较有代表性的是：邓晓兰、黄显林、张旭涛探讨了公共债务、财政可持续性与经济增长之间的关系，指出各国为应对国际金融危机纷纷出台扩张性财政政策刺激经济复苏，政府债务累积的速度和规模影响着财政的可持续性，将最终不利于经济的稳定增长。实证检验的结论是：长期低水平的基本赤字对经济增长产生较强的促进作用，且二者呈倒"U"形特征。该研究的理论意义在于，得出了一个最优的经济增长与公共债务率之间的组合。在实行扩张性财政政策刺激经济增长的过程中，应该维持合理的赤字水平与国债规模。邓晓兰研究指出：与成熟市场经济体不同，对于财政状况较差及金融市场不完备的新兴市场国家而言，公共债务持续性问题的一些边缘研究可能更有意义，探讨保证财政危机下债务偿还的自然债务警戒线和投资人愿意认购公债水平的政府违约阈值等问题应当进行深入拓展。

第二节 广东地方政府债务现状分析

2014年9月21日，国务院印发《关于加强地方政府性债务管理的意见》，明确了加快建立规范的地方政府举债融资机制、对地方政府债务实行规模控制和预算管理、控制和化解地方政府性债务风险、完善配套制度、妥善处理存量债务和在建项目后续融资、加强组织领导等框架议题。广东作为我国经济规模最大的省份，其地方政府债务在绝对规模上也较大。准确把握广东政府债务的总量以及趋势，不仅对科学用好政府债务推动地方经济发展具有重大意义，更重要的是还能够合理控制债务上限，规避债务风险。

一 广东省乡镇债务与乡镇财政特点

广东作为我国的经济第一大省，据广东省统计局2013年发布的报告《改革开放三十五年广东发展实现若干重大跨越》所载，广东省过去35年城镇化进程取得历史性的巨大成就，城镇化水平接近70%；2012年，广东城镇居民恩格尔系数为36.9%，比1978年下降29.7个百分点；农村居民恩格尔系数为49.1%，比1978年下降12.6个百分点。统计结果显示，广东省乡镇经济与社会发展取得了巨大的成绩，这一方面体现了广东省经济社会体制改革的成功，另一方面也导致广东省产生巨额的民生类保障性支出，从而形成逐年财政赤字的局面。本书列举了广东省乡镇级一般预算财政收入与支出的统计表①，并以此指标来透视全省乡镇级政府债务②的规模水平。

---

① 由于受到统计数据可得性与统计口径差异的影响，本书对广东省"乡镇级财政收支状况"的统计数据截止到2011年，对广东省级层面政府债务规模的统计选取的是"2008—2011年"。

② 傅道忠（2007）引用财政部统计数据指出：2004年全国县乡两级的债务已高达5000亿元，并且每年以200亿元的速度递增，县乡政府债务主要来自三个方面：一是欠上级政府的债务；二是粮食企业的亏损挂账；三是欠银行、企业和个人的债务。《瞭望》2012年第33期记载的全国8个省份300名乡镇党委书记的调查问卷显示：东部地区乡镇债务大多在千万元以上，有的超过亿元，个别在10亿元以上，中西部乡镇的债务多位于百万元以上。

下篇 财政管理与创新

表9—3　广东省2008—2011年度乡镇级一般预算财政收入与支出统计

单位：万元

年份	2008	2009	2010	2011
财政收入	2724968	3061695	3600397	4060151
财政支出	3513546	3998338	4443659	5584956
财政赤字额	-788578	-936643	-843262	-1524805

由表9—3可知，2008年以来，广东省乡镇级财政处于连续赤字状态，2011年度的乡镇级政府财政赤字约为152.5亿元，占当年财政收入的比重高达37.6%，其中财政收入还包括了非税收入等不稳定的收入来源。一方面，反映出广东省乡镇财政（包括区、县、村）的收支出现了较为严重的失衡；另一方面，财政风险的增加会进一步影响到债务经济模式的可持续发展，对广大的乡镇经济和社会发展造成不利的影响。

如图9—1所示，广东省乡镇本级的财政收入主要依靠增值税、营业税、企业所得税和城市维护建设税，说明乡镇级当地的经济发展水平较高，税基的可控性较强，其中营业税收入比2010年有所下降，2011年度广东省乡镇级财政收入中非税收收入为29.9亿元，占据当年财政总收入的7.36%，说明全省乡镇本级的财政收入的稳定性较强。从县市层面来看，2011年度广东省地方财政收入超过亿元的县市有67个，体现出广东省地方经济建设效果明显，充满活力。

如图9—2所示，广东省地方财政支出中，一般性公共服务、教育、社会保障与就业、农林水事务等项目均呈现刚性增长态势，2011年全省乡镇本级教育支出为191.4亿元，占据当年乡镇级财政总支出的34.27%，加上社会保障与就业、农林水事务的支出，三者合计占比为57.8%。由此可见，乡镇级财政中，预算内的关于农业、农民、农村的支出规模非常庞大，资金缺口严重。

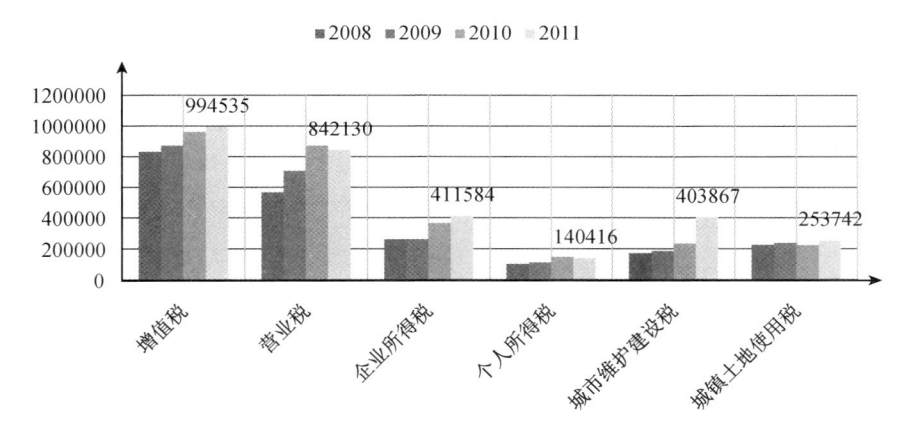

第九章　广东地方政府债务管控及投融资体制创新研究

图9—1　广东省2008—2011年度乡镇级主要财政收入结构（万元）

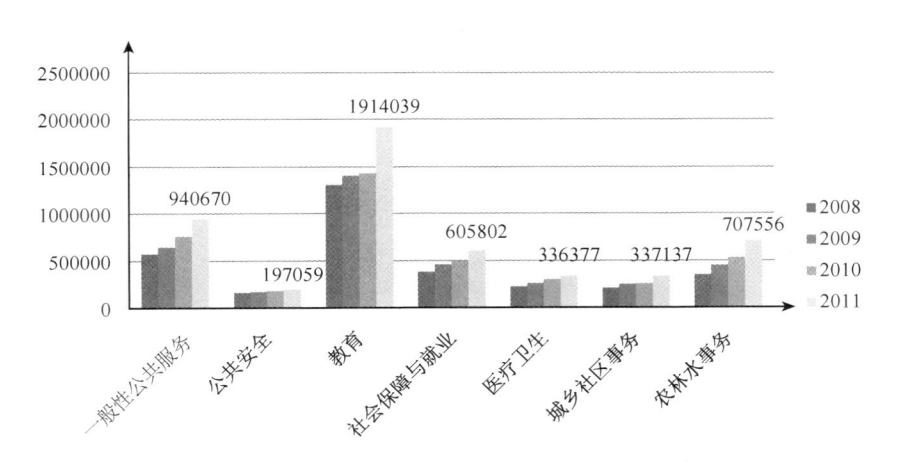

图9—2　广东省2008—2011年度乡镇级主要财政支出结构（万元）

财政收支缺口表明了广东省地方政府在面对经济建设和提供社会管理服务的过程中，存在着资金不足的困境。由此可以预见，比乡镇更为基层的乡镇政府在本级财政收入来源极其有限的情况下，在面对农村和乡镇的刚性资金需求时，举债经营便成为维持基层政府正常工作职能的必然选择。广东省社会科学院珠三角区域经济研究中心主任成建三（2011）[①]表示，根据其调研获得的情况，广东乡镇一级的负债问题"非常严重"，在很多地区，一般乡镇负债几千万都是"很平常的事例"；《经济观察报》（2011）[②]中也列举了云浮市都杨镇高达2亿元的乡镇政府债务现状。

二　广东省地方政府债务风险透视

上述对广东省乡镇本级"财政收支缺口"的分析，体现出广东省乡镇经济建设面临着大规模的资金缺口。乡镇政府为弥补资金的不足所进行的举债行为，也体现在了上级政府的"台账"中。表9—4就是2007—2010年广东省地方政府债务余额以及财政收入情况，并通过债务率的测算来分析政府债务的风险情况。

表9—4　　　　　广东省地方政府债务余额及负债率

年份	债务余额（亿元）	财政收入（亿元）	债务率（%）
2007	1685	2785.80	60.48
2008	2460	3310.32	74.31
2009	3000	3649.81	82.45
2010	7503	4517.04	166.10

注：表9—3和表9—4的数据来源于王丽娅、高丹燕：《广东省地方债务现状及风险分析研究》，《广东经济》2013年第2期。

如表9—4所示，地方政府债务余额近年来呈快速增长势头，2010年广东省地方政府债务率高达166.10%。如此高额的负债率，不仅形成了未来还债的巨大压力，而且对于乡、县、乡镇财政的转移支付也会受到影响，对基层财政的补贴和支付也会减少，从而进一步加剧乡镇政府的财政困难。

[①] 杨兴云、陈安庆、曹丹：《债压乡镇：隐性债务3万亿》，2018年7月11日，经济观察网（http://www.eeo.com.cn/2011/1112/215613.shtml）。

[②] 同上。

如表9—5所示,广东省地方政府债务的区域分布极不平衡,越发达的地方举债越多,财政收入也较高。粤东西两翼及粤北山区的债务余额占到地区财政收入的185.39%,加上财政收入水平不高,未来的偿债压力很大,债务风险较高。

表9—5　　　　　　　　2010年广东省地方政府债务的区域分布

区域	债务余额(亿元)	地区财政收入(亿元)	负债率(%)
省本级	861.35	863.25	99.78
珠三角	5688.89	3138.56	180.62
东西两翼及粤北山区	952.72	513.91	185.39

据上述分析可知,广东省地方债务的现状主要存在三个特点:第一,总体规模在逐年扩大,其负债率以及偿债率也都在不断提高,有的甚至超过警戒线。第二,负债结构不合理。王丽娅、高丹燕(2013)认为,经济发展较为缓慢的东西两翼及粤北山区的地方债务余额占全省债务余额的12.70%,负债率高达185.39%,再加上该地区产业结构单一,经济发展缓慢以及政府收入难以提高,这无疑就增加了该地区地方政府偿还债务的难度。第三,未来几年广东省省本级、地方、市县、乡镇都将迎来规模庞大的债务及其利息,这对广东省未来几年的发展产生威胁,地方债务的监管已经迫在眉睫。

从表9—6可知,广东近六年的地方政府债务总规模相对平稳,维持在9000亿元附近水平,但是一般公共预算收入水平持续增加,使得收入债务比不断提升。一方面,反映出广东经济增长水平超过了政府债务的增长,总体债务风险处于可控阶段;另一方面,由于大量的政府债务形成了固定资产投资和基础设施投资,特别是近年来广东国有企业的盈利能力不断提升,使得政府赤字财政的资产端不断扩大,验证了赤字财政的经济增长功能。广东省财政厅指出,当前广东省的政府债务总体安全①、风险可控，全省政府债务率低于全国平均水平。

表9—6　　　　　　近六年来广东地方政府债务②情况

年份	2012	2013	2014	2015	2016	2017
债务余额（亿元）	8178	8621	8808.6	9141.6	8530.8	9023.37
一般公共预算收入（亿元）	6228.20	7075.54	8065.1	9366.8	10390.4	11315.21
收入/债务	0.76	0.82	0.92	1.02	1.22	1.25

第三节　广东地方政府债务风险控制经验分析

广东省各级政府③近年来认真贯彻党中央、国务院关于严控地方政府债务规模，降低债务风险，规范举债方式，在地方政府债务上限管理和债务偿还方面形成了诸多改革经验，具体如下。

一　湛江市财政局全力支持"三大攻坚"

一是强化政府债务管理，打好防范化解重大风险攻坚战。全市财

---

① 广东地区政府性债务期限较长，51%以上债务在2017年之后偿还，且各年偿债比例分布相对较为平稳。而省本级政府性债务中，75%以上债务在2017年后偿还，各年偿债比例分布也相对较为平稳。从资金投向看，广东地区政府性债务主要用于基建和公益性项目，较好地保障了地方经济社会发展的需要，推动了民生改善和社会事业发展，形成了大量优质资产，大多有经营收入作为偿债来源。在已支出的债务中，用于市政建设、交通运输、土地收储、农林水建设、科教文卫、保障性住房、生态建设和环境保护等基础性、公益性项目支出占比超过88%。

② 据广东省财政厅的消息显示，2018年，在中央的大力支持下，财政部分配给广东新增债券资金额度为1448亿元，比2017年增加497亿元，其中深圳223亿元；2018年，新增债额度虽有较大幅度增加，但由于财力增加和存量债务消化，全省政府债务率预计将比2017年略有下降。

③ 2015年5月广东省印发《关于加强政府性债务管理的实施意见》（以下简称《意见》），明确了地方政府性债务举债主体、限额管理、预算管理、风险预警、清理甄别、政绩考核等方面规范管理的要求，在贯彻落实中央有关规定的基础上，结合广东实际，创新管理思路和手段，规范地方政府性债务管理，促进全省经济社会持续健康发展。

政部门从严加强债务管理,进一步摸清隐性债务,严控增量,盘活各类资源资产资金,有效防控债务风险。二是管好用好扶贫资金,打好精准脱贫攻坚战。2018年,市级财政安排扶贫资金4亿元,积极落实政府投入主体和主导作用,健全财政扶贫投入保障体系。三是打好污染防治攻坚战。支持加快建设国家循环经济示范市,加快生态文明建设,打造美丽湛江。

二 茂名市加强政府债务管理,坚决打赢防范化解风险攻坚战

一是完善制度机制,夯实管理基础。建立政府性债务和隐性债务通报制度,贯彻落实地方政府债务风险应急预案,加强监控预警。二是优化债务结构,管好存量债务。充分利用置换债券政策置换存量债务,优化存量债务结构,延长还款期限,降低债务成本。三是创新融资模式,推动项目落实。认真甄别筛选现有存量融资项目和适宜开展PPP模式的项目,大力推广PPP模式,以减轻政府举债压力,腾出更多资金用于重点基础设施项目建设。四是积极置换债券,减轻财政压力。随着社会经济的不断发展,各项经济指标稳中趋升,我市一般公共预算可偿债财力和政府性基金可偿债财力都将逐步增加,全市各地政府债务风险在可控范围内。

三 江门市创新体制机制,防范政府债务风险

一是按债务管理有关要求,深入完善大财政、大国资、大土储思路和机制,加快完善政府债务风险预警机制,全面规范政府债务管理,有效防范化解财政金融风险。二是以PPP模式为重点,积极争取省财政支持,通过资本投入、以奖代补等方式,积极支持融资平台公司存量项目实施PPP改造和新建项目按PPP模式投资运营,保障江门市重大基础设施建设。同时,继续创新投融资机制,做好2017年置换债券工作,平滑债务风险。加强对政府性债务日常管理和风险应急处置的统一领导,防止风险恶化和蔓延,确保社会稳定。计划出台偿债准备金管理办法,强化偿债准备金专户管理,积极稳妥化解政府性债务风

险。加强与企事业单位资金往来管理，财政部门与融资平台公司等企事业单位的资金往来以真实的经济活动为依据，并符合国家法律法规和预算管理规定。

四 惠州市加强财政收入管理，强化财政风险防控

一是确保收入稳定增长。抓好组织收入工作，加强收入动态监控，提高财政收入质量，确保完成确定的目标任务。二是优化调整支出结构，优先保障民生和重点，做到有保有压，全力保障底线民生，扎实做好精准扶贫工作。三是强化资金导向作用，促进实体经济发展。深入推进投融资改革，支持经济增长点建设和着眼当前面向未来的基础设施建设。四是加强财政风险防控，树牢过"紧日子"的思想。着力防范债务风险，完善市、县两级政府债务风险防控体系，严肃财经纪律，严控"三公"经费。深化财税体制改革，全面推进依法理财，继续推进供给侧结构性改革、"营改增"改革和PPP改革，积极深化各类改革试点成果。

五 揭阳市突出"查、控、防、堵"四项工作

进一步摸清政府债务和或有债务情况，强化限额管理、预算管理和分类管理，加强违规举债和变相融资行为整治。关注隐性风险，控制相关债务增长，防范债务风险，继续改进财税收支监测和分析工作，通过调入预算稳定调节基金、盘活存量资金、及时调整预算等方式，确保财政平稳运行。创新财政投入机制，通过股权投资、组建政策性基金等方式，实现经营性领域投入可放大、能滚动。推广PPP模式[1]，深化政府购买服务等新型供给方式，加快公益性基础设施、公共服务补短板进程。

---

[1] 2018年1月，中山市PPP工作得到省委、省政府的充分肯定，在《政府债务风险管理专项督查报告》中给予高度评价："中山市在长期保持债务规模适度、风险指标良好的同时，规范发展PPP项目，隐性债务风险也得到较好控制。"

六 佛山市"三步走"推进预决算信息公开

佛山市财政局严格执行《中华人民共和国政府信息公开条例》和新《预算法》等法律法规的规定，牵头组织开展2017年全市预决算信息公开情况专项检查，通过检查、指导、考核"三步走"协同作业，进一步保障全市预决算信息公开真实全面、及时便捷。一是进一步细化检查内容，确保应公开单位全覆盖、应公开内容全覆盖，并重点检查内容完整性、内容细化程度、公开及时性和公开形式等方面。二是安排业务骨干进行针对性的精准指导，提供专业性的建议，做到问题不整改不放过、问题整改不到位不放过，切实提高整改效率和效果，提升预决算信息公开工作的质量。三是以不回避问题、不做老好人的负责态度，强化考核硬性约束力，推动预决算信息公开主体提高责任意识，真正把完善预决算信息公开的长效机制抓紧抓实。

七 汕尾市着力构建现代财政治理体系

一是加强财政支出进度管理。优化资金拨付流程，完善支出进度考核机制，督促各地各部门落实支出主体责任，加快支出进度，提高财政支出的时效性和均衡性。二是加强政府债务风险管理。全面落实关于进一步加强政府性债务和隐性债务管理意见的十条措施，完善地方政府债务预算管理，合理控制债务余额、规模和增长速度，控制和防范政府债务风险。三是加强政府采购监管。推进采购单位内控制度建设，落实采购人的采购信息、中标合同、验收报告公开责任，加强政府采购廉政风险防控，提高政府采购监管效能。四是加强财政投资评审工作。进一步健全和完善投资评审内控制度建设，优化评审流程，提高财政投资审核效率。五是加强财政监督检查。健全日常监督机制，加强对民生、扶贫、"三农"、科技等资金的监督检查，确保财政资金安全和发挥效益。六是全面实施绩效管理。将绩效管理逐步扩展至财政管理各领域，健全财政部门、资金主管部门和使用单位、监管部门等绩效主体广泛参与的工作机制，强化绩效结果应用刚性约束，加大绩效信息公开力度，推进绩效管理制度化、信息化、标准化。此外，着力抓好会计管理、财政票据管理、行政事业资产管理、农村财务管理等工作，不断完善财政监督管理工作体系。

第四节　广东地方政府债务风险防控政策建议

为强化地方政府债务管理，有效防范化解财政金融风险，广东省政府应该多管齐下，探索防范政府债务风险的创新路径，着力建立全省债务动态监控机制，确保不发生财政债务风险。

一　加强收支管理，确保财政平稳运行

一是做好收入组织工作。切实抓好组织收入工作，确保第一季度财政收入"开门红"与全年收入目标完成；落实稳增长措施，壮大税基，涵养税源，增强经济发展后劲；完善财政收入预测机制，加强新常态下财政经济运行规律的研究，强化收入运行监测，加强部门协调，依法征收、应征尽收，在确保财政收支平衡的同时，有针对性地提高财政收入质量。

二是加强财政支出管理。优化支出结构，集中财力确保民生支出和重点项目，强化财政支出绩效管理，提高财政资金使用效益；强化预算约束，严格执行年度预算，建立健全市县两级财政支出进度通报制度，落实支出进度与预算安排挂钩机制，提高预算执行的均衡性和时效性。例如，定期报送债务数据。要求各地级市、县（市、区）每月定期汇总全辖债务数据，通过网络版政府性债务管理系统报送省财政厅，并按月报送经单位主要负责人签字确认的《政府性债务情况表》。

二　围绕实体经济发展做足文章

广东的市场经济发达，市场主体超过110万，政府财政赤字应该更多地向中小微企业倾斜，服务双创经济。一是加大财政对产业发展

的引导力度，进一步完善相关政策，精准发力。统筹安排小微双创资金（含中央、省、市本级资金），重点用于建设小微企业创业创新载体（包括示范基地、众创空间、电子商务示范平台）、完善公共服务、优化创业创新环境、支持小微企业融资等。重点支持开展新一轮技术改造、支持"机器人应用"工程等先进装备制造业发展项目，推动打造珠江西岸先进装备制造业带。二是推进落实供给侧结构性改革和"两无两藏"等重大改革，克服对财政收入和财力的短期影响，确保落实减轻企业负担政策。进一步加大企业减负力度，拓宽企业生存空间，激发企业产生更多活力。同时，将着力推动落实好民营经济扶持政策，支持民营企业做大做强。

三 强化债务管理规范举债机制

一是更加注重防范债务风险。坚持新增债资金分配与财力水平相适应的原则，对债务率高的市县少安排新增债资金，确保各地政府债务限额与其偿债能力相匹配，牢牢守住不发生区域性和系统性风险的底线。

二是强化债务审核管理。明确政府债务只能通过政府及财政部门举借，不得通过包括融资平台在内的任何企事业单位举借政府债务。包括融资平台在内的企业债务不得转嫁给政府偿还。公益二类、三类事业单位举借债务必须报本级财政部门审核、同级政府审批。

三是建立高风险地区举债报备机制。对省财政厅纳入高风险的县（市、区），要求按明细项目填报其新增债务项目或新增债务支出，并形成报备说明，向市财政局报备。报备内容包括同级人大或其常委会的批准情况及依据，新增提款或举借情况，偿还资金来源，对债务规模和风险的影响等。

四 深化财政改革，建立现代财政制度

一是深化预算管理制度改革。完善预算编制管理，加强项目库建设，加强项目库对年度预算安排的约束，凡支出必进项目库。改进年

度预算控制方式，实施中期财政规划管理，建立跨年度预算平衡机制。同时，加强预算执行管理，集中财力确保民生支出和重点项目，提高财政资金使用效益。

二是推进财政体制改革。进一步完善事权与支出责任相适应的财政体制，加大简政放权。统筹整合资源优化利用，促进东部一体融合发展，推动西部协同发展。

三是提高财政管理水平。完善财政内部管理，构建覆盖财政资金运行各个环节的管理、监督体系，深化财政"放管服"改革，进一步简化办事流程和缩短审批程序。

五 民生财政支出研究要加强

民生类保障性支出是财政资金体现公平分配的重要方向，对提高基层居民生活质量、维护社会稳定意义重大。经验事实的分析可知，发达国家赤字性财政中用来满足民生类保障性支出的比例过高，有些国家（如美国、日本、希腊）甚至由于沉重的民生类保障性支出，让政府财政陷入重重压力。而这类支出有着非常强的刚性，临时性或持续性削减计划，甚至直接威胁着政府当局的执政问题。民生类保障性支出要根据广东宏观经济运行的实际情况，主动调整公共财政的扶持重点，由需求管理转向产业转型，努力加大改善民生和促进科技创新的政策支持力度，促进财政功能的转变。与此同时，还要进一步深化财税体制改革，合理统筹中央与地方的财政关系，健全政府债务管理与监督制度，增强财政政策与债务融资机制的可持续性，为政府赤字性财政政策的实施创造更大、更灵活的空间。

六 大力防范乡镇债务

乡镇经济发展过程中，一方面要面对新农村建设的机制体制创新，另一方面要处理好专业经济镇建设中的土地、收益、分红、再投资的权属问题。广东省的乡镇发展水平相对较高，对于经济发展模式和社会参与方式的改革需求旺盛，对此，具体的措施如下：一是在制度允许的条件下，创新集体土地、工业厂房与市场资本的结合方式，打造新形势下的"新农村经济"，在农村和专业镇走一条高附加值的产业发展之路；二是树立"集体经济理财"的思想，利用现代金融产品与工具，推进农村发展成果的投资方式多元化，在乡镇层面试点 BOT 合作方式，一方面减轻政府投入压力，另一方面因地制宜地发展本级本地经济；三是培育乡镇经济、文化、社会管理的中介组织，提高管理经济和服务社会水平的同时，减少交易成本和资金浪费，有利于加强乡镇政府集中精力做好市场管理者的工作，提高宏观分析的能力；四是调整结构，发展特色经济，推进农业现代化和打造乡镇经济支柱产业。各乡镇村应立足本地资源优势和区位优势，发展现代农业、高附加值产业，利用人力、土地成本优势，发展交通物流园区等现代服务业。

第十章

广东自贸试验区深化财税改革的主要成绩

2015年4月，国务院批复了广东自贸试验区建设的总体方案，以深圳前海蛇口、广州南沙新区、珠海横琴新区为代表的120平方公里土地，成为广东对外开放的新高地。三年来，广东自贸试验区作为广东深化改革与扩大开放的桥头堡，在制度创新这个核心任务上先行先试，取得了显著的改革成果。本章将重点围绕"深化财税体制改革"这一主题开展系统研究，旨在深入分析广东自贸试验区在财税体制改革方面做出的积极探索和先进经验。

第一节 深圳前海蛇口片区的财税改革经验

前海被称为"特区中的特区"，前海蛇口自贸片区批复以后，前海承载着深圳未来城市新中心的角色，是深圳新的经济增长点和改革开放新高地。过去的3年，随着制度创新不断推进，前海自贸片区新兴经济业态层出不穷，现代产业体系加速形成，各类税收在规模、速度、结构上实现了全方位突破，多项税收指标全市领先，税源密度、税收产出、税收增幅较高，各项产业税收数据凸显前海呈现高质量发展新态势。总结和梳理前海财税体制改革的先进经验，有利于深化财税改革服务实体经济发展的体制机制研究，更重要的是提炼经验，向

第十章　广东自贸试验区深化财税改革的主要成绩 ◀◀◀

全国复制推广。

一　强化税收征管[①]

为支持前海深港现代服务业合作区及前海蛇口自贸片区的发展，前海国税局、前海地税局应运而生。通过不断地转变税收征管方式，持续优化服务机制，打造便利化、科学化的纳税服务体系，前海国地税实现了税收收入的稳定增长。推进国地税办税流程的机制优化，需要大幅度的简政放权。前海国地税首先全面取消非行政许可审批，简化281项原需备案的减免税事项，其中小微企业减免企业所得税等228项税收优惠可"不备案直接享受"，实现了更大范围的"松绑"。其次转变税收征管方式。率先取消管理员制度，实施税收管理事项的数据化、风险化改造，将管理对象从"企业"变为"数据流"，真正实现由无差别管理向差异化风险管理的转变。数据显示，2015—2017年，前海税收收入实现跨越式增长，3年税收规模分别为95.3亿元、184.7亿元和275.8亿元，3年年均增速达到70%，税收增速领跑全市。2018年第一季度更是突破了"单季度百亿"关口。

二　合署办公与"一窗通办"[②]

为了更好地提升办税人员的主观感受，发挥税收服务经济的作用，

[①] 2017年，前海国地税均被前海蛇口自贸片区管委会授予"制度创新中心"称号，所推出的征管信息化、纳服一体化等13项成果载入了前海蛇口自贸片区创新目录向全国推广，占当年前海蛇口自贸片区创新成果总数的12%。同期，前海国地税还双双荣获"全国百佳国地税合作市级示范单位"。前海国地税推出的一体化电子税务局，惠及深圳市97%的纳税人。

[②] "电子税务局走进银行"是前海国地税创新之一，通过"税银合作"，为纳税人提供更加便利的服务。2017年5月16日，"电子税务局走进银行"项目示范区正式启动。在银行大厅，通过"一站式服务"，可为前海15万余纳税人提供纳税申报、发票代开等100余项涉税服务，纳税人在银行就能一厅办理存取款、理财、缴税、发票申购、抵扣认证等各项业务。

开启大企业"集团化"服务工作，从纳税服务、涉税审批、风险管理、税源管理4个方面对平安、腾讯、恒大、周大福、顺丰5个集团在前海的成员企业共计128家企业提供系统化、标准化、规范化服务；对独角兽企业展开座谈、调研，推出服务独角兽企业的挂点服务专项工作机制，持续为独角兽企业提供更精准、更优质的服务。

前海国地税积极开展合作，国地税合并平稳、有序推进。通过构建"前端服务＋后端管理"的一体化征管格局，深化以数据化"管事"为特征的征管方式转变，力争率先实现"一人一窗一机二系统国地税业务通办"，实现税务登记、实名认证、电子税务局、纳税辅导等多项国地税业务"一厅通办"；前海 e 站通行政服务大厅"一窗通办"，推行国地税联合税收分析、联合检查、联合风险管理。简化办税流程，让纳税人"不跑即享"。编制并发布办税事项 5 类 72 项"最多跑一次"清单，基本涵盖目前纳税人办理的主要业务。简化企业所得税优惠备案，对 36 项企业所得税优惠事项全面放开申报。推行"网上自行申报"模式，让符合产业准入目录和优惠目录的企业"足不出户"享受优惠，降低企业成本。

三 大数据与智能办税

前海国地税积极应用现代信息技术，通过"互联网＋""大数据＋""人工智能＋税务"科技手段，打造智慧化税务局。率先推出了实现国地税一体化的深圳市电子税务局、移动缴税、微信缴税、年所得 12 万元个税一键申报、跨境电子缴税、自然人税务局等多项便民服务举措，开发对接财务软件的多税种申报平台，实现纳税人"一键报账、一键报税"功能；通过"大数据＋"，实现了精准办税。国地税与 19 个部门共享 30 亿条数据，创新搭建前海大数据决策平台。利用大数据筛选"应享未享"的纳税人，每年发送近 2 万条信息提醒企业享受优惠，从"等纳税人上门"变为"送政策上门"；尝试"人工智能＋税务"，探索建设无人值守的智慧办税服务厅。推出全国首个国地税联合 VR 办税厅。下一步，还将结合实名办税，运用语音识别、人像识别、图像识别等人工智能技术，分期实现智慧办税服务。

（接上页）"1234"服务模式是由前海国地税局、前海管理局香港事务处以及前海香港商会四于 2017 年联合创建的对前海港资企业税收服务的一项重要举措，是前海与港资企业对话服务的平台。服务通过联席会议、沙龙、走访等形式，多渠道深入了解企业的需求，共同解决港资企业的涉税难题，助力港资企业进驻前海。

四 优化税收服务环境

实施落地"放管服"改革，对标国际标准，率先推出国内税收营商环境指数暨评价体系。对标世行标准，形成以"一指数、一白皮书、一报告"为主要内容的税收营商环境指标评价体系（通过选取办税便利化、办税信息化、办税规范化、办税效率程度、纳税遵从程度、政策落地程度、纳税人权益保障程度、廉政自律程度和创新改革成效9个一级指标，以及25个二级指标和60个三级指标，全面、客观、真实地反映前海蛇口自贸片区的税务营商环境情况），填补了国内外优化营商环境在税收研究领域的空白。比邻香港是深圳的天然优势，对标香港的自由便利环境，借鉴学习香港的税收事项事先裁定制度、税收争议协调制度，形成适应内地形势的制度方案，为内地税务制度优化提供创新思路，是助力前海蛇口自贸片区税务营商环境与企业发展，推动前海蛇口自贸片区税收营商环境走向国际化水平的关键抓手。

第二节 广州南沙新区片区的财税改革经验

南沙新区片区拥有"三区叠加"的国家平台优势，粤港澳大湾区几何中心的区位优势，致力于打造广东对外开放的门户枢纽。近年来，南沙开发区地税局紧密结合自贸区、粤港澳大湾区战略部署和区域营商特点，深化"放管服"改革，对标国际通行规则，从简政放权、后续管理、优化服务等方面进行探索与实践，助推区域经济活力不断提升。自贸试验区批复以来，围绕财税管理体制改革，南沙新区片区大胆创新，形成了特色鲜明的改革经验[1]。

---

[1] 服务券是中小微企业用于购买国家、广东省和广州市中小企业公共服务示范平台和中小企业公共技术服务示范平台（简称"示范平台"）服务的财政补助凭证。2018年，为扶持广东省中小微企业发展，全省拨付财政预算5300万元用于服务券发放，广东省内符合条件的中小微企业均可申领并享受1万—3万元的补贴优惠。

一 南沙地税实行"自主有税申报"①

"有税申报",是指取消营业税及其附加税费、增值税和消费税的附加税费、印花税、土地增值税相关税(费)种的零申报。"自主有税申报"是南沙地税深化"放管服"改革,坚持放得彻底、放得有序,为纳税人减负的创新举措之一。该方案的目的是主动适应税收新常态、新形势,全力支持和服务南沙自贸区建设,在新的税收征管环境下,按照现代化税收管理理念,瞄准国际一流水平,突破现行规定,创新税收征管模式,明确征纳双方权利和义务,减轻纳税人负担。"自主有税申报"主要强调纳税人申报税款的自主性,具体包括推行税(费)种自主选定和推行"有税申报"两大减法措施与"建立纠错机制,加强后监管"一项加法措施,简政放权,放管结合,促进纳税人自主评定、正确履行申报纳税义务。税(费)种自主选定,是指对所有新登记的单位纳税人,不进行税(费)种认定(所得税除外),存量单位纳税人取消原有税(费)种认定(所得税除外),由纳税人在发生纳税义务时自行选定相关税(费)种,按照规定的纳税期限进行申报纳税。②

二 提升税务服务效率③

深化税收服务领域的行政管理体制改革,是南沙提升税务服务效

---

① "自主有税申报"需要建立纠错机制,加强后监管。纠错机制是在推行"自主有税申报"后,针对纳税人容易产生不报、错报、漏报税等问题和风险进行防控而建立的机制,包括咨询纠错、智能纠错、人工纠错。加强后监管主要是通过纳税申报数据分析、国地税信息交换和其他第三方数据利用等方式,及时发现和纠正纳税人不报、错报、漏报税行为,加强税收违法惩罚力度,打击税收违法行为。对税收违法行为,将严格按照征收管理法相关规定进行处理。

② 截至2017年11月,累计减少免于零申报的单位纳税人53.56万户次。同时,税务机关对推行"有税申报"的税费不再认定,累计减少对2015年12月以来33158户新登记单位纳税人认定相关税费种,日均可减少28笔业务,也无须对单位纳税人"有税申报"的税费种逾期办理零申报行为进行日常催报、处罚,实现征纳双减负的叠加效应。

③ 自贸区挂牌成立三周年以来,累计减免地方税收26.11亿元,政策覆盖率达100%。对辖区企业重大项目建设提供"全流程跟踪"精准税务咨询,提供"一对一"风险评估与税费测算,帮扶企业进行上市(挂牌)筹划,目前已为中铁建总部、南航融资租赁、中远散运总部等项目提供服务,成功助力广州港、天创时尚等区内16家企业在境内外顺利上市。

第十章 广东自贸试验区深化财税改革的主要成绩

率的关键举措。一是实施"审批改备案"改革。涉税审批事项由自贸区挂牌成立前的54项减少至4项，税收优惠类即时办结率达95.6%。实现办税环节由"多层流转"向"即时办结"转变，即办事项由555项拓展至608项，门前即时办结率达到近九成，绝大部分涉税事项实现让纳税人"最多跑一次"。二是实施快速出口退税改革[①]。2015年4月以来，南沙区国税局将出口退税挂挡提速，一类企业审批从原来的15个工作日压缩至2个工作日内，自贸试验区内的非一类企业审批则从20个工作日压缩至15个工作日内。该项新政实施的当月，全区就为一类企业提速退税达3976万元。对负面清单以外的领域，在税收管理上一律不设门槛、不加条件。推动实现"多证合一""二十证六章"联办等系列改革，保障市场准入"便利化""宽门槛"，为自贸区企业创业发展提供优质的税收服务和营商环境。

三 电子税务局与无纸化办税

南沙"电子税务局"于2015年4月全面上线，90%常用涉税业务实现网上办理，纳税人随时随地就能缴税。南沙地税正式发出了全国地税系统首张电子税务登记证，并推行"无纸化"网上办税。2015年6月，南沙国税率先在全省范围内试行公共领域电子发票。南沙税务还实现了审批流程由"被动审核"向"主动推送"转变，创新推行"三代"（代扣代缴、代收代缴和委托代征税款）手续费电子化主动支付，将7个审批环节简化为1个提交环节，手续费支付"零跑动""零纸质""零距离"，目前已通过"三代"手续费电子化支付模块，成功为800多户次企业支付约2886万元手续费。借助移动互联网平台，南沙地税还推行智能识别、主动推送、简易办理"三位一体"的税收优惠政策落实机制，精准判定纳税人应享受优惠类型，主动推送

---

① 广东省自2016年7月1日起实施境外旅客购物离境退税政策。从广州白云机场、南沙客运港和珠海九洲港客运口岸离境的境外旅客实施购物离境退税政策。经广东国税局备案的退税商店共21家，主要分布在广州、珠海市的主要购物中心，南沙、横琴自贸区以及广州塔、珠海长隆等旅游景点。

下篇 财政管理与创新

政策优惠"红包",政策覆盖面达100%。积极推行微信办税①,充分应用现代信息技术,创新服务方式,构建"以电子办税为主、自助办税为辅、实体办税为补"的多元同质化办税服务新格局,让纳税人办税更便捷、更舒心。南沙地税运用微信平台,先后开通增量房契税业务办理、存量房涉税业务办理渠道②。

四 创新纳税监管方式

南沙全面推行"先办理后监管"的改革模式,建立起适应自贸区"负面清单"管理模式的税收管理服务机制,坚持"放管结合、风险可控"原则,以风险管理为导向,以信息化系统为支撑,优化征管资源配置,推进事中事后管理制度化、规范化、程序化,营造公平公正的税收秩序,助力自贸区、大湾区纳税遵从度提升。通过积极引导纳税人强化纳税意识,防范风险,规避涉税违法,构建合作信赖的和谐征纳关系。创新数据管税方式,实施"不打扰、少打扰"智能监管。创新研发"拖拉式自主建模""多主题关联""风险疑点循环挖掘""一户式智能综合体检"等信息系统功能,实现"风险疑点排查"由"撒网式"向"靶向式"转变,初步做到"无风险不打扰③",税务干部从"台前"转向"幕后",尽最大可能减少对纳税人正常经营的打扰。

---

① 截至2017年,全区通过微信办理增量房、存量房涉税业务3400多宗,有效解决部分纳税人需"长途跋涉"办税的烦恼。数据显示,约60%的纳税人常住地点不在南沙,绝大部分是在广州市区,其中更不乏外市外省人士,若按市区居民人均往返最少3个小时,里程100公里计算,累计节约纳税人办税时间成本10200多个小时,节约往返里程3.4万公里。

② 《广州南沙地税:深化"放管服"改革,打造自贸区、大湾区税收环境新高地》,2018年7月11日,信息时报(http://www.gzns.gov.cn/tzns/tzdt/nsdt/201801/t20180130_363906.html)。

③ 另外,南沙地税在全国率先实施复杂涉税事项事先裁定,为明珠湾起步区PPP项目、邮轮母港BOT项目、香港园等多个项目依法提供了事先裁定服务,有效避免了税收政策适用的不确定性给纳税人带来的税收风险。该局还率先试点不确定事项报告制度,明确纳税人主动报告并经税务机关审核确定为不确定事项的,日后在确定的期限内依法补缴税款时不予加收滞纳金和不予处罚,让纳税人享受稳定预期的制度红利,进一步激发自贸区商事登记主体创业创新活力。

第十章　广东自贸试验区深化财税改革的主要成绩

第三节　珠海横琴自贸片区的财税改革经验

横琴新区在深化自贸试验区改革中被寄予厚望，特别是通过财税体制改革，构建起联通葡语系国家（或地区）的经贸合作平台是重头戏。2017年，横琴自贸区新增注册的港澳企业达849家，跃升为国家级孵化器的澳门青年创业谷新引进港澳项目21个，孵化港澳团队项目130个。这些不断开放的跨境合作平台，成为横琴高质量发展的潜在动力。

一　贯彻落实"四个进一步"减税政策[①]

一是进一步提高对落实税收优惠的认识。做好贯彻落实优惠政策的每一个环节，确保纳税人能享尽享、能免尽免、能减尽减。二是进一步提高工作主动性。严格省局相关规定和优惠政策的工作规范等要求，不等不靠，主动作为，积极开展工作，切实落实好税收优惠政策。三是进一步提高业务水平。加强税务人员对政策文件的学习，开展业务培训，提高业务能力，为贯彻落实税收优惠做好准备。四是进一步加强绩效管理。将落实税收优惠政策和绩效任务紧密结合，以绩效达标为抓手，以合理分工为导向，对工作进一步细化，将绩效指标责任到科室、责任到个人，层层分解，确保绩效管理落到实处，确保优惠政策落实到位。

二　跨境税务服务创新

横琴片区在"跨境税务"服务方面取得了一系列的改革成效。创新推行跨境电子税票暨电子税票应用平台，与港澳地区的商业银行签订《税银合作跨境办税服务项目协议》，推出跨境自助办税服务，实

[①] 企业从申请高新技术企业认证之日起，向税务部门诚信报告相关情况，经税务部门评估后，即可在预缴环节享受15%的企业所得税优惠，汇算清缴时多退少补。

现港澳与横琴服务同城同质。横琴自贸片区在财税方面的政策针对性特别突出，比如个人所得税补差的政策、粤港澳合作中的税收改革等。对中拉经贸有重大促进作用的，最高可重奖千万，珠海还将设立"横琴中拉合作贡献奖[①]"，每年从注册在横琴的企业中遴选对推动横琴中拉经贸合作平台建设做出突出贡献、产业带动性强、关联度大的代表性企业给予资金奖励。

三 积极探索 PPP 模式[②]的投融资机制

为贯彻落实《国务院办公厅转发财政部发展改革委人民银行关于在公共服务领域推广政府和社会资本合作模式指导意见的通知》，珠海市从政策制定、项目遴选、方案论证、入库申报等环节规范有序推进珠海市 PPP 项目建设，截至 2017 年 11 月，已顺利通过广东省财政厅审核入库的项目达 3 个，改革工作取得初步成效。具体项目包括：高栏港区平沙医院 PPP 项目、高栏港区平沙新城生态公园 PPP 项目、斗门区黑臭河涌水生态修复 PPP 项目，投资总额共计 12.04 亿元，项目的成功入库为开展后续招标及融资工作提供了坚实的基础。

总体来看，广东三个自贸片区都积极实践了以财税体制机制创新为依托，围绕实体经济"减税降费""税务服务环境优化""互联网+政府服务""跨境税收便利"等重点领域开展了制度创新，成为进一步打造广东对外开放新高地的关键抓手。

附件10A 前海税收优惠情况

1. 符合优惠产业目录：符合《企业所得税优惠目录》中规定的产

---

① 电商企业从事拉美经贸可获 200 万奖励。此外，首次落户横琴，从事以拉美经贸为主的电商企业，且在横琴营业收入超过 10 亿元人民币的，当年可给与一次性最高 200 万人民币专项奖励，单个企业奖励金额最高不超过 100 万元人民币。

② 珠海市先后制定了《关于在公共服务领域推广政府和社会资本合作模式的实施意见》《珠海市推进政府和社会资本合作（PPP）工作方案（2015—2017 年）》《珠海市政府和社会资本合作模式操作指南（试行）》等相关政策，为 PPP 项目建设提供了政策支撑。

业项目为主营业务,且其主营业务收入占企业收入总额 70% 以上的企业减按 15% 的税率征收企业所得税。

前海优惠可以与其他优惠叠加享受。例如,高新技术企业两免三减半等,享受优惠税率的同时可享受定期减免的税收优惠。

税率优惠可以取最优税率。例如,国家重点软件企业可享受 10% 的优惠税率,前海优惠可按 15%,那么可以选择最优的税率 10% 作为企业所得税税率。

定期减半只能按照 25% 进行减半。若同时享受期限减免和 15% 的税率优惠,则在减半期间只能按照 25% 进行减半,即 12.5% 的税率。

2. 金融服务类企业:私募基金管理类型的投资公司不享受 15% 企业所得税优惠政策,但是根据《关于鼓励私募股权投资基金业发展的若干意见》,此类公司可以享受两免三减半的税收优惠政策。

答:(1)关于鼓励证券投资基金发展的优惠政策(财税〔2008〕1 号):

①对证券投资基金从证券市场中取得的收入,包括买卖股票、债券的差价收入,股权的股息、红利收入,债券的利息收入及其他收入,暂不征收企业所得税。

②对投资者从证券投资基金分配中取得的收入,暂不征收企业所得税。

③对证券投资基金管理人运用基金买卖股票、债券的差价收入,暂不征收企业所得税。

(2)财税〔2005〕155 号《财政部 国家税务总局关于合格境外机构投资者营业税政策的通知》规定,对合格境外机构投资者(QFII)委托境内公司在我国从事证券买卖业务取得的差价收入,免征营业税。合格境外机构投资者是指,符合中国证监会、中国人民银行和国家外汇管理局发布的《合格境外机构投资者境内证券投资管理办法》规定条件,经中国证监会批准投资于中国证券市场,并取得国家外汇管理局额度批准的中国境外基金管理机构、保险公司、证券公司、其他资产管理机构。

3. 创业投资企业采取股权投资方式投资于未上市的中小高新技术企业 2 年以上的，可以按照其投资额的 70% 在股权持有满 2 年的当年抵扣该创业投资企业的应纳税所得额；当年不足抵扣的，可以在以后纳税年度结转抵扣。

附件 10B 广州南沙新区（自贸片区）产业发展资金管理办法

一 总则

第一条 为加快建设广州南沙新区城市副中心，打造高水平对外开放门户枢纽，推动南沙新区、自贸试验区建设全面上水平，促进高端产业和人才集聚，优化产业发展环境，规范区域财政扶持政策，提高资金使用效益，根据《中华人民共和国预算法》《广州南沙本级部门预算支出管理办法》，结合南沙新区产业发展实际，制定本办法。

第二条 本办法所指区产业发展资金（以下简称"产业资金"），是由区财政预算安排的，用于支持区产业和人才发展，扶持企业做大做优做强，建设高端高质高新产业体系的资金。

第三条 产业资金包括总部经济、科技创新、先进制造业和建筑业、航运物流业、金融服务业、商贸业、现代服务业等重点发展产业政策以及高端人才、产业用地、项目引荐等产业促进政策领域的扶持奖励资金。

第四条 产业资金的支持对象是在本区行政辖区内依法登记注册、依法纳入南沙区属地统计、具有独立法人资格的企事业单位、社会团体、行业协会（或联合体），在南沙区注册运营的金融类机构，以及管委会、区政府决定的其他支持对象（含个人）。

第五条 产业资金使用遵循公开、公平、公正的原则，按照产业发展规划，以企业为主体，以市场为导向，充分发挥财政资金的引导和示范作用，择优扶持，突出重点，统筹兼顾，扩大产业规模，促进产业发展升级。

二 组织与管理

第六条 区财政局负责产业资金的预算安排，办理资金审核拨付，监督检查资金管理使用情况，开展绩效评价。

第七条 各业务主管部门是各领域产业资金的管理责任主体，负责产业资金项目的组织实施、监管验收和绩效自评等工作，并协调项目承担单位接受各级财政、审计、纪检监察机关或上述部门的委托机构所进行的评价、稽查、审计和检查。

三 支持条件

第八条 申请支持所需具备的条件、提交资料和受理时间等以各业务主管部门制定的产业政策、申请指南和当年公告为准。

第九条 支持原则：

（一）支持对象获得的产业资金支持应与其对区高端人才集聚、科技带动、产业促进和经济发展贡献等综合影响力相匹配。

（二）同一支持对象同一项目获得的本产业资金支持按照就高不重复的原则执行。

（三）同一支持对象同一项目同时申请市、区两级产业政策支持，如资金均由区级财政承担，按照就高不叠加的原则执行。

四 申报与审核

第十条 产业资金实行"一口受理，内部流转，集成服务，限时办结"申报机制，产业资金支持需由申报主体直接申请，申报主体按各业务主管部门发布的申报公告要求，统一在区政务服务中心专属窗口递交申报材料。

第十一条 区政务服务中心根据各业务主管部门发布的申报公告和标准化收件清单要求，对申报主体的资质和申报材料进行审查。申报资料不全的，一次性告知需补齐的资料；符合要求的，予以受理，并将申报材料移交业务主管部门开展正式审核。业务主管部门审核结束，将审核结果报区财政局办理支付手续，并同时抄送区政务服务中心。区政务服务中心负责申报流程协调工作，采用限时办结制。

第十二条 区财政局根据产业资金计划及经各业务主管部门审核、汇总的资料和拨款申请，进行查重复核后，按照《广州南沙本级部门预算支出管理办法》和国库集中支付管理的有关规定及时审核拨付资金到单位或个人。

第十三条 申报主体按照申报指南要求申报产业资金，对申报资料的真实性、完整性、有效性和合法性签订承诺函，承担全部责任；按照项目实施方案组织实施项目，负责产业资金的合规使用。

五 监督与检查

第十四条 申报主体按规定向业务主管部门报送产业资金使用情况，接受财政、审计部门对资金使用、管理情况的绩效评价和监督检查。

第十五条 各业务主管部门会同区财政局对产业资金的使用情况开展定期和不定期的检查，对检查发现的问题进行处理。检查中发现扶持项目确实无法使用资金的，应由申报主体按原渠道退回产业资金。

第十六条 社会公众和有关部门有权对产业资金使用的全过程进行监督，各业务主管部门须认真处理相关投诉，并按规定程序上报。

第十七条 申报主体未履行相关承诺的，拒绝配合产业资金绩效评价和监督检查的，将由业务主管部门取消或收回产业资金。如在申报、执行受支持项目过程中有弄虚作假、截留、挪用等违反国家法律法规或者有关纪律的行为，将按照相关规定进行处理，并按照规定收回已拨付的产业资金。涉嫌违法犯罪的，依法移交司法机关处理。

六 附则

第十八条 本办法自2017年1月1日起施行，有效期5年。以往出台的有关产业资金管理办法已有的规定与本办法不一致的，按本办法执行。本办法有效期内，如遇法律、法规或有关政策调整变化的，从其规定。本办法有效期届满，根据实施情况依法予以评估修订。本办法由南沙开发区财政局负责解释。

附件10C 珠海市横琴新区财政多措并举助力科技金融企业发展

科技金融是科技创新发展的助推器。近三年来，珠海市横琴新区财政累计安排专项资金7.26亿元，大力支持科技金融企业发展，缓解科技型中小企业发展的融资难题，降低企业融资成本，促进新区科技、金融、产业融合发展。

一 创新企业信贷风险补偿机制

制定实施《横琴新区创新型中小企业贷款风险补偿专项资金管理办法（试行）》，设立风险补偿专项资金，对银行为创新型中小企业贷款产生损失进行补偿，为创新型中小企业承担有限代偿责任。风险补偿资金首期规模1亿元，重点扶持高新技术企业、技术先进型服务企业和创新型企业。单个企业贷款额最高达1000万元，贷款期限不超过2年。

二 建立企业上市专项奖励

印发实施《横琴新区鼓励和促进企业上市专项扶持办法》，对区内企业在境内外资本市场挂牌发行上市给予专项扶持奖励。对于在新三板挂牌的横琴企业，最高可获210万元奖励；在境内证券交易所成功挂牌的不超过280万元，在境外上市的不超过300万元。同时，珠海市外的上市公司迁入横琴新区的，给予最高不超过200万元奖励资金。上市公司在境内外资本市场通过配股、增发、发行公司债券等方式再融资，且募集资金50%以上投放横琴新区的，按再融金额的2‰进行奖励，奖励资金最高不超过160万元。

三 设立政府投资引导基金

出台《横琴新区政府投资基金管理暂行办法》和《横琴新区政府投资基金财政出资资金管理暂行办法》，通过财政预算安排一定规模的政府资金引导社会资本投资于横琴新区发展的重点领域和薄弱环节，支持科技金融产业发展。

四 促进金融产业集聚发展

安排总部企业发展奖励资金，支持企业自主创新、技术研发、品牌创建、市场拓展、人力资源开发和提升总部功能等。对经认定的创新金融总部企业，按照其上一年度对横琴新区经济社会发展贡献情况，连续5年给予奖励。对落户横琴新区的科技创新平台项目，经审核通过给予资金支持，支持年限一般不超过3年。

附件10D 广州南沙新区（自贸片区）促进科技创新产业发展扶持办法

为落实《国务院关于扩大对外开放积极利用外资若干措施的通知》（国发〔2017〕5号）、《国务院办公厅关于促进开发区改革和创新发展的若干意见》（国办发〔2017〕7号）的有关精神，进一步营造市场化国际化法治化营商环境，打造高水平对外开放门户枢纽，加快建设广州南沙新区城市副中心，提升自主创新能力，促进高新技术产业发展，推动南沙建成辐射珠三角的科技产业创新中心，制定本办法。

一 促进高新技术企业发展

第一条 对新落户本区的国家高新技术企业，在享受市有关政策的基础上，每家给予50万元落户奖励；落户三年内纳入本区规模以上企业统计且在高新技术企业有效期内的，再给予20万元奖励。

对新落户本区的国家高新技术企业,自落户后第一个自然年度起连续5年(在高新技术企业有效期内),给予其对区经济贡献95%的奖励。

第二条 对本区新认定的国家高新技术企业,在享受市有关政策的基础上,每家给予30万元奖励。

第三条 对成长潜力大、创新能力强、科技含量高、商业模式新、产业特色鲜明的高成长型企业,获区科技行政主管部门认定后连续3年,以该企业按照《广州市企业研发经费投入后补助实施方案》(穗科信〔2014〕2号)获得的市、区两级总补助资金为标准,再给予相同额度资金奖励,每年最高不超过200万元。

第四条 支持科技企业孵化器、科技园区孵化培育和引入高新技术企业。根据孵化器、科技园区在上一年度培育和引入高新技术企业的数量,按20万元/家的标准,给予相关孵化器、科技园区一次性奖励。

二 支持产业创新能力提升

第五条 对有关政府部门认定的重点实验室、工程中心、技术中心、科技创新中心等创新平台,根据其所认定级别按就高不重复的原则,国家级、省级、市级分别给予300万元、200万元、50万元一次性资金配套。

第六条 区政府每年安排科技专项资金,采取科技金融、前期资助、后补助、配套支持、补贴支持和奖励等多种财政投入支持方式,引导和鼓励企事业单位加大科技投入。

区科技行政主管部门每年发布区科技经费项目申报指南,明确各类资助项目申报条件、申报要求、支持方式,在审核或评审后按相关程序报批,安排扶持资金。

第七条 对区内机构获得的国家、省、市级科技计划项目及科技奖励,采用后补助方式进行配套,对国家级的给予100%的资金配套,最高500万元;对省级的给予70%的资金配套,最高300万元;对市级的给予50%的资金配套，最高200万元。领军人才团队项目不受此限额限制，但项目获得上级和本区财政资助总额不超过项目承担单位自筹资金总额。

三　支持新型研发机构引入和建设

第八条　对国家科研机构、境内外知名高校或世界著名科学家在南沙区单独设立的，主要从事科学研究、技术研发、成果转化等活动，具有职能定位综合化、研发模式集成化、运营模式柔性化等新特征的新型研发机构，在建设期内（一般不超过5年），采取前资助、后补助和股权投资方式，分期合计投入最高1亿元的建设运行费，经费构成包括：

（一）最高2000万元落户奖励；

（二）最高3000万元科研条件建设补助：包括仪器设备、场地租金补贴、科研场地建设或购置等，详见本办法第九条、第十条；

（三）最高2000万元运行经费补助：包括科研经费补贴、学术会议补贴、科研项目配套等，详见本办法第十一条、第十四条、第十六条；

（四）最高3000万元成果转化资助：包括孵化企业融资奖励、科技服务奖励、创业大赛补贴、直接股权投资孵化企业等，详见本办法第十二条、第十三条、第十五条、第二十二条。

对围绕实现国际先进水平的科技成果产业化，带动区域产业升级发展具有重大意义的新型研发机构，根据实际情况，给予更大扶持力度。

第九条　根据新型研发机构科研、办公场地实际使用情况，对新型研发机构在区内租用场地租金按每平方米每月最高40元给予补贴，实际支付场租低于补贴标准的，按照实际支付场租进行补贴，时间最长不超过5年，每年最高不超过200万元。

新型研发机构在区内新建成或购置自用办公房产的，按每平方米800元的标准给予一次性补贴，补贴金额不超过1000万元。

第十章　广东自贸试验区深化财税改革的主要成绩

第十条　对新型研发机构围绕区现阶段重点发展或具有引领带动作用的战略性新兴产业，与境内外知名科研机构、高校、科技企业在南沙共建联合实验室、联合研发中心，经第三方评估机构评审后，按照建设单位投入资金总额度的30%给予资金补助，最高资助额度不超过300万元。每个研发机构每年可申请一项。

第十一条　被国家、省、市认定的新型研发机构，根据上一年度末在岗全职科研人员情况，按博士学位人员每人8万元、硕士学位人员每人5万元的标准，给予新型研发机构科研经费补贴，每个研发机构每年补贴最高不超过500万元。

第十二条　鼓励新型研发机构面向市场提供科技研发、检验检测、成果转化、科技咨询等科技服务。按其为非关联企业提供上述科技服务业务实际获得收入的5%对新型研发机构给予奖励，每个新型研发机构单一年度该项奖励金额合计不超过200万元。

第十三条　新型研发机构围绕自身核心技术孵化并在南沙区注册的科技企业，获得社会创投基金投资的，按其获得的创投基金投资额的50%，给予该创新创业公司最高不超过100万元的一次性资助。

第十四条　对新型研发机构主办或承办国际性或全国性、会议规模不少于100人的大型论坛活动、学术会议，给予15万元资金支持。每个研发机构每年可申请一项。

第十五条　对于新型研发机构在南沙区举办国际性或全国性专业领域创业大赛的，根据创业大赛的投入、规模、影响力和成效，经区科技行政主管部门审定后，给予一定额度的补助。

第十六条　对新型研发机构获得中国科学院立项的科研项目和国家发改、工信部门立项的公共服务平台项目资金给予100%配套；对新型研发机构获省、市级发改、工信部门立项的公共服务平台项目资金分别给予70%、50%配套。原则上单个项目最高配套额度为500万元，每个研发机构每年可申请一项。对新型研发机构获得各级科技部门的项目资金，按照本办法第七条的相关规定予以配套。

四　推动创新服务平台建设

第十七条　对紧密结合区产业发展方向、集聚优质创新创业资源、具有较强示范意义的特色孵化器和众创空间，经认定，给予最高200万元的一次性资助。

第十八条　企业进入孵化器发展，或新落户的高新技术企业租赁区内办公场地，按照实际租用面积给予企业不超过3年的场租补贴，补贴标准为每平方米每月最高20元，企业实际支付场租低于补贴标准的，按照实际支付场租进行补贴，补贴面积不超过500平方米。智能制造项目及经广州南沙开发区招商项目协调小组工作例会审定的重点科技招商项目，补贴面积不超过2000平方米。

鼓励孵化器以租金折价入股的方式参股投资在孵企业。在孵企业入驻后3年内，因经营不善等退出孵化器的，孵化器可按退出企业实际应发生的租金总额50%申请补助，最高不超过20万元。

第十九条　对新建成并投入使用的公共技术研发平台、检验检测实验平台、信息情报平台、科技成果工程化平台、技术转移服务平台、咨询服务平台、科技众包平台、科技众扶平台、科技众筹平台、知识产权服务平台等，有健全的内部管理制度、严格的财务管理制度，满足具体运营内容相关规定的要求，按其为企业提供科技服务业务实际获得收入的5%给予奖励，最高不超过100万元。

第二十条　支持区内检验检测认证机构搭建检测认证创新支撑平台，面向科技企业提供研究开发、中试转化、生产制造、市场准入等过程所需的检验检测认证服务。对当年新获得国家级检验检测认证的机构，每个机构资助200万元；新获得省级检验检测认证的机构，每个机构资助100万元。

五　利用科技金融手段促进产业发展

第二十一条　设立首期规模5亿元的南沙创业投资引导基金。引导基金可参股投资股权投资基金、并购基金；对引导基金参股的子基金选定投资的南沙区重点扶持或鼓励的战略性新兴产业企业项目，引导基金可以"跟进投资"形式参与共同投资。

第二十二条 对高成长性科技企业和创新创业领军人才创办的企业，南沙创业投资引导基金可以跟进投资的方式最高给予3000万元、占股比例不超过20%、年限不超过8年的股权投资支持。在5年内退出的，按照保本原则退出；5年以上的，按市场化方式退出。

第二十三条 对在区内注册运行的创业投资基金，按照其实际投资区内创新创业项目金额的5%给予奖励，对同一项目投资给予的奖励最高100万元，对一家创业投资基金每年的奖励金额最高300万元。

第二十四条 对利用资本市场融资发展的企业按以下标准给予奖励：

（一）后备上市企业于国内主板、创业板、中小板或境外上市的，分阶段合计给予500万元奖励。

（二）后备上市企业于全国中小企业股份转让系统挂牌进行股权转让交易给予150万元奖励，成功进入创新层的，额外给予200万元奖励。

（三）后备上市企业于区域股权交易市场挂牌进行股权转让交易给予30万元奖励。

（四）后备上市企业实施股权激励计划的，员工个人因股权激励行权后产生地方经济贡献的，按地方经济贡献额80%奖励。

第二十五条 科技信贷支持：区政府安排财政资金设立科技信贷风险资金池，与有关银行合作共担风险，降低科技型中小企业贷款门槛。合作银行可为每家科技型企业提供最高2000万元信用贷款，贷款期限不超过两年。

贷款贴息补助：对取得商业银行机构贷款的科技型中小企业，按其申请当笔贷款基准利率的100%，对该企业给予贴息补助，单笔贷款贴息时间最长不超过1年，每家企业每年可申请一笔贷款贴息（一份贷款合同），贴息金额不超过100万元。

六　鼓励专利创造与运用，促进科技成果转化

第二十六条　对专利申请授权进行资助，每个单位或个人年资助总额不超过 300 万元；其中，国内（包括港澳台）发明专利，申请费资助 1000 元/件，获得授权后资助 8000 元/件；实用新型专利获得授权后资助 1000 元/件；外观设计专利获得授权后资助 500 元/件；提交 PCT 专利申请取得国际检索报告后资助 12000 元/件；申请美国、日本、欧盟发明专利，获得授权后资助 40000 元/件；获得其他国家或地区专利授权的，资助 10000 元/件。对于首次申请发明专利的单位，前 5 件额外给予 2000 元/件的奖励。

第二十七条　对发明专利申请大户给予奖励：对上一年度发明专利申请 30 件以上的单位给予奖励性资助 3 万元，并按等增级数，每增加 30 件，增加资助 3 万元。对曾经获得上述资助的单位，当年再次申请该项资助的，只对当年发明专利申请量减去已获资助年份的最高申请量的增量部分按上述标准给予资助。

第二十八条　对获得专利奖的资助。对获得国家级专利金奖、专利优秀奖的项目，分别给予 15 万元和 10 万元的奖励。对获得省级专利金奖、专利优秀奖的项目，分别给予 10 万元和 8 万元的奖励。对获得市级专利金奖、专利优秀奖的项目，分别给予 8 万元和 5 万元的奖励。同一专利项目同时获得多个级别的专利奖项时，仅对最高级别的奖项给予奖励。

第二十九条　对知识产权贯标的资助。对通过《企业知识产权管理规范》认证的企业，一次性给予 15 万元资助。

第三十条　对区内经国家、省、市批准挂牌的专利维权援助运营机构，每年给予 30 万元维权援助服务费用资助。

第三十一条　对年度主营业务收入达到 200 万元（含）以上的知识产权服务机构，经认定，给予 20 万元一次性奖励。

第三十二条　对依法在区内注册成立的以推动知识产权发展为目的的协会、促进会、联盟等社会组织，经区知识产权行政主管部门审

核后,一次性给予10万元扶持。

第三十三条 支持企业推进专利技术成果转化,对于企业自有核心发明专利在授权后3年内,形成高新技术产品年产值在1000万元以上的,根据其经济效益给予资助,最高资助金额50万元。

第三十四条 推动航天航空、先进装备、船舶、信息化、新能源、新材料等领域的军事技术成果转向民品产业化。对相关成果形成的年销售收入在2000万元以上的,一次性给予100万元奖励。

第三十五条 符合本办法规定的同一项目、同一事项同时符合区其他扶持政策规定(含上级部门要求区配套或承担资金的政策规定),按照就高不重复的原则予以支持,另有规定的除外。

第三十六条 企业应承诺在享受本政策扶持后,10年内不迁出本区、不改变在本区的纳税义务、不减少注册资本;若违反承诺,应退回已获得的扶持资金。

第三十七条 本办法自2017年1月1日起施行,有效期5年。本办法有效期内如遇法律、法规或有关政策调整变化的,从其规定。本办法有效期届满,将根据实施情况依法予以评估修订。本办法由南沙开发区工业和科技信息化局负责解释。

总结与展望

广东财政改革40年值得全国借鉴和反思之处

1978年,党的十一届三中全会做出改革开放的重大决策,1979年,党中央、国务院批准在广东省和福建省实行"特殊政策、灵活措施"[①],并批准设立深圳、珠海、厦门和汕头四个经济特区。广东省成为中国最早实行对外开放的省份之一,由此拉开其在全国社会主义经济建设和体制改革中排头兵、先行地和试验区的序幕。

广东省作为先行先试的实验区,通过改革开放和城镇化的发展道路,从一个落后的农业省份一跃成为中国经济最发达的地区之一。1978年广东经济总量只有185.85亿元,占全国的5.1%,经过十年发展,GDP排名全国第一,并一直保持至今。财政收入从1978年的39.5亿元增加到2017年的11315.21亿元,财政支出也从28.7亿元增加到15043.09亿元;财政收支稳居全国第一。广东的发展不仅为国家的繁荣富强奠定了坚实的基础,也为其他地区发展提供了借鉴。因此,深刻总结和反思过去40年的成功经验和教训,具有重大的现实意义。

财政本质上是一种政府经济行为,通过政府干预或介入,引导资源配置,弥补市场失灵和缺陷,最终实现全社会资源的最优效率状态。党的十八届三中全会提出,财政是国家治理的基础和重要支柱,科学

---

① 1979年7月,中共中央发出〔1979〕50号文件《中共中央、国务院批转广东省委、福建省委关于对外经济活动实行特殊政策和灵活措施的两个报告》,正式批准广东、福建两省在对外经济活动中实行特殊政策、灵活措施。

的财税体制是优化资源配置、维护市场统一、促进社会公平、实现国家长治久安的制度保障。

第一节 广东财政改革可供借鉴的经验

改革开放四十年来，广东省财政制度经历了从"分灶吃饭"到分税制改革再到深化地方财税体制改革的发展过程。从基本公共服务均等化改革到财政公开透明化改革。从竞争性财政资金分配制度到全口径预算制度改革。从建设型财政向公共财政转变。总体来看，可以将广东财政发展的经验总结如下。

一 坚持正确政治方向，紧紧围绕党的战略部署，树立大局意识

习近平总书记强调："必须牢固树立高度自觉的大局意识，自觉从大局看问题，把工作放到大局中去思考、定位、摆布，做到正确认识大局、自觉服从大局、坚决维护大局。"改革开放四十年，广东财政的巨大发展归根结底就是始终坚持党的领导，坚持正确的政治方向，自觉服从国家发展大局。在中央的统一部署下，广东财政着力推动财政与经济社会的互促共进，将财政工作放到经济社会发展的全局去考虑和定位，将政治账、经济账和社会账有机结合起来，不断提升财政工作的目标层次，拓展财政政策的操作空间。

当前，我国正面临全面建成小康社会、全面建设社会主义现代化的新征程，新时代对财政工作也提出了新要求，要求财政工作必须旗帜鲜明讲政治，必须坚持以习近平新时代中国特色社会主义思想为指引，坚定执行党的政治路线，确保财政工作始终沿着正确的方向前进。

二 保持财政收支适度增长，正确处理省及省以下财政关系

资源配置总是以一定的方式进行，在市场经济条件下，市场是资源配置的主要手段，并且由于市场具有平等性、竞争性、法制性和开放性等良好特征，所以这一配置方式已被大量事实证明是有效的。但

▶▶▶ 总结与展望 广东财政40年值得全国借鉴和反思之处

是，由于市场本身具有自发性、盲目性、滞后性的弱点，说明它也不是万能的。国家的宏观调控是对市场调控的有效补充，财政就是国家对经济进行宏观调控的一种手段。通过财政来促进经济总量和结构的调整，可以实现经济的持续、快速和健康发展。一般地说，财政收入占GDP比重越高，政府就越有能力为社会提供公共服务；反之，过低的财政收入会影响政府的再分配能力，制约社会公共事业发展，从而最终影响居民的幸福感和获得感。

改革开放初期，中央对广东省财政实行"划分收支，定额上交"政策，1988年又实行了"递增包干"体制，1994年实行分税制改革，一系列改革措施扩大了各地方政府的自主权，充分调动各级财政当家理财的积极性。广东财政实力实现快速增长。1978年广东地方公共财政收入仅41.82亿元，1988年开始突破100亿元，2001年超过1000亿元，并于2011年和2012年分别跨越5000亿元和6000亿元大关，2017年广东省财政收入达到11315.21亿元，连续多年保持全国第一。

强大的财政实力为地方经济转型发展创造了优异的条件。经过40年发展，广东的产业结构不断优化升级，产业布局日趋合理，农业稳定发展，工业竞争优势突出，第三产业快速发展，现代产业体系已初具雏形。在政府和财政资金的引导下，先进制造业和高技术产业蓬勃发展，工业结构更加合理，为经济发展提供了强大动力。广东先进制造业增加值已超过工业增加值的50%，高新技术产业增加值也占工业增加值的1/4。全省区域创新能力不断提高，各项指标居于全国前列，科技进步贡献率已经超过50%，以创新为引领和支撑的经济体系和发展模式正在形成。总之，财政的有效投入促进了经济的转型升级，经济的持续发展为财政增长又创造了条件，两者相互促进，良性发展。

另一个值得注意的事实是，广东省尽管是一个财政大省，但省本级财政财力仍然相对有限，省以下财政实力较强，2006—2007年省本级公共财政收入只占地方公共财政收入的23%，省本级公共财政支出只占地方公共财政支出的10%左右。做大做强省以下地区财政,充分发挥地方政府积极性,因地制宜发展当地经济是广东改革开放40年取得成功的关键所在。广东在现行财政体制下如何调动地方财政积极性的经验,值得其他地区借鉴。

三 激励型财政机制调动地方政府主动作为的积极性

改革开放激活了广东发展的活力,经济总量连续多年保持全国第一,整体属于发达地区,但经济发展的不平衡问题也日益显现,城市经济和县域经济差距巨大,仍有部分县乡在吃财政饭。2003年约有八成县需要依靠财政转移支付来解决自身的资金周转问题,个别地区的补助额甚至达到其一般预算收入的4倍以上。县域经济明显落后于江苏和山东等省份,与广东的经济大省地位极不相称。而传统的一般性转移支付是根据"核定基数,按比例递增"的方法计算发放,不与当地收入完成情况挂钩。这种做法虽然有利于县(市)财力的稳定增长,但客观上也容易助长部分领导的依赖性,导致其对增加财政收入的关注动力不足。

针对此种情况,2004年广东省出台的《促进县域经济发展财政性措施的意见》提出在确保既得利益、促进收入增长、实行奖励先进、鞭策后进原则基础上的"确定基数、超增分成、挂钩奖罚、鼓励先进"财政激励机制,2005年在此基础上又出台两项配套措施,力图构建激励型公共财政新体制,将政府间财力分配关系的调整从主要依赖一般性转移支付向主要坚持激励型转移支付转变,提高县乡一级财政自给自足水平。

激励型财政(转移支付)机制取得了较好的效果。首先,它不仅从机制上解决了基层的财政困难问题,还促进了县市领导的发展观念转变,充分调动当地政府发展经济的积极性,实现财政的良性循环。其次,通过激励型财政转移支付制度遏制了区域经济差距扩大的趋势,制度实施后,广东省16个扶贫开发重点县经济增长率高于山区县,山区县增长率高于东西两翼和粤北山区,所有县增长率高于全省。最后,激励制度有效地激发了经济欠发达地区的发展动力,地方领导对财政收入的关注度大大提高,发展经济促进财政收入增长的动力进一步增强,基本实现了当初设立的"促先进、帮后进"的目标。

当前,全国正在进行精准扶贫脱贫战略,习近平总书记提出要"找准路子、构建好的体制机制,在精准施策上出实招、在精准推进上下实功、在精准落地上见实效"。这就要求广东省继续强化创新精神和创新意识,探索激励型财政改革的规律,为全国顺利实现扶贫脱贫目标提供支撑。

四 强化绩效管理,创新财政资金分配机制

财政专项资金是政府履行职能的重要物质基础和手段,引进竞争机制分配财政资金,可以解决公共资源配置效率不高的问题,实现政府职能转变和充分调动企业发展生产积极性的有机统一。广东省2008年开始在基本公共服务均等化基础上,实行"财政专项资金竞争性分配"探索,是全国最早开展此项工作的省份之一,做出了有益的创新和尝试,形成了自身特色,取得了较好成效。广东的基本做法是将绩效理念融入财政专项资金分配、管理全过程:一是在申请和分配阶段,对资金项目进行绩效目标管理,公开评价,筛选最优项目分配奖金;二是在项目实施阶段,进行绩效监督,以绩效目标为导向对实施过程进行追踪管理;三是对项目完成情况进行绩效评价,将结果作为改进预算管理的重要依据。

广东经济总量大,但区域发展却极不平衡,传统的平均分配方式对欠发达地区产业转移园基础设施和经济发展扶持,造成资金分散,集聚效应不强,重公平忽视竞争,资源配置效率不高。2008年,广东财政厅启动产业转移扶持资金竞争性分配改革,将原来五年内每年每市1亿元分散和平均分配,变成集中、竞争性分配,优者可多得,产生了较好的效果。一是促进了各地科学规划和谋划产业园发展。二是提高了财政资金的使用效益,带动效应明显。省级产业转移竞争性扶持资金有效带动了地方政府及社会资金对产业转移园区的投入,带动投入平均乘数效应达1∶12.6。三是加快全省产业转移园区发展，粤东西北地区经济和财政均保持较快增长，初步培育出新的经济增长点。经过多年实践，广东省竞争性分配项目范围已从省产业转移扶持资金拓展至科技、教育、水利、农业、社保、医疗卫生、旅游、交通运输等各领域，并从省级向地级市及所辖各区（县）基层政府扩展。

广东的成功经验可以为其他省份财政资金分配模式提供借鉴和参考。

五 财政公开与预算监督改革深入人心

随着改革开放的深入和国家治理的现代化，公众对财政透明度的要求也越来越强烈。提高政府财政透明，可以将政府职能、目标和动作方式置于可供评判与修正的体系框架之内，促进政府职能明确；提高政府财政信息披露，可以降低行政成本，优化支出结构，提高行政效率，反映公共资源的配置，保障公众知情权和监督权。党的十八届三中全会《中共中央关于全面深化改革的若干重大问题的决定》也强调，"全面规范、公开透明的预算制度是我国现代财政制度的一个重要组成部分"。预算透明建设必将成为新一轮旨在实现国家治理现代化对接的财税体制改革的重要内容，成为现代财政制度的基石。改革开放以来，广东省逐步形成了以人大立法监督为基础，审计监督、司法监督、财税部门行政监督、会计监督和社会舆论监督相结合的较为完善的监督体系，基本实现了依法理财、科学理财和民主理财，创造了不少可供参考借鉴的"广东经验"。

第一，探索实行预算联网公开，晒出"明白账"。从2004年开始，广东在全国率先探索实行预算联网监督，把政府的每一笔支出都置于人大监督范围内，加强财政支出的审批监督、使用监督和事后监督。通过对政府预算实行联网实时在线监督，让财政的每一笔钱都花得清清楚楚，给老百姓一本明白账。广东在全省探索推广的"预算联网监督"，成为广东省预算监督工作的一大亮点，经验备受关注。

第二，广东省的财政信息公开建设也一直走在全国前列。2003年提交地方人大审议的部门预算涵盖102个部门，2009年广州市率先将114个党政机关的部门预算上网公开。广东省的财政公开透明度指数2014—2017年分别排名第16、7、9、14位，广州市财政透明度排名为第1、2、2、2位，领跑全国。尤其值得关注的是广州市的做法：广州市财政局于2008年10月将本级114个单位的部门预算挂到网站上供公众下载，这一举动在全国前所未有；2012年上半年，广州市41个政府部门在官网上首次公开2010年"三公"决算，同年11月，广州各政府部门按照统一时间公开决算，首次单列出公众关注的"三公"经费；2013年8月，广州市所有区县及职能部门完成"三公"的公开，成为全国首个实现三级政府全面"晒三公"的城市；同年10月，"三公"公开范围在全国首次实现全口径公开，其中包括市委、市人大、市政协、法院和检察院等部门；2014年10月，市政府序列和非政府序列的100余部门晒账，并统一链接到市政府网站上，首次要求政府部门公开非税收入、公积金和会议费等；2015年2月，广州市人大预算委员会成立，这成为全国第一个预算委员会；同年10月，广州各部门公开工资福利支出、基本工资、办公费、对个人和家属的补贴、离休费，甚至水电费都在一张表上反映出来。

广州市的财政公开从部门预算公开开始，逐步细化到"三公"经费和会议费，再到公开非税收入，在全国各大城市中稳居前列。广州市财政透明成绩的取得与媒体的监督紧密相关，以信息公开催生监督，以舆论监督倒逼政府信息的进一步公开，将政府财政资金暴露在阳光下接受公众的质询和监督，这是公共治理走向现代化的必然过程。从这点上看，广州的经验值得全国借鉴。

第三，探索实行数据分析预警，确保资金使用安全。从2015年开始，广东省将省级财政专项资金申报、评审、分配、拨付、使用、监督评价等全流程信息共享到预算联网监督系统，建立数据库，通过设计好的计算模型运算，设置预警指标，对预算支出执行、转移支付资金拨付、重大专项资金拨付、部门"三公"经费支出等方面存在或者可能存在的问题进行预警或者提示，对查询中发现的重大问题，按照联网监督工作的有关规定，组织开展专项调查，督促相关部门进行整改，确保资金使用安全。通过信息化保证科学化，从源头上减少了财政支出风险的发生。

六 支持可持续发展，财政助力生态补偿机制建设

自然环境的可持续利用是实现社会经济协调发展的前提条件，要实现科学发展就必须创新方法、转变观念，综合运用法律、经济等手段，探索出新的环境资源利益共享机制，促进区域的协调发展。

党的十八大把生态文明建设放在突出地位，纳入中国特色社会主义事业"五位一体"总体布局，明确提出了全面建设社会主义生态文明的目标任务。建立生态补偿机制，是建设生态文明的重要制度保障，采取财政转移支付或市场交易等方式，对生态保护者给予合理补偿，明确界定生态保护者与受益者权利义务、使生态保护经济外部性内部化的公共制度安排，对于实施主体功能区战略、促进欠发达地区和贫困人口共享改革发展成果，对于加快建设生态文明、促进人与自然和谐发展具有重要意义。党的十九大报告也将"建立市场化、多元化生态补偿机制"列为重要改革内容。改革开放以来，广东经济快速增长，同时各种污染物的排放也快速增长，环境压力骤增，在这种情况下，如何实现经济转型，建设环境友好型经济社会，实现可持续发展，广东省结合本地特点，探索出了一条以政府财政为主导、具有广东特色的生态补偿机制。

第一，率先实施生态公益林效益补偿。广东是全国第一个由财政安排资金实施生态公益林效益补偿的省份，补偿对象为因划定生态公益林禁止采伐而造成经济损失的林地使用者或林木所有者，补偿资金75%用于补偿因禁止采伐而造成的经济损失，2%用于综合管护和对生态公益林的管理，逐步形成以水土保持林、沿海防护林、农田防护林、自然保护区、森林公园和城市林业为主体的生态公益林骨干体系。广东省的森林覆盖率由1998年的45.82%提升至2015年的51.26%。另外，用于环境整治、保护和改善生态环境的专项财政资金也逐年增加，主要用于粤西粤东和粤北地区的环境保护基础设施建设。广东省还在耕地保护补偿方面做了有益的探索。

第二，水资源有偿使用，建立流域生态补偿机制。由于广东省各城市水资源拥有量和使用量存在不对称性，通过界定水资源的使用权引入水权交易政策调节水的使用，使水资源富裕的地区可以向其他地方输送符合一定标准的水而得到经济补偿，为水资源的保护筹集资金。通过"流域环境协议"的方式，明确上下游应承担的责权利并制定相应的奖惩机制，用经济手段实现环境保护的目标。2016年，广东省分别与福建、江西两省签订了汀江—韩江和东江流域上下游横向生态补偿协议，实行"双向补偿"原则：当上游来水水质稳定达标或改善时，广东补偿上游省份；反之，则由上游赔偿广东。

生态补偿资金投入的重点是贫困地区和重点生态区，这种机制不仅保护了当地的生态环境，还促进了当地经济发展，并带动地区转型发展，实现经济发展、民生改善和生态恢复的多赢局面。

七 财政改革敢于尝试，勇于探索

广东作为我国改革开放的先行地区，财政工作坚持立足实际、主动作为，结合广东实际率先推出新举措，为全国财政制度改革提供广东经验。比如，在推动政府购买服务改革中，广东早于2009年即在全国率先探索开展政府向社会组织购买服务改革，通过政府购买行业协会等六类社会组织服务的方式，转变政府投入模式，形成政府调控、市场调节、社会参与的格局。2014年，又进一步将政府购买服务对象扩大到事业单位和依法成立的企业、机构等社会力量。目前，政府购买服务在全省各地、各领域广泛开展，方式也呈现多样化特点，购买服务规模不断扩大，效果良好，为全国树立了榜样。在财政管理体制上，广东积极探索省直管县财政体制，并取得了宝贵经验，为其他地区开展类似工作进行了有益探索。

新时代谋求新发展，广东财政在"一带一路"和粤港澳大湾区建设，在推进基础设施互联互通、提升市场一体化水平、打造国际科技创新中心和构建协同发展现代产业体系等方面需要继续探索尝试，为中国乃至世界提供广东经验。

传统财政的三大职能分别是资源配置、收入分配及经济稳定和增长职能，现代财政制度的职能为保护性职能、生产性职能和再分配职能。保护性职能首先是保护公民的经济权利，如税收法定等；其次是社会权利，如社会保障支出等；最后是政治权利，如预算的直接和间接参与等。生产性职能主要是指财政收支会影响到经济发展。再分配职能强调通过个人所得税、转移性支出和财产税来实行收入和财富的再分配，通过预算、税收立法等手段影响居民间权利再分配。由此可见，现代财政制度的职能比传统界定的财政职能大大地得到拓展。

第二节　广东财政改革值得反思之处

作为改革开放排头兵的广东，在过去40年中，在传统财政向现代财政制度转型过程中取得巨大进步的同时，也暴露出了一些不足，值得我们反思。

一　区域发展不平衡不充分问题仍然未从根本上得以解决

党的十九大报告指出，中国特色社会主义进入新时代，我国社会主要矛盾已经转化为人民日益增长的美好生活需要和不平衡不充分的发展之间的矛盾。目前广东省综合实力已位居全国前列，但不同区域的发展差距仍然巨大，这将阻碍其率先全面建成小康社会目标的实现。2001年以来，广东省区域发展不平衡程度变化大致可以划分为两个阶段：第一个阶段（2001—2005年），区域发展不平衡总体情况在短暂小幅上升后下降，进而出现反弹，总体不平衡程度呈稳步上升趋势；第二个阶段（2005年至今），区域不平衡现象持续下降，2010—2011年又略有反弹。事实上，广东省各区域内部也存在着类似的不平衡现象。经过努力，区域发展不平衡程度已基本形成向下发展态势，在一定程度上说明广东省为缓解区域发展不平衡所实施的平衡区域经济发展战略及有关政策措施的效果从 2005 年起开始逐步显现，区域发展不平衡的情况也得到一定缓解，但效果仍不理想，区域差距仍然巨大。

2017 年，珠三角 GDP 占广东省 GDP 的 79.67%，粤东四市占 6.76%，粤西三市占 7.52%，粤北五市仅占 6.05%，粤东西北财政收入总量仅为珠三角财政收入总量的 14.2%，人均支出水平仅为珠三角人均支出水平的 40.4%，珠三角地区以 31% 的土地、53% 的人口创造了近 80% 的产出。这既是"奇迹"也是"问题"，反映出广东省全面实现小康的道路并不平坦。如何在经济发展的同时协调区域发展从而最终实现共同富裕，是改革开放四十年来值得深思的重要议题之一。

值得关注的是，广东省 2018 年预算报告中指出，在财政方面，要重点解决省区域发展不平衡和不充分的突出问题，因地制宜实施与区域发展定位相适应的财政转移支付制度，改变把粤东西北地区作为同类地区的思维定式，完善差异化的评价体系和转移支付标准；粤北贫困地区坚持生态优先，将绿色发展成效与资金分配挂钩，在考核指标中适当提高生态考核权重；东西两翼经济带则不断完善与产业发展和经济增长挂钩的激励型转移支付政策，力图将其打造成新的增长极；大力促进欠发达地区基本公共服务事业发展，缩小粤东西北地区与珠三角的基本公共服务水平差距；优化区域间产业布局，推动贫困地区和珠三角地区产业共建。

我国目前区域经济的不平衡问题仍然存在，不同地区的经济发展水平、人均财政收入、人均财富占有量等仍有较大差距。党的十九大报告指出，现阶段的主要矛盾已经转化为人民日益增长的美好生活需要和不平衡不充分的发展之间的矛盾，从区域协调发展角度看，广东的发展模式仍有改进的空间。如何从全局角度考虑并协调区域发展的不平衡，是新时代需要重点解决的问题。

二 财政支出绩效改革任重道远

公共资源配置的效率可以从两个层面分析：一是配置效率；二是运用效率，而绩效评价目的就是提高资源配置的合理性和资源使用的有效性。我国传统财政实践工作大多重视财政资金的分配,对资金使用的跟踪监督与绩效评价重视不够,容易导致资金使用浪费,并可能滋生腐败现象。财政支出绩效评价可以促进各级政府积极采取有效措施,不断提高财政资金的使用效益,使政府支出行为逐步规范化、科学化。

2003年广东省财政厅开始财政支出绩效评价试点工作,2004年广东省财政明确要求各部门在申报部门预算项目时树立绩效观念,申请项目都必须有绩效目标,并成立全国第一个省级财政支出绩效评价机构对重点项目进行评价。2011年开始进行第三方评价改革,2015年广东省人大常委会在全国率先委托第三方开展重大专项资金绩效第三方评价,将财政部门、主管部门和资金使用机构一并作为评价对象。

从评估结果来看,广东省资金的使用效益仍有待提高,绩效理念有待进一步加强,部分财政资金使用不规范、效益不理想的情况仍然存在。如2017年广东省财政厅组织的重点评价项目中,约26%的项目评价等级为中或低[1];部分项目审批流程长,资金沉淀市县;个别民生项目进展较为缓慢;预决算信息公开仍不够及时等问题依然存在。与其他省市相比,虽然广东省地方可支配的财力远超其他省市,但在众多领域投入所产生的乘数效应却大大低于东部其他省市,如科技、金融等领域的影响力落后于北京、上海和江苏等省市,这反映出广东省支出绩效仍有较大提升空间。

进入新时代,财政成为国家治理的基础和重要支柱,这要求财政绩效评价标准和角度也随之调整。例如,财政在支持民营企业拓展"一带一路"市场时,财政资金的绩效指标如何调整;当项目存在不确定性时,财政资金的投入风险评估等问题同样值得我们关注和反思。

实施绩效管理是建立现代财政制度的关键一环,也是提高国家治

---

[1] 数据来源:《广东省2017年预算执行情况和2018年预算草案的报告》。

理水平的重要保障。财政支出绩效评价不仅关系资金使用的合规性、基层政府监管的有效性，更重要的是指向财政决策的科学性与民主性，以追求公共财政的执行力和公信力的统一。提高广东省乃至全国的财政支出绩效水平，对于节约财政资金缓解供求矛盾，促进资源的有效配置，具有重要的现实和深远的历史意义。

财政作为党和国家事业的重要组成部分，是国家治理的基础和重要支柱。要实现和完成党的十九大确定的各项目标任务，财政肩负神圣使命和重大责任。新时代提出新要求，新任务需要新担当。广东财政不仅要为广东决胜全面建成小康社会，开启全面建设社会主义现代化新征程，实现"三个定位、两个率先"和"四个坚持、三个支撑、两个走在前列"的目标提供更有力的财政保障，更要继续发扬敢为人先的精神，勇于先行先试，大胆实践探索，继续在全面深化改革中走在前列，继续为全国提供"广东经验"。

广东要按照习近平总书记要求，进一步解放思想、改革创新，真抓实干、奋发进取，以新的更大作为开创广东工作新局面，在构建推动经济高质量发展体制机制、建设现代化经济体系、形成全面开放新格局、营造共建共治共享社会治理格局上，走在全国前列。

广东财政大事记（1978—2017年）

1978年

1月27日，《关于三种地方税留归地方及划留手续的通知》发布，自1978年1月1日起，屠宰税、车船使用牌照税、城市房地产税的税款收入全部留给县市地方财政，金库不计算收入分成。

3月21日，根据中央对广东省1978年继续实行"收支挂钩，总额分成"的财政体制，省对广州市、各地区（自治州）仍按"定收定支，收支挂钩，总额分成，一年一定"的办法。

9月8日，根据国务院颁发的《开展对外加工装配业务试行办法》，广东省有关企业从接受国外和我国港澳厂商来料加工之月份起，免征工商税和工商所得税三年。

1979年

7月15日，中共中央、国务院批转广东、福建省委关于对外经济活动试行特殊政策、灵活措施的两个报告，原则上同意两省对外经济活动实行特殊政策和灵活措施，给地方以更多的主动权，并决定先在广东的深圳、珠海两市划出部分地区试办出口特区。在中央对广东实行财政大包干情况下，广东在省以下根据各地实际情况相应确定"划分收支、分级包干""划分税种、核定收支，分级包干、一定五年"和"调整部分财政收入上交市的上交办法"等形式。

9月18日，《关于核定扩大企业自主权试点企业利润留成比例的通知》发布，在省属和广州、韶关等城市中选100户企业，扩大企业自主权,实行利润留成试点。

1980 年

是年,广东省先后发出《关于劳改企业实行财务包干的通知》《关于文教科学卫生等事业单位、行政机关预算包干试行办法》《广东省水产企业财务包干试行办法》《水利工程管理单位财务包干试行办法》《农林水事业单位预算包干试行办法》,从 1980 年起施行。

3 月 17 日,中国人民建设银行广东省分行从省财政局分出来,归口省财贸系统管理。各级建设银行由事业单位改为企业单位。

4 月 1 日,省财政局改称省财政厅,并从 1980 年 5 月 1 日起启用新印章。

5 月 5 日,《关于财政体制试行收支挂钩增收分成实施办法》颁发,1980 年试行"收支挂钩、增收分成"的办法。深圳、珠海市的财政体制按原办法暂不改变。广州市的财政体制另订。

7 月 22 日,《广东省国营工交企业财务体制改革意见(草案)》确定对企业分别实行"利润留成""利润包干上交""减亏分成""定额亏损和亏损总额包干"4 种办法。指定韶关市财政局在面上企业(不包括扩权试点单位和县级企业)进行试点。

7 月 29 日,省委、省政府在全省推广清远经验,确定 100 户国营工交企业进行扩大自主权试点。

8 月 1 日,省政府确定省对广州市的财政体制。从 1980 年起,试行"划分收支,分级包干"的体制,一定两年。收支范围除工商税收入全部缴省外,其他各项收支均按规定范围或指定项目分别确定市的固定收入和预算支出。财政收支包干基数,按既定的收支范围根据国家统一规定的计算原则,以 1979 年财政收入实际完成数、财政支出指标为基础,加上给市以适当照顾,确定地方固定收入留给市 82%,上交省 18%。

8 月 21 日,根据《关于分设税务机构问题的报告》,要求各地贯彻执行:广州市、海南行政区、自治州、各地区、市、县均应单独设置税务局与财政局,两局同属各级政府的工作部门。

1981 年

2月14日，《关于实行"划分收支，分级包干"财政管理体制实施办法（即分灶吃饭）》，自1981年起施行。

3月28日，省建工局试行独立经济核算，按固定利润率上交，自负盈亏。

4月25日，省属军工企业1981—1982年实行计划亏损包干。

5月28日，省外贸企业经营进出口商品从1981年1月1日起免征工商税。

7月16日，省冶金工业厅从1981年起至1985年，实行"利润包干上交、逐年递增、超收留用、一定五年"的办法。

7月21日，省电子工业局实行"利润包干上交，超收分成，一定三年不变"的办法。

8月12日，省出版事业管理局从1981年起，实行"利润包干上交，超收分成，一定三年"的财务体制。

8月13日，省物资局从1981年起，实行"利润包干上交，超收分成，一定三年"的财务体制。

8月18日，《关于对县、市财政实行超收分成的通知》规定，在划分收支、分级包干财政体制的实施基础上，对县、市财政实行超收分成。

9月8日，省一轻厅实行"全部利润留成，一年三定"的办法。

10月12日，省财政厅成立广州会计师事务所，受省财政厅领导，为独立的事业单位。

10月31日，省航运厅从1981年起实行"利润包干上交，超收分成，一定三年"的办法。

1982 年

2月20日，第一批扩权试点企业利润留成办法继续试行三年。

3月3日，确定广东省外贸"在财务上，实行省统一负责盈亏，分级核算，增盈减亏比例分成"的管理体制。

3月26日，《关于全省国营商业企业实行全额利润留成办法的通知》发布。

4月9日,《关于修订广东省省级水产企业财务包干试行办法》确定,1982年1月1日起,对省水产厅所属企业试行"独立核算,利润包干上交,亏损定额补贴,超盈减亏和超亏减盈分成,一年一定"的财务包干办法。

6月25日,省税务局召开全省税务工作会议,制定了广东省税务征收管理暂行办法。

1983年

1月,按照国家统一布置,对除军工、邮电等少数企业外的地方国营企业实行第一步"利改税"。

4月19日,省政府决定,海南行政区作为一级财政,实行"收支包干,定额补助,一年三定"的管理体制。

7月1日,国营企业流动资金由财政拨款改为银行贷款。

10月20日,建立财政支持山区困难县发展生产周转金。

1984年

1月1日,全国第一座实行"以桥养桥"收费还贷政策的桥梁东莞中堂大桥开始征费。

5月1日,《广东省预算外资金管理实施办法》,自1984年1月1日执行。

9月20日,《广东省行政事业单位会计制度》,从1984年10月1日起执行。

10月1日,对国营企业全面实行第二步"利改税",主要解决国家与企业之间的分配关系,财政管理体制暂不变动。

11月12日,《关于海关罚没收入列入市、县财政预算的通知》,海关罚没收入应交地方部分,从1985年起,列入市、县财政预算收入,按现行体制参与分成。

1985年

1月8日,对残疾人员个人从事劳务、修理、服务型业务取得的收入,从1985年1月10日起免征营业税。

4月19日，全省开征1984年度国营企业奖金税。

4月19日，根据国务院《关于实行"划分税种、核定收支、分级包干"财政管理体制的通知》颁发《关于我省财政管理体制改革的实施方案》，相应制定对各市、县实行"核定基数、定额上交、增收分成"或"核定基数、递增包干"以及定额补贴的财政体制。

6月1日，省财政厅根据梅县地区关于财政体制的报告，报经省政府同意，该地区从1985年起，对省统一包干。

1986年

3月3日，《广东省个体工商业户所得税施行细则》，自1986年1月1日起施行。

3月27日，《关于汕头经济特区有关税务、国库等具体管理问题的通知》，同意汕头经济特区设立特区金库，财政收入按原规定范围和现行财政体制规定，从1986年起4年内全部留用。

5月5日，财政部通知，对深圳、珠海、汕头和厦门四个经济特区的国内单位自筹建设投资，在1986—1990年内暂缓征收建筑税。

5月14日，省政府同意在撤区建乡（镇）政府的同时，建立乡（镇）财政所，作为同级政府的职能部门。

8月9日，《关于我省城市、农村征收教育费附件的有关规定》，城市自1986年7月1日执行，农村自1986年1月1日执行。

10月15日，我国政府部门颁发的关于国营企业股份化改革的第一个规范性文件——《深圳经济特区国营企业股份化试点暂行规定》出台并在一部分企业中试行。

12月25日，《广东省乡（镇）财政管理实施办法》，乡（镇）一级政府应建立和管理乡（镇）一级财政，并执行统一领导、分级管理的原则。

12月31日，《广东省房地产税施行细则》和《广东省车船使用税施行细则》，两税自1987年1月1日起开始征收，对非机动车船暂缓征收使用税。

1987 年

2月12日，省政府发出通知，从1月1日起，经营金融保险业务单位的营业税，作为省级预算收入，由省税务局直属分局负责征收管理。

5月12日，省政府批准，财政对47个山区县的技术改造贷款免息。

5月18日，广州市及市属县经营的其他金融单位缴纳的营业税，按现行省对该市财政体制参与总额分成。

5月20日，《关于深化改革增强企业活力若干问题的通知》，要求对大中型企业实行"基数利润照章纳税，超基数部分减税或比例分成""上缴税利递增包干""行业投入产出包干"等多种形式的承包经营责任制，并继续减免调节税；积极稳妥进行企业工资、奖金分配制度改革；进一步改革企业劳动制度和企业领导制度；开展横向经济联合等。

5月21日，国务院侨办、财政部联合发文规定，从1978年1月1日起，中国旅行社直属广东省中国旅行社的财务收支纳入广东省财政预算管理。

5月22日，省财政厅发出通知规定，各市、地、县经营的金融、保险机构缴入国库的营业税收入，实行与省四六分成的办法。

5月25日，省财政厅颁发《关于帮助补贴县实现财政自给的方案》，规定从1990年起开始，除少数民族自治州、县外，定额补贴县的定额补贴逐年递减20%，在1997年以后全部实现自给。少数民族自治州、县的定额补贴递增办法执行到1989年，从1990年起，定额补贴不再递增，也暂不递减。

5月30日，省政府决定，对大中型地方国营企业实行经营承包责任制。

9月8日，《广东省耕地占用税征收管理实施办法》自1987年4月1日起施行。

12月1日，深圳市政府在中国内地首次公开拍卖一块国有土地使用权，拉开广东土地使用制度改革、培育土地市场的序幕。

1988 年

10 月 1 日，开征进口卷烟专项调节基金。

1998 年起，中央对广东的财政包干管理体制，以 1978 年上交数为基数，每年递增 9%，一定三年。

是年，广东财政收入总额首次突破 100 亿元大关，达 107.5703 亿元。

1989 年

8 月 7 日，《广东省中外合资、合作经营企业中方投资者分得利润分配和管理实施办法》出台。

10 月 14 日，省财政厅决定从 1990 年起，恢复对国营华侨农牧场征收农业税。

12 月 11 日，省财政厅发文增设财政专项周转金。

1990 年

6 月 25 日，顺德、南海、宝安、新会、番禺、台山 6 县财政局负责人参加财政部召开的全国财政收入超亿元县的经验交流大会。

9 月 18 日，省财政厅经省编委同意设立国有资产管理办公室。

1991 年

3 月 4 日，广东省国有资产管理办公室正式挂牌办公。

是年，广东财政收入完成 177.35 亿元，第一次跃居全国首位。

1992 年

6 月 10 日，省政府批转《广东省社会养老保险制度改革方案》，广东社保改革制度化。

7 月 27 日，《广东省国有资产产权登记管理试行实施办法》印发。

12 月 31 日，省政府批示，广东的非贸易外汇管理工作归口财政厅负责。

是年，又有惠阳、廉江、花县、潮阳、普宁 5 个县的财政收入超亿元。

1993 年

6月,《广东省财政厅外经促产周转金管理办法》和《关于调整促产周转金借款占用费问题的通知》印发。

7月1日,全国实施国家颁布的《企业财务通则》和《企业会计准则》以及新的分行业财务会计制度。

是年,省税务局从省财政厅分出。

1994 年

1月1日,全国统一实行分税制的财政体制,中央停止对广东的财政包干。

1月31日,依照《中华人民共和国企业所得税暂行条例》,对省属国有企业统一改按33%的比例税率征收所得税。

2月2日,《广东省财政管理体制改革实施方案》出台,省对各市的原财政包干体制继续执行,待过渡期结束后再做相应调整。

5月12日,《广东省国有资产产权登记〈投资立案登记〉暂行规定》和《广东省国有资产产权登记〈产权变动立案登记〉暂行规定》出台。

11月5日,《关于加强国有企业产权转让管理的通知》发布。

1995 年

1月12日,广东省国有资产管理局(副厅级)正式挂牌成立,归省财政厅管理。

9月8日,省财政厅发文,落实收回原由建设银行代行的财政职能。

12月18日,《广东省分税制财政管理体制实施方案》出台,在保证市、县既得利益的前提下省对市、县财政取消包干。

1996 年

4月5日,《关于核定省对市分税制财政管理体制基数的通知》和《广东省财政转移支付实施方案》发布。

5月24日,《广东省省级财政周转资金信用评级试行办法》印发。

9月,依时完成国债发行任务,截至9月底,全省(包括深圳)

财政系统共发售国债 5.76 亿元，其中发售国库券 3.26 亿元，特种定向债券 2.50 亿元。

1997 年

2 月 20 日，《关于核定 1997 年第一批省与市县共享收入列支返还款的通知》发布。

9 月 3 日，《关于省级"拨改贷"资金本息余额转为国家资本金的实施办法》印发。

9 月 24 日，《广东省公路养路费和公路建设基金纳入财政预算管理实施办法》印发。

10 月 30 日，设立广东省环境保护专项资金，颁发《广东省环境保护专项资金使用管理办法》。

12 月 10 日，制定《省级预算外资金上缴财政专户及返拨操作办法》，加强对省直单位预算外资金额的"收支两条线"管理工作。

1998 年

8 月 4 日，《关于对社会保障经办机构经费实行财政预算管理的通知》发布。

8 月 6 日，《关于省社会保险管理局事业经费列入财政预算安排和社会保险基金实行收支两条线管理的通知》发布。

9 月 4 日，确定建立省级最低生活保障金，其保障对象是省级驻各地的国有企业单位中符合领取当地最低生活保障金的人员及其家庭，进一步完善了广东省最低生活保障制度。

10 月 14 日，《广东省省级行政事业性收费、政府性基金实行委托银行代收款办法的实施细则》印发，省级"收支两条线"管理工作进入一个新的阶段。

12 月 30 日，《广东省冶金集团有限公司国有资产授权经营实施方案》和《广东省铁路集团有限公司国有资产授权经营实施方案》印发。

1999 年

7 月 12 日，《广东省省级罚款收缴办法实施细则》印发，明确省级执罚单位实施罚款决定与罚款收缴分离的具体办法。

8月2日,《广东省城乡居(村)民最低生活保障制度实施办法》印发。

8月10日,制发《社会保险基金财务制度》。

2000 年

2月17日,不再保留国有资产管理局,其职能并入省财政厅。

3月6日,省文化厅、原省高教厅、省公安厅、省法院4个单位确定为细化预算试点单位。

8月30日,"广东省政府招标采购中心"更名为"广东省政府采购中心"。

9月20日,《广东省省级政府性基金预算管理办法并编制2001年省级政府性基金预算的通知》印发。

10月18日,《广东省国有企业绩效评价工作试点方案》印发,拉开了广东省开展国有企业绩效评价工作的序幕。

12月8日,《广东省社会保险经办机构扩面征收奖励暂行规定》印发。

12月12日,《关于省级教科文事业单位编制2001年预算的通知》,从2001年起,省级科教文事业单位实行细化预算编制。

2001 年

2月19日,《广东省预算审批监督条例》通过,于2001年5月1日起施行。

6月18日,省机构编制委员会办公室同意省财政厅设立国库处,与预算处合署办公。

6月21日,《广东省环境保护专项资金使用管理办法》印发。

7月18日,《广东省科技兴贸专项资金管理办法》印发。

8月29日,《广东省最低生活保障资金财政转移支付分配方案》印发,实施时间为2001—2002年两年。

12月26日,省机构编制委员会同意省财政厅单独设置国库处,并增加2个处级领导职数。

2002 年

9月2日,发布《关于进一步推进全省乡镇财政管理信息化建设工作的通知》。

11月4日,《关于省级单位财政国库管理制度改革试点工作有关问题的通知》批准同意省计委、省经贸等10个部门作为2003年省级单位推行财政国库管理制度改革试点单位。

11月7日,《广东省省级单位财政国库管理制度改革实施办法》印发。

2003 年

1月2日,"广东省财政厅国库支付中心"正式挂牌运作。

3月26日,"省政府采购中心"更名为"省政府采购管理办公室"。

5月7日,《广东省农村税费改革试点方案》通过。

6月19日,《关于实施第二批省级财政国库管理制度改革试点工作有关事项的通知》确定省级财政国库管理制度改革第二批共30个部门16个基层预算单位从2003年7月1日起实施改革试点。

6月30日,《中共广东省委、广东省人民政府关于开展农村税费改革试点工作的决定》,从2003年7月1日起,在全省范围内全面开展农村税费改革工作。

7月1日,省级财政国库管理制度改革扩大试点范围,新增30个一级预算单位,16个二级预算单位。

12月29日,《关于实施第三批省级财政国库管理制度改革试点工作有关事项的通知》,确定省级财政国库管理制度改革第三批共40个部门50个基层预算单位,从2004年1月1日起实施改革试点。

2004 年

2月初,省财政厅开通了省级部门预算查询系统,与省人大财经委员会联网,实现省人大代表对省级预算部门的收支情况、基本收支情况、项目支出情况及有关预算说明的自动查询和实施监督。

8月4日,《关于进一步扩大省级财政国库管理制度改革试点范围的通知》确定将省人事厅、地税局等22个省级一级预算单位纳入第四批国库集中支付改革试点范围。

8月5日，《广东省财政支出绩效评价试行方案》印发，探索和建立广东财政支出绩效评价制度。

10月1日，第四批22个部门开始实施国库集中支付改革试点。至此，省级实施财政国库管理制度改革试点单位范围扩大到103个部门共169个基层预算单位。

2005年

1月1日起，全省全面免征农业税，所有面对农民的行政事业性收费与集资均已取消。

4月15日，《2005年鼓励外经贸发展的若干措施》使全省各有关单位和企业及时掌握2005年省财政鼓励扶持外经贸发展的政策措施，更好地开展外经贸工作。

5月1日，省财政厅启动政府采购直接支付功能，基建资金模板、银行接口子系统，将在2006年1月1日正式启用。

5月，社会保险基金决算首次接受省人大常委会审议并获通过，在全国率先将社会保险基金的预算执行全过程纳入人大的监督管理职能之下。

7月1日，省级新增加118个预算单位纳入财政国库管理制度改革范围。

7月21日，《广东省县级国库集中支付制度改革实施意见》为县级国库的改革任务、机构设置、业务流程、支付方式、系统建设等方面，提供了明确的指导性意见。

10月1日起，省直行政事业单位公费医疗经费实行国库集中支付。

10月8日，《广东16个扶贫开发重点县农村免费义务教育试点实施办法》指出，从2005年秋季起，在16个扶贫开发重点县农村开展免费义务教育试点，由省财政预拨付免费义务教育的补助资金。

12月5日，省财政厅社会保障处增挂"省社会保险基金财政管理中心"牌子。

12月，广东省有400个省级财政预算单位纳入预算监督系统，资金范围包括通过国库集中支付的财政资金。

2006 年

1月1日，省级新增加215个基层预算单位纳入第七批扩大国库集中支付改革范围。

7月1日起，省财政厅对全省经济欠发达的14个地级市及江门恩平市的农村卫生站乡村医生给予补贴，每个行政村每年补贴1万元。

9月1日，从2006年秋季学期起，全省农村全面实施免费义务教育。

10月1日，全省有30个预算单位，正式纳入第二批省级财务核算系统集中监管改革试点范围。

截至12月31日，省直已有98家执收单位、1500多个执收点和6个地级市链接和使用"非税收入征收管理电子化系统"，系统代收网点已达4000个，代收金额达9.3亿元。

2007 年

1月12日，《广东省欠发达地区基础设施建设和经济发展专项转移支付资金管理办法》印发。

3月上旬，财政部正式批准广东省为财政国库动态监控改革试点省份。

3月29日，省政府采购管理办公室更名为政府采购监管处，并调整为行政机构，作为省财政厅内设机构；省世界银行贷款业务办公室更名为国际金融组织债务管理处（加挂省世界银行贷款业务办公室牌子），并调整为行政机构，作为省财政厅内设机构；省财政厅国库支付中心更名为省财政厅国库支付局，并调整为省财政厅直属行政机构。

4月23日，《关于开展乡财县管信息系统试点工作的通知》确定蕉岭等5县（区）作为广东省乡财县管信息系统试点工作单位。

10月8日，省社会保险基金财政管理中心举行挂牌仪式。

11月28日，省农业厅农村财务管理办公室现承担的农村财务管理有关职能划转到省财政厅，省财政厅增设"农村财务管理办公室"。

2008 年

4月22日，发布《关于减半征收城市和农村公共交通车船2008年度车船税的通知》。

5月14日，《广东省新型农村合作医疗基金财务制度实施办法》印发。

5月20日，《广东省新型农村合作医疗补助资金国库集中支付管理暂行办法》印发。

6月26日，发布《以财政手段支持欠发达地区加快形成经济新增长极的政策措施》。

9月17日，《广东省城镇廉租住房保障省级专项补助资金管理办法》印发。

11月26日，《省级财政专项资金竞争性分配绩效管理暂行办法》印发。

12月10日，《广东省扩大内需中央资金管理暂行办法》印发。

12月25日，转发《财政部、国家发展改革委关于公布取消和停止征收100项行政事业性收费项目的通知》。

2009 年

2月2日，《广东省省级国有资本经营预算试行办法》印发，省财政设立省国有资本收益专户，依法依规收取省级国有资本收益。

2月18日，由省政府批准组建的广东省中小企业信用再担保有限公司正式成立。

8月25日，《广东省2009年地方政府债券预算管理办法》印发。

2010 年

3月1日，《广东省实施〈中华人民共和国政府采购法〉办法》正式颁布实施。

3月18日，全省县（区）国库支付系统所有试点县（市）、区完成系统实施上线工作。

5月17日，发布《关于2010年在全省范围内启动预算执行动态监控工作的通知》。

7月15日，发布《广东省推进基本公共服务均等化横向财政转移支付资金管理办法的通知》。

9月29日，发布《关于开展省直管县财政改革试点有关事项的通知》。

10月25日，《广东省战略性新兴产业发展专项资金（省财政安排）竞争性分配评审办法》印发。

11月29日，发布《关于建立县以下政权基本财力保障机制的意见》。

12月23日，《广东省调整完善分税制财政管理体制实施方案》印发，新的分税制财政管理体制于2011年1月1日起正式实施。

2011年

6月1日，研究部署财政资金使用绩效引入第三方评价工作。

12月2日，省财政厅政务服务中心成立揭牌仪式。

2012年

2月16日，《2011年广东省基本公共服务均等化绩效考评实施方案》印发。

3月19日，广东省部分企业职工基本养老保险基金结余资金委托投资运营签约仪式在北京举行。

5月17日，《广东省扶持金融产业发展专项资金管理暂行办法》印发。

6月20日，《广东省省级培育发展社会组织专项资金管理暂行办法》印发。

8月10日，《广东省"十件民生实事"专项资金使用绩效评价暂行办法》印发。

11月1日，广东省"营改增"试点顺利启动。

2013年

7月19日，《广东省财政经营性资金实施股权投资管理操作规程（试行）》印发。

8月6日，省级财政预算计划管理和资金支付稽核系统完成开发，开始试运行。

9月17日，《2012年度广东省基本公共服务均等化绩效考评实施方案》印发。

10月12日，《广东省生态保护补偿机制考核办法》印发，完善国家级、省级重点生态功能区生态考核机制，并将考核结果运用于生态保护补偿资金分配。

10月23日，《关于压减省级财政专项转移支付扩大一般性转移支付意见的通知》指出，"压专项、扩一般"，增强市县理财自主权。

10月31日，《关于完善省级财政一般性转移支付政策意见的通知》在"保基础"转移支付比重不低于60%的同时，实行财政增量返还和协调发展奖，建立健全科学规范的省对市县一般性转移支付体系，激励引导地方加快科学发展。

12月24日，《关于整治超标配备公车和严格公车经费支出专项行动实施方案》印发，在全省部署开展整治超标配备公车和严格公车经费支出专项行动。

12月27日，《广东省省级财政资金竞争性分配管理办法（修订）》印发。

12月31日，《整治"三公"经费开支过大、严禁超预算或无预算安排支出工作方案和严格公务接待标准专项整治行动方案》印发，在全省组织开展"三公"经费开支过大、严禁超预算或无预算安排支出工作方案和严格公务接待标准专项整治行动。

2014年

5月14日，《广东省基本公共服务均等化规划纲要（2009—2020年）（修编版）》发布。

6月1日，经国务院批准，电信业在全国范围内开展营业税改征增值税试点。

6月4日，《广东省人民政府办公厅关于扩大基本公共服务均等化综合改革试点的通知》指出，广东省基本公共服务均等化综合改革试点地区范围扩大到江门市、阳江市、清远市。

6月17日，省财政厅通过门户网站等渠道发布国内首份地方政府债券信用评级报告——《2014年广东省政府债券信用评级报告》，2014年广东省政府债券获得AAA评级。

6月25日，《广东省人民政府办公厅关于开展省直管县财政改革第四批试点的通知》指出，乳源县、大埔县、陆丰市、廉江市、化州市、德庆县、连山县、连南县、新兴县9个县（市）纳入省直管县财政改革第四批试点范围。

7月14日，《广东省省级财政专项资金信息公开办法》印发。

7月22日，发布《关于开展2015年省级财政资金项目库管理试点的通知》。

8月8日，《广东省省级财政零基预算改革方案》印发。

8月28日，《广东省财政一般性转移支付资金监督检查办法》印发。

10月28日，《广东省深化财税体制改革率先基本建立现代财政制度总体方案》印发实施，明确了广东省新一轮财税体制改革的总目标、路线图和时间表。

11月11日，《关于开展广东省地方政府存量债务清理甄别工作的通知》部署广东省地方政府存量债务清理甄别工作。

12月9日，广东省财政国库集中支付电子化管理试点改革工作正式启动。

12月26日，《广东省省级财政专项资金实时在线联网监督管理办法》印发。

12月31日，《广东省省级培育发展社会组织专项资金评审管理办法》印发。

2015年

1月6日，《市级财政管理绩效综合评价方案（试行）》印发。

3月16日，《广东省权责发生制政府综合财务报告制度改革实施方案》获批转。

3月31日，《广东省乡镇国库集中支付制度改革实施方案》印发。

7月30日，《广东省人民政府办公厅关于开展省直管县财政改革第五批试点的通知》指出，从2015年7月起，翁源县、连平县、海丰县、雷州市、广宁县、惠来县6个县（市）纳入省直管县财政改革第五批试点范围。

9月23日，发布《关于公布广东省政府性基金目录清单的通知》。

11月12日，《广东省市县财政收入质量考核办法》印发。

11月16日，《广东省市县财政综合支出考核与转移支付挂钩暂行办法》和《广东省市县财政支出进度考核办法》印发。

2016年

1月8日，《广东省新增地方政府债券资金分配审批规程》印发。

2月2日，《广东省政府性债务风险应急预案（试行）》印发。

4月8日，《广东省PPP项目库审核规程（试行）》印发，明确了入库项目的类别、项目申报内容、审核标准、审核程序、结果运用等规定。

5月1日，广东全面推开"营改增"试点正式启动，建筑、房地产、金融和生活服务业试点纳税人172万户纳入试点范围。

6月30日，《关于实施资源税改革的通知》明确广东从7月1日起全面实施资源税改革，并公布了纳入改革的28个矿产资源品目及税率。

8月31日，《广东省省级财政专项资金管理试行办法》印发。

2017年

6月17日，《广东省基本公共服务均等化规划纲要（2009—2020年）》（2017年修编版）印发。

8月，《广东省财政支出绩效评价报告质量控制和考核指标体系框架（试行）》出台，设定三级考核指标，对第三方绩效评价报告进行质量考核。

10月10日，《广东省省级部门整体支出绩效评价管理办法》推进预算绩效管理改革，规范政府部门财政支出预算管理。

11月9日,《广东省新增地方政府债券分配管理规程》印发。
11月14日,《广东省财政厅全面实施绩效管理工作方案》印发。
12月18日,《广东省政府性债务风险应急处置预案》印发。

参考文献

安体富：《公共财政的实质及其构建》，《当代财经》1999年第9期。

安体富：《民生财政：我国财政支出结构调整的历史性转折》，《地方财政研究》2008年第5期。

陈韩晖、谢思佳：《广东国企新政》，《南方日报》2005年8月29日。

陈杰、孙晓艳：《广东国企"四力"实现新跨越》，《广东经济》2011年第7期。

陈少强、唐仲：《供给侧结构性改革背景下的税收政策》，《中国发展观察》2017年第1期。

陈钊、王旸：《"营改增"是否促进了分工：来自中国上市公司的证据》，《管理世界》2016年第3期。

程拔文：《论广东城乡一体化》，《农村研究》1994年第1期。

邓晓兰、黄显林、张旭涛：《公共债务、财政可持续性与经济增长》，《财贸研究》2013年第24卷第4期。

邓晓兰、黄显林、张旭涛：《公共债务可持续性研究理论与方法评述》，《重庆大学学报》（社会科学版）2014年第20卷第2期。

丁守海、沈煜、胡云：《供给侧改革与就业转换的三阶段论》，《教学与研究》2016年第3期。

高培勇：《"营改增"的功能定位与前行脉络》，《税务研究》2013年第7期。

郭研、刘一博：《高新技术企业研发投入与研发绩效的实证分析——

来自中关村的证据》,《经济科学》2011 年第 2 期。

国家社会科学基金《国有大中型企业实行股份制的前景、模式和途径研究》课题组:《企业股份制改革的新探索——深圳特区股份制试点调查》,《特区经济》1991 年第 2 期。

《广东省财政大事记:1949—1987 年》,广东省财政厅,1987 年。

广东省委党校"债转股"研究课题组:《广东"债转股"研究》,《广东经济管理学院学报》2003 年第 3 期。

广东财政年鉴编辑委员会:《广东财政年鉴》,经济科学出版社 2005—2017 年版。

广东省财政厅:《政务公开》,2018 年 1 月 30 日,http://www.gdczt.gov.cn/zwgk/。

黄速建、金书娟:《中国国有资产管理体制改革》,《经济管理》2009 年第 1 期。

柯卉兵:《分裂与整合:社会保障地区差异与转移支付研究》,中国社会科学出版社 2010 年版。

贾晓俊、岳希明:《我国不同形式转移支付财力均等化效应研究》,《经济理论与经济管理》2015 年第 1 期。

柯卉兵:《社会保障转移支付的公共经济学解析》,《当代财经》2010 年第 8 期。

李刚:《12 条措施探索新途径,广东让国企运营更规范机制更灵活》,《人民日报》2016 年 8 月 7 日第 2 版。

李岚清:《健全和完善社会主义市场经济下的公共财政和税收体制》,《人民日报》2003 年 2 月 22 日。

李万甫:《精准研判营改增效应的三个维度》,《税务研究》2017 年第 1 期。

黎旭东、岳芳敏:《广东财政制度变迁及其效应:政府建设与职能转型》,《财政研究》2007 年第 1 期。

联合国开发计划署:《中国人类发展报告 2007—2008:惠及 13 亿人的基本公共服务》,中国对外翻译出版社 2008 年版。

▶▶▶ 参考文献

林江：《公共财政面面观》，中国财政经济出版社2004年版。

林治芬：《社会保障资金管理》，科学出版社2007年版。

刘进：《广东首次发布珠三角城乡一体化指数》，《南方日报》2014年3月29日第A14版。

刘昆、肖学：《推进财政支出绩效评价带动绩效预算管理改革——兼谈广东财政支出绩效评价的实践》，《财政研究》2008年第11期。

刘尚希：《论民生财政》，《财政研究》2008年第8期。

倪红日：《营改增的供给侧结构性改革效应明显》，《税务研究》2017年第3期。

彭澎：《广东大部制改革：比较与思考》，《探索》2010年第2期。

乔彬彬：《面向绩效的预算改革实践评价——以广东省为例》，《发展研究》2007年第1期。

王桂良、张鹏发：《广东是怎样做好省属煤矿关闭转制工作的》，《中国经贸导刊》2000年第2期。

王凯辉、杨行建：《大胆试行社会主义股份经济——关于深圳股份制改革的调查报告》，《教学与研究》1992年第5期。

王丽娅、高丹燕：《广东省地方债务现状及风险分析研究》，《广东经济》2013年第2期。

王莹：《从"放权让利"到"制度创新"——以改革开放以来广东国有企业改革为例》，《红广角》2017年第z3期。

吴强、李楠：《我国财政转移支付及税收返还变动对区际财力均等化影响的实证分析》，《财政研究》2016年第3期。

向景、魏升民：《供给侧结构性改革对中小微企业税费负担的影响分析——来自广东省的问卷调查》，《税务研究》2017年第5期。

徐载娟、张丽娜、徐燕红：《广东省基本养老保险基金投资运营的现状及对策研究》，《现代经济信息》2016年第15期。

颜海娜：《评价主体对财政支出绩效评价的影响——以广东省省级财政专项资金为例》，《中国行政管理》2017年第2期。

杨莲秀：《政府部门在社会保障制度中的定位和职责——基于公共产

品理论》,《财会研究》2008 年第 20 期。

亦菲:《人大代表炮轰财政厅,啥叫民生》,《中国青年报》2008 年 1 月 22 日。

张劲夫:《股份制和证券市场的由来》,《百年潮》2001 年第 5 期。

张馨:《公共财政论纲》,经济科学出版社 1999 年版。

张馨:《论民生财政》,《财政研究》2009 年第 1 期。

招汝基、邓俭、允冠、杨文灿:《先行者的 30 年——追寻中国改革的顺德足迹》,新华出版社 2008 年版。

钟启权、李春洪:《广东省志(1979—2000)7 经济管理卷》,方志出版社 2014 年版。

钟阳胜:《深化改革,依法理财,建设法治财政》,《广东经济》2005 年第 10 期。

周婕:《转移支付的财政均等化效果的计量分析——基于广东省的实证研究》,《经济界》2011 年第 3 期。

邹宇静、李林:《新型城镇化背景下广东省城乡一体化水平测度与评价》,《南方农村》2017 年第 33 卷第 1 期。

Besancenot D., Huynh K., Vranceanu R.,"Default on Sustainable Public Debt: Illiquidity Suspectconvicted", *Economics Letters*, No. 2, Vol. 82, 2004.

Blanchard, Olivier J. Chouraqui, Jean-Claude and Hagemann, Robert and Sartor, Nicola, "The Sustainability of Fiscal Policy: New Answers to an Old Question", *NBER Working Paper*, No. R1547, 1991.

Caner, M., Grennes, T., Koehler-Geib, F., "Finding the Tipping Point—When Sovereign Debt Turns Bad", *World Bank Policy Research Working Paper 5391*, 2010.

Checherita C., "The Impact of High and Growing Government Debt on Economic Growth: An Empirical Investigation for The Euro Area", *European Central Bank Working Paper*, No. 1237, 2010.

▶▶▶ 参考文献

Checherita C., Rother P., "The Impact of High Government Debt on Economic Growth and Its Channels: An Empirical Investigation for the Euroarea", *European Economic Review*, No. 7, Vol. 56, 2012.

Herndon T., Ash M., Pollin R., "Does High Public Debt Consistently Stifle Economic Growth? A Critique of Reinhart and Rogoff", *Cambridge Journal of Economics*, No. 2, Vol. 38, 2014.

Mencinger J., Aristovnik A., Verbic M., "The Impact of Growing Public Debt on Economic Growth in the European Union", *Amfiteatru Economic Journal*, No. 35, Vol. 16, 2014.

Padoan P. C., Sila U., Van den Noord P., "Avoiding Debt Traps", *OECO Journal: Economic Studies*, Vol. 2, 2012.

Reinhart, Carmen M., Rogoff, Kenneth S., "Growth in a Time of Debt", *American Economic Review*, No. 2, Vol. 100, 2010.

延伸阅读

推进"一带一路"建设的财税协调机制研究[①]

【摘要】"一带一路"战略是我国加强与周边国家友好往来、扩大对外开放的重要国家战略。本文从"一带一路"的提出背景和战略定位出发,探讨了我国在推进"一带一路"建设过程中所面临的机遇和挑战,在此基础上重点分析了如何运用财税协调机制为"一带一路"的建设保驾护航,并给出了相应的政策建议。

【关键词】 一带一路　财税协调机制　走出去　自贸区

一　引言

2013年9月和10月,习近平主席在访问中亚和东南亚国家期间,先后提出关于建设"丝绸之路经济带"以及"21世纪海上丝绸之路"(以下简称"一带一路")的战略构想。2013年11月12日,中国共产党十八届三中全会通过的《中共中央关于全面深化改革若干重大问题的决定》中指出,要"加快同周边国家和区域基础设施互联互通建设,推进丝绸之路经济带、海上丝绸之路建设,形成全方位开放新格局"。2015年3月,国家发改委、外交部、商务部联合发布了《推动共建丝绸之路经济带和21世纪海上丝绸之路的愿景与行动》,对"一带一路"建设的基本原则、建设思路、合作重点以及合作机制等方面

[①] 林江、曹越:《税务研究》2016年第3期。

▶▶▶ 延伸阅读

的内容做出了进一步的明确。

无论是覆盖范围还是战略内涵方面,"一带一路"都具备很多其他区域经济合作无法达到的广度和深度。从地理范围上看,"一带一路"贯穿亚欧非大陆,涵盖区域十分广阔。其中,丝绸之路经济带以西安为起点,连通中亚、西亚,最终通向欧洲;21 世纪海上丝绸之路经济带则始于福建,从海上经我国多个沿海城市延伸至东南亚、南亚、印度洋以及地中海,与丝绸之路经济带形成了一个海上、陆地的闭环。从合作内容上看,"政策沟通、设施联通、贸易畅通、资金融通、民心相通"作为战略的重点内容,意味着"一带一路"追求多层次、多领域、多渠道、多样化的区域合作模式,涉及政治、经济、文化、外交等多个环节。如此广泛的战略内涵,决定了"一带一路"的建设必将遵循"以点带面,从线到片,逐步形成区域大合作"的发展模式。[1]

"一带一路"是当前国内外形势下我国实行全方位对外开放战略的必然要求。一方面,自国际金融危机爆发以来,全球经济整体仍处于低迷状态,经济政治格局不断调整变化,贸易保护主义再度抬头,国际贸易形势不容乐观。中国作为世界上 120 多个国家的第一大贸易伙伴,亟须通过采取新一轮的全方位对外开放战略,在新的世界经济格局当中,维护并拓展我国的利益。另一方面,区域经济一体化进程日益加快,经济全球化内容不断深入,以西方发达国家为主导的 TPP 和 TTIP 等区域贸易战略在覆盖范围、合作领域、合作深度等方面都达到了空前的水平。在此背景下,习近平主席提出"一带一路"倡议,不仅为欧亚地区的广大发展中国家和新兴经济体提供区域经济合作的平台,也将成为其经济发展的新契机。

站在国内的角度,一直以来,我国对外开放战略的实施主要集中在东南沿海地区,广大的中西部地区开放程度严重滞后。尽管我国实

---

[1] 习近平:《弘扬人民友谊,共同建设"丝绸之路经济带"——在哈萨克斯坦纳扎尔巴耶夫大学发表的演讲》,新华网,2013 年 9 月 7 日。

施了中部崛起和西部大开发战略,但是中西部地区与东南沿海地区之间的经济不平衡现象仍在加剧。而丝绸之路经济带以新疆为核心区域,以西北和东北地区为交通枢纽和开放窗口,21世纪海上丝绸之路则是将西南和中南部地区作为开放发展的新的战略支点以及重要门户。以上安排不仅有助于扩大我国对外开放的程度,激活中西部地区的发展潜力,同时也将促进我国区域经济的平衡协调发展。

然而我们也应该看到,"一带一路"倡议的实施在享有机遇的同时,也面临着诸多挑战。复杂的国际环境,战略实施中存在的各类风险,各国在发展水平、发展目标上的差异等,这些无一不是"一带一路"建设过程中的阻碍。本文拟从财税的角度出发,探讨如何运用财税协调机制,为"一带一路"倡议的顺利实施保驾护航。

二 "一带一路"倡议面临的机遇

(一) 中国企业"走出去"将缓解我国外汇储备管理难问题

通过开放来倒逼改革,是我国在当前国际市场上保持竞争力的重要途径。"一带一路"战略的出发点,就是通过全方位扩大对外开放领域,深层次丰富对外开放战略内涵,以中国为中心,以贸易和投资为渠道,将经济影响力逐步延伸至中亚、西亚、东南亚、欧洲和印度洋。一方面,反映了在新的历史条件下,中国所承担的国际社会责任;另一方面,"一带一路"战略通过为中国企业"走出去"提供重要平台,将促进我国外汇储备的有效利用。我国的外汇储备规模十分庞大,根据中国人民银行最新公布的数据显示,2015年11月,我国的外汇储备为3.44万亿美元。而这其中有很大一部分投资于美国国债,虽然近几年我国不断强调外汇投资多元化,并在一段时间内连续减持美国国债,但规模仍接近1.26万亿美元[①],占我国外汇储备的36.6%,这不利于我国外汇储备资产的保值增值,且易被美国"劫持"。而"一带一路"战略的实施,可以通过中国企业"走出去",达到促进外汇

---

① 数据来自美国财政部网站:http://ticdata.treasury.gov/Publish/mfh.txt。

▶▶▶ 延伸阅读

储备更有效利用的目的,缓解我国高额外汇储备管理难的问题。另外,国际金融危机爆发之后,我国实行了四万亿刺激经济计划,该计划所带来的过剩产能,也有望随着"一带一路"战略的实施得到一定程度的缓解。

(二)我国自贸区建设的不断推进,将成为"一带一路"战略实施的有效助力

目前,中国正在建设的自贸区已达20个,涉及32个国家和地区,已签署12份自由贸易协定,涉及20个国家和地区,中国的自贸易区战略已初具雏形。与此同时,中国与东盟自贸区、中国与韩国自贸区、中国与澳大利亚自贸区等国际贸易协定的实施步伐也在持续加快。为了能够顺利实现上述双边或多边开放的自由贸易区,中国采取了先单边对外开放自由贸易区的战略,希望通过体制创新和机制创新,为"一带一路"战略的实施提供良好的制度保障和政策支持,努力营造一个国际化、市场化的投资和营商环境。其中,上海自贸区自挂牌以来,一直以人民币资本项目下可自由兑换的先行先试为工作重点,试图为自贸区建设中的金融创新与风险监管积累相关经验。而广东自贸区以庞大的制造业体系为依托,有可能在全球先进制造业基地的建设方面寻求突破,从而助力"一带一路"战略的实施。可以说,我国单边对外开放的自贸区战略,实质上是"一带一路"总体战略的一个有机组成部分。

三 "一带一路"战略面临的挑战

(一)如何消除外界对"一带一路"的战略误解

"一带一路"贯穿亚非欧大陆,涉及沿线60多个国家和地区,这些国家和地区的经济、政治、文化发展情况各不相同,对中国倡议的立场和态度也存在差异。虽然有持赞成态度的,但疑惑、偏见、误解甚至敌意的立场也存在于一些国家和地区当中。尽管中国明确表示不谋求大国地位,"一带一路"所提倡的互联互通概念既不是"核心与边缘"的压迫关系,也不是"依附与被依赖"

的不平等关系,各国都是平等的参与者,是平等互利、合作共赢的"利益共同体"和"命运共同体"。但很多国家仍然存有战略疑虑,有些人甚至把"一带一路"看作新殖民主义和扩张主义战略。而国内外的学术界和媒体对于"一带一路"的过度解读,也加剧了这种战略误解。

"一带一路"战略建设强调的是开放式、多元化、全方位的国际经济合作新模式,这种模式以政治、经济、文化等方面的互联互通为合作框架,是建立在各国之间相互信任、充分认可的基础上的。因此,如何一步步细化"一带一路"的实施方案,如何消除其他国家的战略误解,也正是"一带一路"建设在当今复杂动荡的国际形势下需要面临的挑战。

(二) 如何应对战略实施过程中的经济风险、安全风险和制度风险

推进"一带一路"建设,有助于我国经济结构调整和产业转型升级,有助于人民币国际化和金融改革的稳步推进,有助于中国企业"走出去",对经济和财税体制改革将起到积极作用。但与此同时,"一带一路"战略的实施,也将伴随着众多的经济风险、安全风险和制度风险。

1. 经济风险

2015年,中国各省出台了"一带一路"项目对接方案,各地方公布的"一带一路"拟建、在建基础设施规模已达到1.04万亿元,其中,铁路投资近5000亿元,公路投资为1235亿元,机场建设投资为1167亿元,港口水利投资超过1700亿元[①],"一带一路"建设呈现出一定的项目过度化迹象。然而,如此庞大的投资规模面临着资金从哪里来、能否落地、投资是否安全等一系列的问题,都需要相应的对策加以解决,否则"一带一路"将面临项目泡沫化的风险。

除此以外,在中国经济下行压力加大的背景下,一些地方政府将"一带一路"看作最大的一根稻草,希望以此来振兴当地经济。然而,

---

① 付碧莲:《7%之后的政策风》,《国际金融报》2015年4月20日第1版。

▶▶▶ 延伸阅读

短期内"一带一路"的实施仍将以贸易和基础设施建设为主,对国内消费的拉动作用十分有限,因此难以彻底解决中国的长期增长问题。如果将过多的希望寄托在经济欠发达的沿线国家,则容易引发经济转型迟缓的风险。①

2. 安全风险

"一带一路"战略在加强我国与周边国家往来,促进区域经济合作的同时,也面临着巨大的安全风险。传统安全风险方面,如大国之间地缘政治的博弈,领土、岛屿的争端,区域内个别国家的政局动荡等。非传统安全风险方面,恐怖主义、网络安全、能源安全、粮食安全、气候变化、重大传染性疾病等,以及全国性挑战不断增多。②

可见,"一带一路"的建设所需面临的是复杂的国际大环境以及动荡的区域小环境。美国在经济、政治、文化等各个领域的干扰,俄罗斯方面所持的谨慎态度及其地缘政治家的顾虑,导致了复杂的国际大环境;而欧亚大陆之间缺乏政治互信,恐怖主义、能源安全等问题频频发生,区域政治安全形势扑朔迷离,极其不稳定,则构成"一带一路"所处的动荡的区域小环境。因此,如何应对复杂的国际和区域形势,是"一带一路"战略实施将要面临的巨大挑战。

3. 制度风险

"一带一路"所强调的开放式多元化经济合作模式,需要沿线各国在制度设计、建立和管理上达成一定的共识。然而从目前来看,"一带一路"所涉及的国家在法律制度、财税制度、管理制度方面都存在较大的差异,在会计规则、市场准入规则等方面更是千差万别。虽然我国已同130多个国家签订了双边投资保护协定,所签署的避免双重征税协定业已达到101个③,然而由于缺乏有效的跨境税收管理

---

① 马昀:《"一带一路"建设中的风险管控问题》,《政治经济学评论》2015年第4期。
② 习近平:《迈向命运共同体,开创亚洲新未来——在博鳌亚洲论坛2015年年会上的主旨演讲》,《人民日报》2015年3月29日。
③ 数据来自国家税务总局网站:http://www.chinatax.gov.cn/n810341/n810770/index.html。

机制为企业提供良好的制度保障，使得企业被迫重复纳税的现象时有发生。这一方面增加了企业"走出去"的风险和成本，另一方面也打击了部分企业的积极性。因此，如何进行"一带一路"中的制度建设，在一对一合作的同时，展现多边合作体系下的领导责任的合作机制，也是中国在推进"一带一路"实施过程中面临的重要挑战。

（三）在各国贫富差距日益明显的背景下，如何利用各国自身比较优势，寻求互利共赢之路

目前，"一带一路"沿线各国贫富差距日益明显，标准化的市场准入规则、货币规则远远无法满足各国对发挥自身比较优势、拓展经济发展空间的迫切需求。因此，急需一种创新的合作模式为不同发展水平、资源禀赋、社会制度的国家提供合作平台，"一带一路"倡议的提出则提供了一个良好的契机。不同于国际上已有的几个"丝绸之路"计划版本，"一带一路"并非制订者最大化自身利益的思路和蓝图，而是强调通过政策沟通、设施联通、贸易畅通、资金融通、民心相通，兼顾各国的现实和长远利益，寻找彼此间利益的共同点，以体现"一带一路"开放包容、和平发展、平等互利、合作共赢的理念。但落实到具体工作中，则需要沿线国家充分发挥自身比较优势，着力解决投资贸易便利化问题，促进贸易转型升级，拓展相互投资领域，探索投资合作新模式。这不仅是中国在进行"一带一路"相关制度建设时需要考虑的难点问题，同时也是所有沿线国家需要面临的巨大挑战。

四 利用财税协调机制，应对挑战和风险

如何充分把握机遇，同时有效应对风险和挑战，是目前"一带一路"建设工作的重中之重。本文从财税的角度出发，对"一带一路"推进过程中财税协调机制的建立，提供了政策建议。

（一）财税政策应更好地服务于"走出去"的中国企业

"一带一路"战略的实施，为中国企业"走出去"提供了良好的机遇。然而，企业在"走出去"的过程中，也面临着信息安全、投资

▶▶▶ 延伸阅读

风险等方面的问题。因此,在财税政策的制定上,应强化税收对参与"一带一路"企业的服务,着力降低企业"走出去"的风险,为其在境外的投资和发展提供保护。

首先,应完善财政补贴制度,加大对"走出去"企业前期调研的补贴力度。目前,我国针对企业境外投资的财政补贴只有对外经济技术合作专项资金一种,主要是资助企业获取投资项目过程中发生的相关费用,且力度相比发达国家要小。因此,应加大对企业境外投资的调研补贴力度,帮助企业在"走出去"的前期获取更多有效信息,避免盲目投资。

其次,应建立具有引导性税收优惠政策。"一带一路"的实施在为地方经济发展创造机遇的同时,也对地方产业结构调整提出了新的要求。因此,税收优惠政策应从产业的角度出发,重视高新技术产业、先进制造业和现代服务业,给予这些企业"走出去"更多的优惠,以达到促进地方产业结构调整、产业转型升级的目的。

最后,要提高税收管理和纳税服务水平。建立公共信息服务平台,进行相关国家税收制度、征管制度、执法和服务等动态情况的收集和公布,为"走出去"企业提供信息支持;提高基础信息管理、申报管理、凭证管理的办税服务效率,必要时可通过开展税企座谈、一对一指导、走访调研,为企业提供个性化服务和适时跟进服务,减少企业负担,维护税收权益。

(二)充分利用自贸区在财税创新方面的优势,让自贸区建设成为"一带一路"建设的有效助力

"一带一路"建设的顺利实施,需要我国不断扩大对外开放进程,提升自身竞争力与国际接轨,而上海自贸区和广东自贸区建设作为我国新一轮改革的重点内容,在投资管理机制创新、财税制度创新等方面,都具有先行先试的优势。因此,应加快推进上海自贸区和广东自贸区在人民币自由兑换、金融创新等方面的先行先试工作,助力"一带一路"战略的实施。

在投资管理机制方面,应探索建立负面清单管理模式,改革境外

投资管理方式，创新外汇管理体制；在财税制度方面，应借鉴我国港澳地区和市场经济发达国家的税收制度，建立税收改革试验示范区，以制度化创新代替政策性优惠，构建以直接税为核心的现代税收制度；在税收征管方面，要以专业化管理、信息化管理为基础和支撑，提高税收征管效率，简化征税工作流程，以提高纳税遵从度和纳税人满意度；在纳税服务模式的创新上，要与产业转型升级的整体目标相契合，设计科学合理的宣传、落实和反馈机制，建立以纳税人为中心的服务体制。

（三）建立跨境税收管理体制，为"一带一路"建设提供制度保障

跨境税收管理体制的建立，旨在避免双重征税，防止偷税漏税，降低我国"走出去"企业的税收成本，同时为实现沿线各国管理体制的互联互通提供制度基础。

第一，推进跨境企业税收的规范化、专业化管理。从税收征管模式入手，规范申报流程，强化信息收集，形成专业化的跨境税收管理模式；搭建信息共享平台，设立跨境税收管理机构，实施全程税收监管；建立健全跨境投资税收管理制度，加强税源监管，强化申报机制，坚持常规管理与重点管理相结合的管理办法。

第二，提高税收信息获取能力。加快与沿线国家税收协定的谈判、修订，加强信息互换、监管互助，提高税收情报的交换利用频率与效率，充分掌握跨境企业的税收情况，建立跨境税收管理信息数据库。

第三，构建跨区域协调机制。在现有的双边和多边合作基础上，完善合作机制，创新合作方式，加强重大项目的规划和对接，全面建立"一带一路"跨区域协调机制。

（四）完善国内统筹机制

在"一带一路"的推进过程中，中国不仅要处理好与沿线国家之间的关系，同时要加强国内统筹，理顺政府与企业、中央与地方之间的关系，统筹各地方、各部门的项目规划方案，进行合理分工，资源有效配置，为与沿线国家展开合作提供可靠的国内对接平台。

▶▶▶ 延伸阅读

在政企关系方面,要注重政府对企业的引导和服务作用。政府应通过外交先行和合作机制的构建,为企业"走出去"提供良好的内部和外部条件,在提高企业"走出去"积极性的同时,要引导其按照市场规则守法诚信经营,强化企业社会责任意识和可持续发展意识;企业作为"一带一路"战略实施的基础组成部分,需要在"走出去"的过程中,落实我国"亲诚惠容"的理念,树立良好的企业形象,为"一带一路"经济合作的可持续性打下坚实基础。

在处理中央政府与地方政府的关系方面,中央政府需要做好顶层设计工作,在宏观层面加以规划,强化内部统筹与协调,鼓励不同地区充分发挥自身比较优势,构建"一带一路"优势互补格局;地方政府则需要加强对"一带一路"战略的正确理解和认识,利用自身比较优势,理性进行"一带一路"建设项目的对接,避免"一哄而上"和恶性竞争。

(五)建立风险管控机制

"一带一路"沿线国家经济发展水平各异,市场经济体制不成熟,跨境投资制度不完善,营商环境复杂,部分国家国内政局动荡,投资风险较高,这些都严重制约着我国与"一带一路"沿线国家之间经贸合作的顺利展开。2005年至2014年上半年,中国在"一带一路"沿线国家投资失败的大型项目数量为32个,占中国投资失败的大型项目总数的24.6%;在"一带一路"投资失败的项目金额达560.2亿美元,占中国投资失败的大型项目金额的23.7%。[1]

因此,应针对"一带一路"沿线国家建立相应的风险评估机制,从投资环境、财税制度、经济结构、政治环境等多个角度对当地投资风险进行评估,并发布"一带一路投资安全指数";同时,建立相应的风险预警机制、风险管理机制和风险应急机制等,确保风险可控,为国内企业降低海外投资风险、提高"一带一路"相关项目投资成功率提供参考。

---

[1] 王永中:《中国对一带一路沿线国家投资风险评估》,《开放导报》2015年第4期。

（六）科学运用PPP模式，让"一带一路"建设中的财政支出发挥杠杆效应

基础设施互联互通是"一带一路"建设初期的重点内容，也是其他几项互联互通的实现基础。然而，"一带一路"战略参与主体众多，各国之间基础设施建设不平衡，跨境大型基础设施建设资金缺口严重，虽然有亚投行、丝路基金、金砖国家银行以及上合组织开发银行作为融资来源，但上述融资渠道目前所能提供的融资规模同样有限，远远无法满足跨境基础设施建设对资金的需求。因此，"一带一路"建设不仅要发挥公共资本的引领和带动作用，更要充分调动社会资本的积极性。

PPP模式作为一种政府和社会资本合作的模式，将政府主导的基础设施及公共服务领域向社会资本开放，为社会资本创造了市场空间。它不仅有助于减轻财政压力，发挥财政支出杠杆效应，弥补资金不足，其意义更在于提升公共产品的管理效率和资本的配置效率。因此，在推进"一带一路"建设的过程中，应重点考虑采用PPP模式，构建PPP模式的法律保障体系，培养相关专业人才，完善风险共担机制，针对跨境基础设施投资以及国内重点项目清单，出台PPP项目库等。

五 结论

"一带一路"是我国扩大对外开放水平的重要战略，其实施和推进在享有机遇的同时，也面临着风险和挑战。实行有助于企业"走出去"的财税政策，充分利用自贸区在财税改革方面先行先试的优势，建立跨境税收管理体制，完善国内统筹机制，建立风险管控机制，科学运用PPP模式等，将有助于降低风险，为"一带一路"战略的顺利实施保驾护航。

参考文献：

[1] 习近平：《弘扬人民友谊，共同建设"丝绸之路经济带"——在哈萨克斯坦纳扎尔巴耶夫大学发表的演讲》，新华网，2013年9月7日。

[2] 付碧莲：《7%之后的政策风》，《国际金融报》2015年4月20日第1版。

▶▶▶ 延伸阅读

[3] 马昀：《"一带一路"建设中的风险管控问题》，《政治经济学评论》2015 年第 4 期。

[4] 习近平：《迈向命运共同体，开创亚洲新未来——在博鳌亚洲论坛 2015 年年会上的主旨演讲》，《人民日报》2015 年 3 月 29 日。

[5] 王永中、李曦晨：《中国对一带一路沿线国家投资风险评估》，《开放导报》2015 年第 4 期。

[6] 黄剑辉、李洪侠：《"一带一路"战略视阈下我国区域经济的协调发展》，《税务研究》2015 年第 6 期。

[7] 李向阳：《构建"一带一路"需要优先处理的关系》，《国际经济评论》2015 年第 1 期。

[8] 贾康、林竹、孙洁：《PPP 模式在中国的探索效应与实践》，《经济导刊》2015 年第 1 期。

[9] 张云华、缪慧星：《完善财税政策支持我国企业"走出去"》，《财政研究》2012 年第 7 期。

[10] 陈建奇：《从外汇储备视角审视"走出去"战略》，《国际贸易》2013 年第 9 期。

[11] 张明：《直面"一带一路"的六大风险》，《国际经济评论》2015 年第 4 期。

[12] 林江：《"一带一路"战略面临的机遇》，《南方日报（封二观点）》2015 年 4 月 7 日。

现代财政制度下的预算制度改革[①]

【摘要】预算制度成为新一轮旨在实现国家治理现代化对接的财税体制改革的重要内容，是现代财政制度的基础。在现代财政制度的基本框架下，与国家治理体系和治理能力现代化相匹配的预算制度改革方向是在预算的决策编制、审查批准、执行调整和监督评估等全过程实现法定、绩效、公平等全方位的耦合和统一。本文针对我国预算制度改革存在的现实约束，分别从法治、民主和绩效三方面提出改革措施。

---

① 林江、姚翠齐：《财政监督》2018 年第 9 期。

【关键词】 现代财政制度　预算制度改革　绩效管理

一　引言

改革开放四十年，我国由计划经济体制向市场经济体制逐步过渡，财政制度随着经济体制的转变实现由生产建设型财政向公共财政基本框架的跨越，有效地推进了从人口大国到经济大国再到世界强国的现代化进程。回顾改革开放的整个进程，财税体制改革在众多领域的改革和发展中占据相当重要的地位。财政制度涉及经济、政治、文化、社会、生态、政党和国防等各个领域，在全面深化改革中具有"牵一发而动全身"的作用。有效的财政制度安排是处理好政府与市场、政府与社会以及各级政府间关系的制度基础，也是国家治理的经济基础，更是释放社会治理发展潜力的重要政策手段。自党的十八大以来，财政制度改革面临着新时代新要求，被赋予了现代化的新内涵，整个财政领域的关注从公共财政聚焦到现代财政。2013年11月，党的十八届三中全会《中共中央关于全面深化改革若干重大问题的决定》（以下简称《决定》）明确指出，"财政是国家治理的基础和重要支柱，科学的财税体制是优化资源配置、维护市场统一、促进社会公平、实现国家长治久安的制度保障"，全新定位了财政在国家治理中的重要位置。《决定》指出，深化财税体制改革，建立现代财政制度。这是首次明确将构建现代财政制度作为我国今后深化财税体制改革的目标方向，其主要内容包括："完善立法、明确事权、改革税制、稳定税负、透明预算、提高效率，建立现代财政制度，发挥中央和地方两个积极性。要改进预算管理制度，完善税收制度，建立事权和支出责任相适应的制度"，强调"全面规范、公开透明的预算制度是我国现代财政制度的一个重要组成部分"。2014年6月，中共中央政治局召开会议，审议通过了《深化财税体制改革总体方案》，进一步明确了改进预算管理制度、深化税制改革、调整中央和地方政府间财政关系三大改革任务。2015年政府工作报告要求把改革开放扎实推向纵深，推动财税体制改革取得新进展。其中在改进预算管理制度方面，提出"实行全

▶▶▶ 延伸阅读

面规范、公开透明的预算管理制度,除法定涉密信息外,中央和地方所有部门预决算都要公开,全面接受社会监督。提高国有资本经营预算调入一般公共预算的比例。推行中期财政规划管理"。2016年政府工作报告要求加快财税体制改革,"各级政府要坚持过紧日子,把每一笔钱都花在明处、用在实处"。2017年政府工作报告要求,深化重要领域和关键环节改革,继续推进财税体制改革。"深入推进政府预决算公开,倒逼沉淀资金盘活,提高资金使用效率,每一笔钱都要花在明处、用出实效。"习近平总书记在党的十九大报告中指出,要"加快建立现代财政制度,建立权责清晰、财力协调、区域均衡的中央和地方财政关系。建立全面规范透明、标准科学、约束有力的预算制度,全面实施绩效管理。深化税收制度改革,健全地方税体系"。2018年政府工作报告进一步要求在深化财税体制改革中"全面实施绩效管理,使财政资金花得其所、用得安全"。

综观中央对构建现代财政制度的部署措施,预算制度成为新一轮旨在实现国家治理现代化对接的财税体制改革的重要内容,是现代财政制度的基础[1],预算制度改革的内涵随着时势要求而逐渐深化和发展。财政作为庶政之母、邦国之本,要推进国家治理体系和治理能力现代化,需要发挥政府预算对财政资金的配置作用。规范的政府预算,不仅可以有效控制政府支出规模和国家治理成本,还能提高政府支出绩效和国家治理能力。在现代化的国家治理体系下,预算制度无疑是现代财政制度的基石,是国家治理的重要载体,也是将"权力关进制度的笼子"的有效载体。同时,当前财税体制改革要蹚过"深水区",也离不开公共预算对公共资源的配置作用,以及在国家治理过程中的财政资金管理能力。当经济增长放缓、财政收入增速趋缓,而公共需求增加、财政支出负担加重时,低效的预算制度安排更难以满足以更低的成本提供社会公共服务的要求。预算收支的压力将会推动财政制

---

[1] 楼继伟:《建立现代财政制度》,《人民日报》2013年12月16日。

度变革、重塑国家治理模式以满足现实需求①。我国财税体制改革作为重要领域和关键环节改革之一,有力推动了政府职能发生深刻转变,市场活力明显增强,社会治理能力逐步提升。但是,财税体制在改革深化推进的过程中,财政运行自身也面临着不少挑战。近年来,我国财政收入增速趋缓,结构性矛盾显露,具体表现为收支矛盾凸显、收支结构错位、财政支出效率低和政府债务隐患重重等问题。这导致了深化财税体制改革的动力不足,难以保证财政制度为整个国民经济发展和社会治理现代化提供坚实的财税保障,甚至可能触压我国金融财政风险的底线。由于当前我国经济社会运行包括财政活动所面临的是结构性问题,并不能依靠简单的"增收减支"来解决,而是需要从更深层次的机制设计和制度安排上对整个财政收支活动进行结构性优化,即预算制度改革。

因此,本文将在现代财政制度的基本框架下,重点探讨预算制度改革,具体阐释以下几个问题:在现代化语境下,预算制度改革的内涵和方向是什么?我国推进预算制度改革存在着哪些现实约束?为构建与国家治理体系和治理能力现代化相适应的现代财政制度,预算制度改革又应如何突破这些约束?

二 现代财政制度下的预算制度改革方向

在全面深化改革背景下,对于预算制度改革要走向何方的问题,必然要考虑新时代大背景下的目标要求。明确改革的总目标,才能确定建立具有何种特征的预算制度。党的十八届三中全会确立了"全面深化改革"的主题,提出了"推进国家治理体系和治理能力现代化"的改革总目标,现代财政制度的构建为推进国家治理体系和治理能力现代化提供重要的财力保障与政策抓手。作为建立现代财政制度的基础和核心,怎样的预算制度安排才能符合国家治理体系和治理能力现

---

① 陈治:《国家治理转型中的预算制度变革——兼评新修订的〈中华人民共和国预算法〉》,《法制与社会发展》2015年第2期。

▶▶▶ 延伸阅读

代化的新要求?

首先,国家治理体系和治理能力现代化的改革总目标为建立现代财政制度指明了改革方向,拓展了财政职能。我国正处于社会转型期,社会组织不断发展壮大,日益成为我国社会生活不可或缺的组成部分,因此国家治理的主体将逐渐由政府与市场构成的二分法结构演变为政府、市场与社会的三分法结构[1]。在这一社会转型时期,日渐多元化和复杂化的权利意识与社会诉求对治理提出了新的挑战,需要国家治理发挥主导作用。要统筹和协调政府、市场与社会三者的关系,国家治理体系和治理能力现代化的基本要义应是纵向上下互动、横向合作协商,其目标是社会公正,手段是民主机制,核心工具是法治[2]。这意味着,相比于公共财政,现代财政制度需要关注日益发展的社会组织,通过对社会组织有效管理处理好政府与市场的关系,既要保证促进经济发展的经济治理,又要实现维护社会稳定公平的社会治理。20世纪80年代末,从生产建设型财政向公共财政转型是为了与社会主义市场经济体制相适应,而21世纪初由公共财政向现代财政发展则是让财政收支安排与国家治理体系和治理能力现代化相适应,促进经济社会持续稳定健康发展。因此,现代财政制度的改革方向应是法治化、民主决策和社会公正,财政职能也相应地有所拓展。根据马斯格雷夫在《公共财政学理论:公共经济研究》(1959)中对市场经济国家财政职能的界定,传统的财政职能分别是资源配置、收入分配和稳定经济。传统的财政职能没有考虑财政要延伸至社会治理领域的现实要求。相比于传统的财政职能,现代财政制度下财政职能拓展为保护性职能、生产性职能和再分配职能。保护性职能首先是保护公民的经济权利,如税收法定等;其次是社会权利,如社会保障支出等;最后是政治权利,如预算参与、财政决策征询机制等。生产性职能主要是指财税政策等对经济增长的调控功能。再分配职能强调通过个人所得税、转移

---

[1] 周克清、马骁:《现代国家治理与财政制度建设的价值追求与实现路径》,《经济学家》2014年第10期。

[2] 同上。

性支出和财产税等实行收入和财富的再分配,通过预算、税收立法等手段,影响居民间权利再分配,从而促进社会公平公正。重新定义的三大财政职能充分覆盖了现代财政制度对法治化、民主性和公正性的价值追求与改革方向。预算制度作为现代财政制度的基础,在机制设计上也应当满足对法治化、民主性和公正性的价值追求;同时,作为现代财政制度的重要组成部分,也应当与税收制度、财政支出制度、政府间财政关系相配合形成一个系统规范的财政体系,从而使得现代财政制度的三大财政职能可以有效履行,促进政府、市场与社会三者的协调治理,推进国家治理体系和治理能力现代化的进程。因此,在现代财政制度的框架下,与国家治理体系和治理能力现代化相匹配的预算制度改革方向是在预算的决策编制、审查批准、执行调整和监督评估等全过程实现法定、绩效、公平等全方位的耦合和统一。

(一) 预算制度的法治化是发挥财政保护性职能的约束规范

财政的保护性职能主要是保护公民的经济、政治和社会权利。公民权利必须得到法律法规的规范和保障。政府预算是政府受社会公众的委托,对其缴纳的税收和其他资源进行财政年度计划提供公共产品和服务的过程,涉及有限的公共资源和权益的政治权威性分配。这就要求法律对其政治过程进行规范和约束,才能使得财政资金运行中公民的经济、政治和社会权利得到最基本的保护。预算制度的法治化要求预算编制、审批、执行和评估等所有环节都做到有法可依,遵循法定程序。首先,预算编制法治化必须具备三个显著的标志:一是完整性,政府全部收支包括一般公共预算收支、政府性基金预算收支、国有资本预算收支、社会保险基金预算收支、政府性债务、税式支出以及准财政活动等[1],均纳入"一本账"实行全口径管理。二是准确性,政府预算必须据实编制,将政府收支预算决算数额的偏离度保持在适度范围内[2]。三是细节化,预算报告内容除了完整准确,还应当信息

---

[1] 王秀芝:《从预算管理流程看我国政府预算管理改革》,《财贸经济》2015 年第 36 卷第 12 期。

[2] 同上。

▶▶▶ 延伸阅读

具体,支出内容细化。即财政账本不仅要让公众看得见,还要让公众看得懂。预算编制只有做到以上三个要求,才能使得预算监督真正发挥作用。其次,预算审批法治化要求人大预算权规范化,审查程序保证正义性、规范性和有效性,切实保证人大预算审批的独立性。再次,预算执行法治化体现在约束刚性,所有通过的预算方案必须严格遵从和执行,不得随意改变和调整,确实需要调整变更的必须经过法定的授权和审核批准。预算执行的刚性约束是预算法治化的保障。最后,预算监督法治化最主要的特征是公开透明。随着经济社会的发展,公众对财政透明度的呼声越来越高。预算公开透明为社会公众提供一个渠道,用来监督政府是否履行将税收等收入用在公共产品和服务的承诺。预算透明公开可以将财政职能、目标和手段置于可供评判与修正的体系框架中。这不仅可以保障纳税人知情权和参与权等政治权利,还可以减少行政成本,优化支出结构,增强政府执政的公信力。

(二)预算制度的绩效管理是发挥财政生产性职能的关键

财政的重要职能之一就是经济治理,以财税政策为抓手对宏观经济进行调控。当经济不景气时,政府可以通过实施财政赤字,扩大预算支出规模,刺激总需求;当经济过热时,政府可以通过压缩预算支出,抑制总需求。预算收支的引导性安排,同样可以调节产业结构,例如减少对产能过程部门的投资,引导产业结构优化升级。但是,根据现代市场经济理论,政府应当尽可能不去干预市场。要想做到不扭曲市场经济资源配置效率,政府就应当提高预算支出效率。绩效管理成为现代财政制度和国家治理现代化对预算制度的核心要求。绩效管理的目的是提高公共资源配置的合理性和公共资源使用的有效性。绩效管理要求从重视财政资金的分配转向重视对财政资金运用过程和结果的跟踪控制、绩效评价以及将评估结果作为新一轮预算资金分配的依据。在财政资金的配置和使用过程,重点不再只是对收支平衡状态的控制,更重要的是对预算支出和政策效果的考究,提出了财政决策必须科学和民主的要求。财政资金的使用效率提高了,财政收支矛盾就将得到缓解,不再囿于收支平衡而陷入预算执行"顺周期"的调控困境，从而有利于依法治税，以及发挥财政政策逆周期调控作用。

（三）预算制度的公平原则是发挥财政再分配职能的内在要求

财政再分配职能的主要目的是实现社会公平，这也是国家治理现代化的最终目标。预算制度同样要遵循公平原则。政府预算通过立法规定的形式对税收等财政资金进行配置，保障社会公众对教育、医疗、社会保障等方面的需求，这也是政府参与财富再分配的重要表现。预算制度的公平原则体现在两个方面：一是基本公共服务均等化。预算支出应当使社会成员获取社会公共产品和服务具有普遍性和公平性。二是预算支出以民为本。预算支出不仅要体现对弱势群体的帮助和照顾，还要切实做到"取之于民，用之于民"。

三 我国推行预算制度改革的现实约束

与国家治理体系和治理能力现代化相匹配，现代财政制度下的预算制度改革方向应是以社会公平为原则，实施绩效管理，以法治和民主为手段实现预算编制、审批、执行和监督等全过程的公开化、有效性和科学性。但是，目前我国预算制度改革在法治化和民主治理的道路上，仍存在不少现实障碍。

（一）预算管理水平不高

虽然当前财政预算部门逐渐改变了以往"把钱分下去"的思维定式，越来越意识到要让有限的资金发挥更大的效益，但是要实施绩效管理仍存在人员和技术上的欠缺。一是专业化程度不够。实时绩效管理，不仅要收集大量基础资料，还要非常专业的分析、测算和评估技术。当前我国相关的从业人员的专业程度仍有待提高。二是前期工作难度大。我国预算绩效管理试点时间并不长，由于缺乏基础信息资料，绩效评价的标准要做到科学化、规范化仍是一个非常大的挑战。三是官僚作风、行政低效。我国各级地方政府仍然或多或少地存在着机构臃肿、行政低效的现象，官僚主义的组织结构势必会排斥绩效管理的模式。四是财政风险管理意识不强。实施绩效管理需要相应的风险报告和披露制度，对财政风险进行及时全面的甄别和控制。

▶▶▶ 延伸阅读

（二）法治与民主的制度文化缺失

一是民主化程度不高。目前，我国社会公众的参与意识和民主意识比较淡薄，政府部门的行政透明度也相对较低，民主决策的制度环境并不存在。社会公众要参与到预算管理过程中较为困难。二是法治水平不高。我国的社会人际关系网是以血缘和人情为本位的，历史文化遗留下"公法毁而私情行"的人治模式具备较强的路径依赖。这就导致规则退居次要地位，法治化之路也是骑虎难下。

（三）支出绩效评价自身存在缺陷

绩效评价指标体系的构建是实施预算绩效管理的核心，也是财政管理界公认的世界难题。一是政府执政目标多元化。政府统筹兼顾政治、经济、社会政策等多元目标的追求，与明确的绩效指标选择、绩效目标设定问题存在冲突。二是公共支出绩效难以衡量。公共支出与私人支出的最大不同在于产出结果难以测量。公共支出带来的社会福利往往难以用金钱等单位去计量，也很难让纳税人直接有效参与支出评价，并规范政府行为。此外，公共产品与服务的成本和收益都具有外部性，难以用市场机制进行定价评估，不同部门的成本收益测算也无法在统一标准下以统一口径进行统计测量。三是绩效评价恐沦为"数字游戏"。绩效评价除了准确性的要求，还有真实性的要求。在唯政绩论下，预算执行单位将可能以绩效评价之名搞"数字游戏"，失去绩效评价的题中应有之义。

四 现代财政制度下的预算制度改革措施

（一）落实预算法的实施

预算制度的法治化是发挥财政保护性职能的重要保障，是预算制度改革的重点。预算法作为经济领域最为重要的法律，有"经济宪法"之称，其修订与完善是预算法治化的重要突破口。2014年8月31日，我国颁布《中华人民共和国预算法修正案》（以下简称《预算法修正案》），国务院和财政部也相继颁布与《预算法修正案》配套的法规，分别对地方政府性债务管理、深化预算管理制度改革、权责发生制政府综合财务报告制度改革、中央对地方转移支付制度改革以及中期财政规划管理等做出了相关意见或决定，旨在为2020年实现现代财政制度建立基本框架。2015年6月24日，国务院法制办公布《预算法实施条例（修订草案征求意见稿）》，听取公众的意见。《预算法修正案》自2015年1月1日起实施，它存在许多亮点：突出预算的全面完整，实现四本预算的全覆盖；突出预算的公开透明，对预算公开信息的内容和时间作出具体规定；突出预算的法治性，强化预算权力的分权制衡；突出预算的年度性，建立跨年度预算平衡机制。但是《预算法修正案》在实际执行中存在不少障碍。预算法实施不能落到实处，预算法治化也只能是纸上谈兵。因此，预算制度改革要实现法治化的目标，必须落实预算法的实施。

  一是突出人大预算监督的权威。预算权的分配过程要强化对政府预算权力运行的制约和监督，形成以人大为核心的预算权运转体系，落实人大的预算编制参与权，明确人大的预算修正权，增加人大的预算否决权，补正人大的预算分项审批权以及细化人大的预算质询权[①]。二是对政府预算权进行规范化和程序化。建立一个专门的、权威的预算编制机构来整合财政部门和准预算部门的预算编制权，改变我国预算编制权碎片化的现象，形成编制权高效运转的资源分配程序，提高资源配置效率，增强方针落实力度。三是预算法以及配套方案法规应该进一步全面化、细节化和规范化。例如，在实现全口径预算管理上，应该明确政府的具体收入和支出，统一各地方四本预算的范围，才能使全国各地的四本预算具有可比性，使得预算监督落到实处；明确一些重要概念的具体范围和内容，尤其是一些涉及具体操作的概念。例如，《预算法修正案》要求人大对政府"重点支出"的调减进行预算调整的审批，但没有给出"重点支出"的具体范围和内容，也没有明确"重点支出"哪个层次上的调减是需要人大审批的。这就会导致预算部门在执行过程和人大在审批过程中对这一部分的把握模棱两可或

[①] 蒋悟真：《中国预算法实施的现实路径》，《中国社会科学》2014年第9期。

▶▶▶ 延伸阅读

出现分歧。预算公开的信息和内容应该具有可读性,只有监督者真正读得懂、看得明,监督才有意义。否则,预算公开的只是一份份文件累加起来的数字,其具体内容并没有真正公开给社会公众,公民的知情权也只是流于形式。

(二) 落实预算的民主治理

引入公民的直接参与、质询和监督等实现预算的社会治理。目前我国是一个税收国家,纳税人意识到是他们在养国家,要求参与预算治理的社会诉求越来越强烈。因此,预算过程应引入公民协商、参与和监督,例如向社会专业人员和机构收集预算执行的反馈意见,以听证会的形式组织社会公众就相关政策进行磋商,构建社会公民对政府预算执行绩效的反馈机制、政府对社会公民关于预算执行状况质疑的回应机制以及预算执行参与过程中的信息对流机制等。落实预算的民主治理,关键还是政府部门的"主动"。一是主动创新预算公开形式。利用互联网技术对政府预算实行实时在线联网监督,方便各方对政府的账本进行实时监督。二是主动拓宽预算公开信息。以财政透明度领跑全国的广州市为例。广州市财政局于2008年10月将本级114个单位的部门预算挂到网站上供公众下载;2012年上半年,广州市41个政府部门在官网上首次公开2010年"三公"决算,同年11月,广州各政府部门按照统一时间公开决算,首次单列出公众关注的"三公"费用;2013年8月,广州市所有区县及职能部门完成"三公"的公开,10月,"三公"公开范围在全国首次实现全口径公开,其中包括市委、市人大、市政协、法院和检察院等部门;2014年10月,市政府序列和非政府序列的100余部门晒账,并统一链接到市政府网站上,首次要求政府部门公开非税收入、公积金和会议费等;2015年2月,广州市人大预算委员会成立,成为全国第一个预算委员会;2015年10月,广州各部门公开工资福利支出、基本工资、办公费、对个人和家属的补贴、离休费,甚至水电费都在一张表上反映出来。三是主动接受社会舆论监督。预算部门应该主动接受媒体采访等社会舆论监督,以信息公开催生监督,以舆论监督倒逼政府信息的进一步公开。只有掌握预算行使权的一方主动公开账本，社会公众才有途径去了解预算信息。但是仅开放途径是不够的。我国公民的民主意识一直不强，参与预算治理的主动性并不强，这就需要政府的积极主动引导。四是主动对预算监督的反馈信息进行回应。要引导社会公众参与预算监督，除了对财政预算的全流程公开，更重要的是让社会公众意识到自己的参与会实实在在地影响到政府决策和社会治理。例如，对于重大项目的财政绩效审查工作，可以邀请组织财政绩效评审专家与重大项目的负责人进行对谈，并录制成视频在政府网站上公开，以便社会公众通过专家画龙点睛式的解读，全面了解财政资金的绩效。相应地，包括财政厅预算处在内的部门负责人应对绩效评价结果做出回应，让公众充分了解相关的绩效评价是会影响下一年度部门预算的。这样才能充分体现公众和社会舆论在财政监督领域所发挥的作用。

(三) 落实预算的绩效管理

预算绩效管理的最终目标应是实现绩效预算。绩效预算是一种以目标为导向、以项目成本为衡量标准，以业绩评价为核心的预算管理方法[①]，要求在预算编制、执行、监督的全过程中更加关注预算资金的支出效率，激励政府部门做到"少花钱多办事出实效"。因此，要落实预算的绩效管理，首先必须将绩效管理嵌入预算管理，实现两者的有机结合。第一，推动预算绩效全过程管理。着力抓好预算绩效管理中的目标管理、绩效监控、绩效评价、结果应用四个重点环节，构建"事前绩效审核、事中绩效督查、事后绩效评价及结果应用"预算绩效管理框架。第二，以财政支出绩效评价为重点，将绩效管理融入预算编制、审批、执行和监督等预算全过程，对预算管理实现全面的绩效管理。其次，重点建立政府预算绩效评价制度。实施预算绩效管理的核心问题，是对财政支出进行系统动态的、系统的绩效评价。绩效考核必须建立一个具有多重价值标准、多向

---

① 袁星候：《政府预算：理论分析·改革述评·过程比较：兼以广州案例为主的实证考察》，广东经济出版社2008年版。

▶▶▶ **延伸阅读**

维度以及多元评估主体的绩效指标体系，对政府支出绩效做出科学合理的评价，依靠民意进行考评成为非常重要的方式。因此，一方面，必须提供详细的、可操作性的、看得懂的绩效评价指标，鼓励公众的参与和监督，人大代表和公众看得懂政府钱花得怎样、取得的效果如何，将更有热情和动力参与监督，这也将促使预算更加公开透明；另一方面，应有一个评估预算绩效的法定机构，既依靠公众又重视专家评审，科学地组织项目收益评估活动[①]。同时，将绩效评价结果与预算资金分配挂钩，提高绩效评价结果的利用率。最后，绩效评价加入风险预警指标。预算资金不仅要花得其所，用有实效，还要用得安全。探索实行数据分析预警，将财政专项资金申报、评审、分配、拨付、使用、监督、评价等全流程信息共享到预算联网监督系统，建立数据库、设计模型和预警指标。对预算支出执行、转移支付资金拨付、重大专项资金拨付、部门"三公"经费支出等方面存在或者可能存在的问题进行预警或者提示，对查询中发现的重大问题，按照联网监督工作的有关规定，组织开展专项调查，督促相关部门进行整改，确保资金使用安全。通过信息化保证科学化，从源头上减少财政支出风险的发生。

参考文献：

[1] 陈治：《国家治理转型中的预算制度变革——兼评新修订的〈中华人民共和国预算法〉》，《法制与社会发展》2015年第2期。

[2] 蒋悟真：《中国预算法实施的现实路径》，《中国社会科学》2014年第9期。

[3] 楼继伟：《建立现代财政制度》，《人民日报》2013年12月16日。

[4] 李燕、王宇龙：《论绩效预算在我国实施的制度约束》，《中央财经大学学报》2005年第6期。

[5] 王秀芝：《从预算管理流程看我国政府预算管理改革》，《财贸经济》2015年第36卷第12期。

---

① 李燕、王宇龙：《论绩效预算在我国实施的制度约束》，《中央财经大学学报》2005年第6期。

[6] 袁星候：《政府预算：理论分析·改革述评·过程比较：兼以广州案例为主的实证考察》，广东经济出版社 2008 年版。

[7] 周克清、马骁：《现代国家治理与财政制度建设的价值追求与实现路径》，《经济学家》2014 年第 10 期。

基于 VAR 的财政支出与经济增长关系研究——以广州市为例[①]

【摘要】 改革开放以来，我国财政发展与经济增长取得了举世瞩目的成就。财政支出与经济增长之间的关系，一直以来都是研究中国经济增长的学者关注的重要内容，由于各种原因，研究结论仍存在争议。鉴于此，本文以广州市为例，在回顾其经济发展和财政发展的基础上，利用向量自回归模型（VAR）对其改革开放以来 1978—2016 年的财政支出规模和经济增长数据进行实证分析。研究发现，财政支出与经济增长互为格兰杰因果关系，财政支出的冲击对经济增长具有一定的影响。因此，广州可以在提高财政支出规模的同时优化财政支出结构，实现新时代下高质量高水平发展的夙愿。

【关键词】 财政支出　地区经济增长　VAR 模型

一　引言

改革开放四十年来，广东取得了一个又一个历史性的突破。2017 年，广东全年地区生产总值接近 9 万亿大关，同比增长 7.5%，占全国 GDP 的 10.5%。广东 GDP 总量自 1989 年开始已经连续 29 年位居全国内地第 1 位，2017 年的 GDP 总量甚至直逼在世界经济排名第 11 位的韩国。同样，广东财政从 1992 年开始就稳居全国财政的排头兵地位，财政收入的增长也是可持续的。2017 年，

---

① 林江、王琼琼、姚翠齐：《财政监督》2018 年第 12 期。

▶▶▶ 延伸阅读

广东省财政收入已经达到11315.21亿元,是全国唯一一个财政收入进入万亿元级别的省份。广州市作为广东省的省会城市,其发展也是令人瞩目的。

广州作为广东省省会城市和改革开放的前沿阵地,敢为人先,先行先试,助力广东成为全国第一经济大省和财政大省,自身的财政发展和经济增长也取得了巨大的成就。2017年,广州GDP总量突破2万亿元,增长7%,成为全国第四个突破2万亿元的城市;广州财政收入1533亿元,增长10%,财政收入在全国城市排在第8位。与此同时,广州财政支出也一直在增加,2017年发布的《广州市财政改革与发展第十三个五年规划》指出,"十三五"期间,广州全市一般公共预算支出9500亿元。2018年1月召开的广州市委十一届四次全会更是为新时代的广州描绘了更加宏伟的蓝图,"面向2020年,要高质量高水平全面建成小康社会,建设实力广州、活力广州、魅力广州、幸福广州、美丽广州;展望2035年,要奋力建成社会主义现代化先行区;到本世纪中叶,全面建成中国特色社会主义引领型全球城市"。实现高质量发展成为新时代广州的必然选择,而高质量高水平的发展离不开广州财政支出的有力支持。在此背景下,探讨广州财政支出对经济增长的作用,就显得十分迫切。

财政支出与经济增长间的关系,一直是学术界研究的重要内容。大部分的研究都认为,财政支出对经济增长有促进作用。但是具体到财政支出的具体项目,在财政支出结构与经济增长间的关系上,学术界仍存在争议。国外研究中,有学者将财政支出分为生产性财政支出(投资性支出)和非生产性财政支出(消费性支出),他们的研究认为二者对经济增长的作用不同,生产性财政支出的确可以促进经济增长,但并不一定越多越好,存在一个最优状态,如果生产性支出比例过高,对经济增长的边际效应反而变为负的，从而阻碍经济增长[1]。进一步地，众多学者又将财政支出细分为公共支出、基础设施投资支出、教育支出、国防支出、医疗卫生支出等，对不同国家不同地区不同内容的财政支出与经济增长间关系进行了丰富的研究，结论也不尽相同。

　　国内诸多学者对国内财政支出和经济增长间的关系也进行了研究。庄子银、邹薇对1980—1999年中国财政支出的总量及结构与GDP间的关联进行了计量分析，认为在政府财政支出不断增加的过程中，由于"调整成本"（含与公共支出相关的安装和调配成本、寻租和"非生产性寻利"造成的社会福利损失）的存在以及"调整成本"的增加，对经济增长存在负作用。张明喜、陈志勇对改革开放后1978—2003年的财政支出和经济增长数据利用最小二乘法估计得出，我国财政支出对经济增长有促进作用，未来仍应加大财政投入。彭志文、郭路从居民福利最大化角度沿用Romer的分析框架对财政支出结构进行理论分析，认为财政支出存在一种最优结构，不同支出对经济增长的促进作用不同，相比于科教领域的支出，政府在公共资本领域的投入更能促进经济增长。唐小鹏、孙静、赵彬和戴东阳利用VAR模型对1952—2008年我国政府财政开支中的国防支出、科教文卫支出和政府行政管理支出三种具有非生产性特征的财政支出进行分析。研究发现，中国国防开支并不会损害经济增长，反而对经济增长具有积极作用，应当适当增加国防开支。石奇、孔群喜对中国1979—2008年生产性公共支出以及三次产业国内生产总值的研究发现，对生产性领域投入的增加有利于优化资源配置，从而促进经济增长。陈高、王朝才对中国1990—2012年的省级财政支出数据进行研究，认为中国各地区的财政支出对经济增长都有促进作用，但是不同地区的促进作用有所不同，建议政府因地制宜地采用差异化财政支出政策。潘文卿、范庆泉和周县华通过构建一个包含两种政府财政支出的内生增长模型，对中国

---

[1] Shantayanan Devarajan, Vinaya Swaroop, Heng-fu Zou, "The Composition of Public Expenditure and Economic Growth," *Journal of Monetary Economics*, 1996.

▶▶▶ 延伸阅读

2000—2012 年的县级和地市级财政支出数据分别进行回归分析,研究发现中国政府支出中的消费性财政支出与经济增长间存在倒"U"形关系。

由此可见,国内外关于财政支出与经济增长间关系的研究非常丰富,虽然因为研究对象、数据以及分类标准不同,得出了不同的结论,但对本文的研究仍然具有积极的指导意义。从这些研究中可以看出政府财政支出对于经济增长来说,并不是一个简单的外生变量,公共财政支出对经济增长的具体作用仍有待进一步研究挖掘。以往研究多集中在国家层面和省级层面,本文将研究对象定格到市级层面,以广州市为例,在国内外研究的基础上,对广州市财政支出与经济增长间的关系进行深入探讨,并在此基础上,结合广州市高质量发展的要求,对广州财政如何支持广州经济高质量发展、如何更好地服务于人民和企业,给出了相关的政策建议。

二 改革开放以来广州市财政收支与经济增长

改革开放以来,从总量上来说,广州地区生产总值和财政收支总量逐年攀升,屡创新高,呈现不断增长的态势;从相对量来说,广州财政支出占 GDP 的比重维持在 6.3% 到 10.9%;从财政支出结构上来说,近四十年财政支出结构也发生了比较大的改变,经历了数次调整,财政支出结构统计口径有所变动,数据在连贯性上存在一定的缺陷与不足,2007 年前后数据难以从具体支出类进行比较。

(一) 改革开放以来广州地区生产总值规模

改革开放至今,按可比价格计算,广州市 GDP 总量 1979—2016 年平均每年增长 13.3%[①],从 1978 年的 43.09 亿元,以年均 13.3% 的增长率达到了 2016 年的 19547.44 亿元,2017 年 GDP 总量已经突破 2 万亿元。由图 1 可知,广州市人均 GDP 的增长态势与广州市 GDP 总

---

① 数据来源:广州统计年鉴 2017。

量的增长态势十分相似，2016 年的广州市人均 GDP 达到 141933 元，是 1978 年人均 GDP（907 元）的 156 倍多。

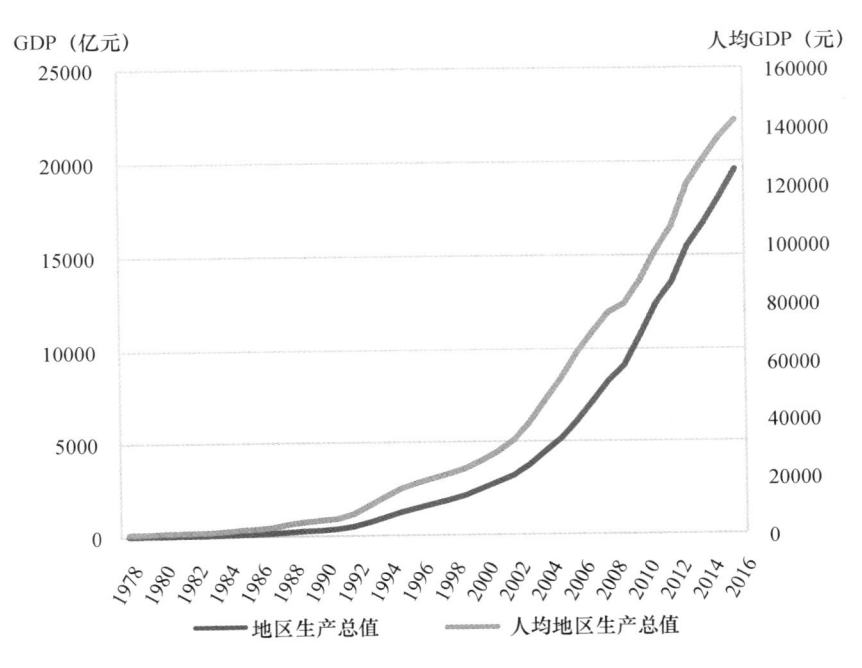

图1 广州市1978—2016年GDP总量和人均GDP

（二）改革开放以来广州一般公共预算收支①规模

1978 年改革开放以来，广州市财政收入和财政支出都得到了巨大的发展。由图 2 中广州市历年一般公共预算收支规模可见，1978—1993 年间，广州市一般公共预算收入持续稳定增长，并且一直多于一般公共预算支出，处于财政收支盈余的状态。1994 年分税制实施之后，广州一般公共预算收入的增长落后于一般公共预算支出的增长，一般公共预算支出在 1994 年开始高于一般公共预算收入，这种状态维持至今。一方面，因为分税制对广州财政收入产生了一定的冲击；另

---

① 财政收支包含一般公共预算收支和基金收支，本文中仅分析一般预算收支，以此代指财政收支。

▶▶▶ 延伸阅读

一方面，因为深化改革开放的需要，广州市加大了各个领域的财政支出。

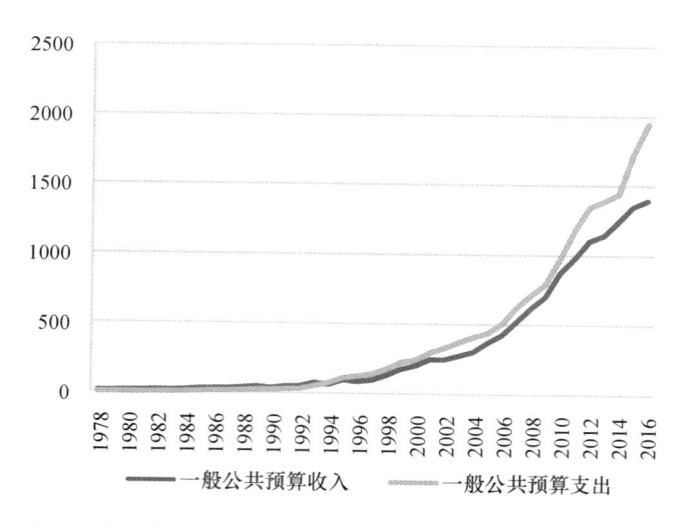

图2 广州市1978—2016年一般公共预算收支规模（亿元）

（三）改革开放以来广州一般公共预算支出占GDP的比重变化

改革开放以来，广州市一般公共预算支出占GDP的比重维持在6.3%到10.9%，其中，1986年广州市一般公共预算支出占GDP的10.91%，是近年来的最高比例；1992年广州市一般公共预算支出占GDP的6.31%，是近年来的最低比例；1995年以来，广州市一般公共预算支出占GDP的比重一直在8%以上（见图3）。

（四）2007年以来广州市一般公共预算支出结构变化

2007年之前，广州市财政支出分为一般预算支出和基金预算支出。一般预算支出又分为基本建设支出、企业挖潜改造资金、科技三项费用、流动资金、支援农村生产支出、农业综合开发支出、农林水利气象等部门的事业费、工业交通等部门的事业费、文体广播事业费、教育事业费、科学事业费、卫生经费、税务等部门的事业费、抚恤和社会福利救济费、行政事业单位离退休经费、社会保障补助支出、行政管理费、公检法司支出、城市维护费、政策性补贴支出、专项支出

· 328 ·

图3 广州市1978—2016年一般公共预算支出占GDP的比重（%）

以及其他支出等。2007年，为了与国际接轨，我国对政府预算科目进行了改革，突出了小政府、大服务的市场经济理念。由于统计口径的改变，使得2007年前后的财政支出分类数据难以比较，数据间连贯性受损。学术界对一般公共预算支出结构的分类并不统一，如陈天祥、赵慧（2016）将财政支出分为经济建设性支出、社会服务性支出和维持性支出，还有其他学者将财政支出分为生产性支出和非生产性支出。但是，2007年之前的一般公共预算支出结构中有生产性属性强的基本建设支出，2007年之后该项支出被分解到多种具体支出中，难以准确区分每项支出是否属于生产性支出，且与之前年份的基本建设支出数据也不再具有可比性。因此，我们按照《广州统计年鉴》中关于财政支出的分类，筛选出2007年之后均有连续性记录的11类支出，描述性地分析2007年至今广州市一般公共预算支出结构变化情况，如图4所示。

▶▶▶ 延伸阅读

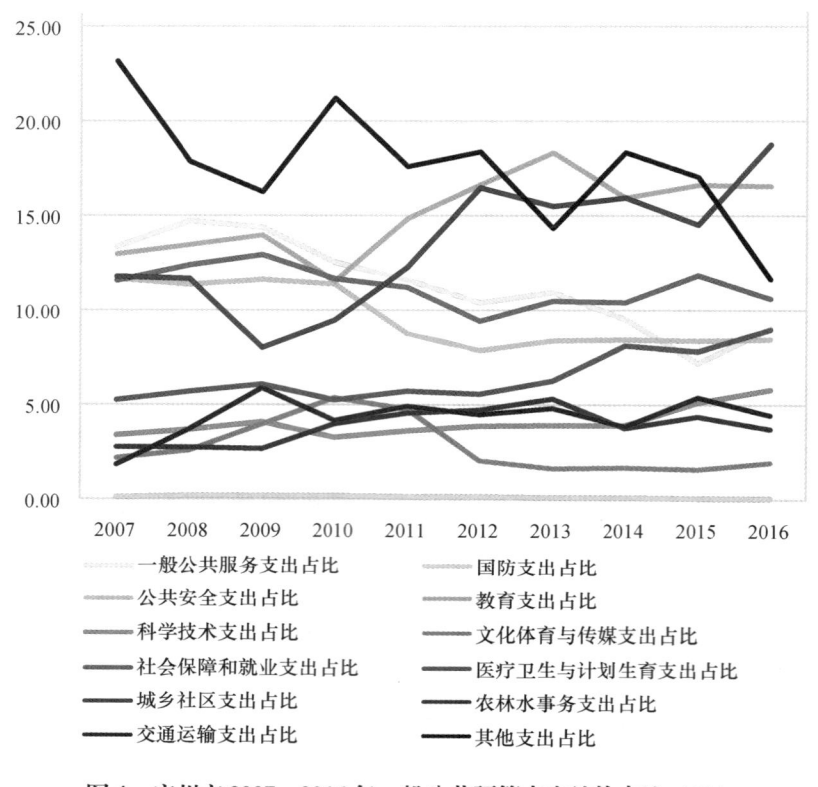

图 4　广州市 2007—2016 年一般公共预算支出结构占比（%）

1. 一般公共服务支出

广州市一般公共服务支出在 2007—2016 年间占一般预算支出的比例在 7.19% 到 14.72%，近年来呈现下降的趋势。

2. 国防支出

国防支出主要由中央和省一级财政提供，市一级承担较少，2007—2016 年广州市国防支出占其一般预算支出的比例在 0.07% 到 0.18%，与其他支出相比，该类支出最少。

3. 公共安全支出

2007—2016 年广州市公共安全支出呈减少态势，自 2011 年始，基本维持在 8% 左右，在所有支出中基本处于中等水平。

4. 教育支出

广州市一般预算支出中用于教育的支出比较高,且有继续增加的态势,近几年占比均高于 15%。

5. 科学技术支出

2007—2016 年广州市科学技术支出占比虽然不高,但一直呈现增加的态势,已由之前约 3% 的占比增加至 2016 年的 5.81%,体现出广州市对科技投入力度的不断加大。

6. 文化体育与传媒支出

广州市文化体育与传媒支出占比在 2010 年达到最高值 5.37%,之后开始减少,近几年占比不足 2%,处于一个相对稳定的较低的水平。

7. 社会保障和就业支出

2012 年广州市社会保障和就业支出占比较低,为 9.41%。其余年份,广州市社会保障和就业支出占比基本在 10% 到 13%。

8. 医疗卫生与计划生育支出

2007—2016 年,广州市医疗卫生与计划生育支出占比呈现不断提高的态势,已经由 2007 年的 5.26% 提升至 2016 年的 8.95%。

9. 城乡社区支出

2007—2016 年,广州市城乡社区支出占比波动幅度比较大,2009 年和 2010 年均低于 10%,占比分别是 7.99% 和 9.46%;其余年份占比均高于 10%,2012 年以来占比基本高于 15%,2016 年占比达到 18.75%。总的来说,城乡社区支出在所有支出中占比较高,且有继续增加的态势。

10. 农林水事务支出

广州市农林水事务支出占比在 2.67% 到 5.32%,变化不大,近几年维持在 4% 左右。

11. 交通运输支出

2007—2016 年,广州市交通运输支出占比与农林水事务支出占比变化态势接近,近些年维持在 5% 左右,变化幅度不大。

12. 其他支出

一般预算支出除去图 4 中列举的 11 类支出,剩余的支出我们均归

▶▶▶ 延伸阅读

入其他支出。其他支出占比在 11.66% 到 23.17%，变化比较大，近年来其他支出占比呈减少的态势。

以上对改革开放以来广州市经济增长和财政支出规模以及 2007 年以来广州财政支出结构变化情况做了比较详细的分析，认为广州市财政收支和 GDP 都取得了显著的增长，财政支出结构也在不断调整。接下来，我们将利用 VAR 模型，深入探讨一般预算支出规模的变化与经济增长之间的相互作用。

三 财政支出与经济增长关系实证分析

本部分参照以往关于财政支出与经济增长间的研究，利用 VAR 模型对改革开放以来广州市 1978—2016 年的财政支出规模与经济增长间关系进行实证研究。

被解释变量：地区生产总值（GDP），衡量的是经济增长。

解释变量：一般预算支出（PGE），衡量的是财政支出规模。

数据来源：一般预算支出和经济增长原始数据全部来自历年《广州统计年鉴》。

数据处理：为了消除异方差和时间序列平稳性的需求，变量均取自然对数，分别记为 lngdp 和 lnpge，时间序列样本量为 39。

实证方法：采用 Sims（1980）提出的向量自回归模型（VAR）方法，它可以将多种时间序列变量作为一个系统进行考察变量间的关系。

（一）平稳性检验

VAR 模型要求变量的时间序列是平稳的，因此首先检验变量的平稳性。如图 5 所示，取对数后的广州市一般预算支出规模和国民生产总值具有明显的时间趋势，说明 lngdp 和 lnpge 是不平稳的。运用单位根检验最常用的检验方法是 ADF 检验，我们发现无论是否选择带有常数项和时间趋势项的 ADF 检验都不能拒绝 lngdp 和 lnpge 有单位根的原假设；进一步，我们对变量 lngdp 和 lnpge 做差分处理，同样地做单位根检验，结果发现无论是否选择带有常数项和时间趋势项的 ADF 检验都拒绝了 dlngdp（GDP 增量）和 dlnpge（财政支出增量）有单位根的原假设，说明差分后的时间序列变量 dlngdp 和 dlnpge 是平稳的，不再具有明显的时间趋势。因此，变量 lngdp 和 lnpge 均为 I（1）序列。基于此，本文构建了一个含有变量 dlngdp 和 dlnpge 的二元 VAR 模型。

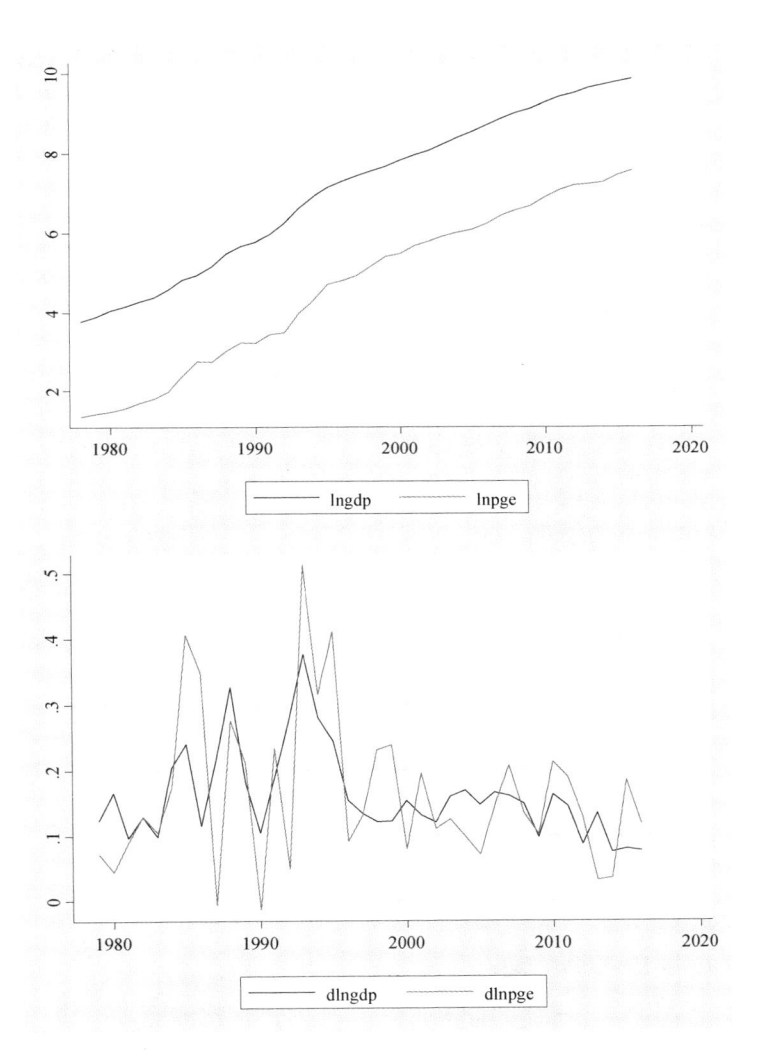

图 5 广州市一般预算支出规模和国民生产总值的时间趋势

（二）VAR 的估计

估计 VAR 之前需要根据信息准则确定 VAR 模型的阶数，选择的

▶▶▶ 延伸阅读

阶数必须保证扰动项为白噪声。不同信息准则所选择的滞后阶数有时存在不一致的情况,这时选择过低的阶数可能过于简洁,过高的阶数又会损失较多的样本量。本文中,FPE 准则、AIC 准则、HQIC 准则、SBIC 准则均选择滞后 1 阶,选择结果一致。

接下来,我们将估计 1 阶的 VAR(1) 模型。模型回归结果显示[①],两变量间的回归系数皆具有 1% 的显著性水平,模型整体的拟合优度在 0.34 以上,且整体显著,说明模型较好地拟合了真实数据。进一步地,我们对 VAR(1) 模型回归后的各种性质和假设进行检验。检验结果认为,VAR(1) 模型的扰动项为白噪声,且服从正态分布;所有特征值均在单位圆之内,VAR 系统是稳定的;无论是单一方程还是两个方程的整体的 Wald 检验都是显著的,方程间具有联合显著性。

(三)格兰杰因果检验

格兰杰因果检验可以帮助我们判断一般预算支出与经济增长间的因果关系。由表 1 格兰杰因果检验结果可见,GDP 增量的增加可以促进财政支出增量的增加,反过来,如果大幅度增加财政支出,也可以促进经济增长。因此,广州市财政支出政策对经济增长具有显著的调节作用,可以通过调整财政支出政策促使经济实现高质量增长。

表1　　　　　　　格兰杰(Granger)因果关系检验

原假设	滞后阶数	F-统计量	P 值
dlngdp 不是 dlnpge 的格兰杰原因	1	17.055	0.0002
dlnpge 不是 dlngdp 的格兰杰原因	1	3.3848	0.0745

(四)脉冲响应函数

估计 VAR 后,建立脉冲文件,并画出正交化的脉冲响应图,如图 6 所示,刻画一个内生变量的冲击给其他变量带来的影响。正交化脉

[①] 文中未详细汇报 VAR 的回归系数及其他结果,一方面是因为篇幅所限,另一方面是因为这些回归系数的经济学含义难以解释,因此我们更关注脉冲响应函数、预测方差分解以及格兰杰因果检验的结果。

延伸阅读 ◀◀◀

冲响应图 6 中包含 4 个小图，每个图的标题依次为 irfname（脉冲结果，此处分别命名为 gp）、impulse variable（脉冲变量）以及 response variable（响应变量）。比如，第一行的两个小图均以 dlngdp 为脉冲变量，分别描绘了 dlngdp 对 dlngdp 和 dlnpge 的动态效应。从第一行可以看出，GDP 增量的变化对 GDP 增量和财政支出增量都有明显的影响，GDP 增量的增加会提高 GDP 增量和财政支出增量，但是这种变化只存在于较短期，在长期中这种正影响逐渐消失。第二行的两个小图均以 dlnpge 为脉冲变量，分别描绘 dlnpge 对 dlngdp 和 dlnpge 的动态效应。从第二行可以看出，财政支出增量的增加会短暂地减少 GDP 增量和财政支出增量，但这种冲击的负向影响短期内会消失。从脉冲响应图可以看出，广州市改革开放四十年来，财政支出对经济增长的促进作用不如经济增长对财政支出的拉动作用大。

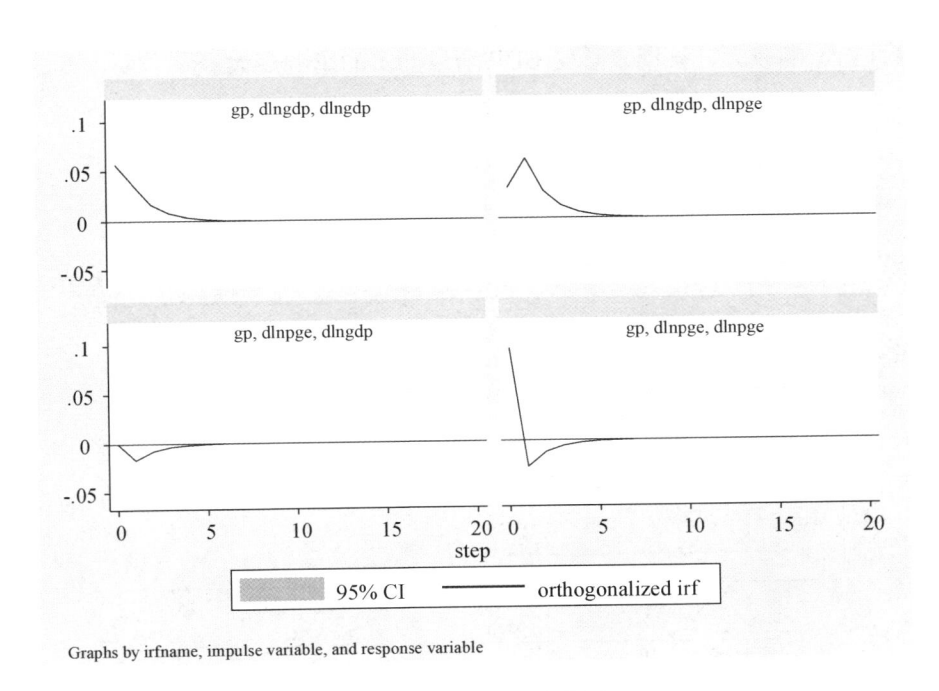

图 6　正交化脉冲响应图

▶▶▶ 延伸阅读

（五）预测方差分解

VAR 模型的作用之一是可以对变量进行预测，预测方差分解方法可以分析每个冲击对各个变量的贡献度，进而评价每个冲击的重要性。由图 7 的预测方差分解图结合预测方差分解表（此处未列出）可以得出如下结论：

（1）对 GDP 增量进行向前一年的预测，其预测方差完全来自 GDP 增量本身，即使向前做 20 期的预测，其 93.4% 的预测误差仍来自 GDP 增量本身，只有 6.6% 来自财政支出增量。这说明，无论长期还是短期，财政支出增量的冲击对其影响均较小，GDP 增量的变化主要受自身冲击的影响。

（2）对财政支出增量进行向前 1 年的预测，其预测方差 9.4% 来自 GDP 增量，90.6% 来自自身，但是向前做 20 期的预测，35.3% 来自 GDP 增量，64.7% 来自自身。这说明财政支出增量的变化短期来看受自身冲击影响较大，长期来看受 GDP 增量冲击的影响变大。

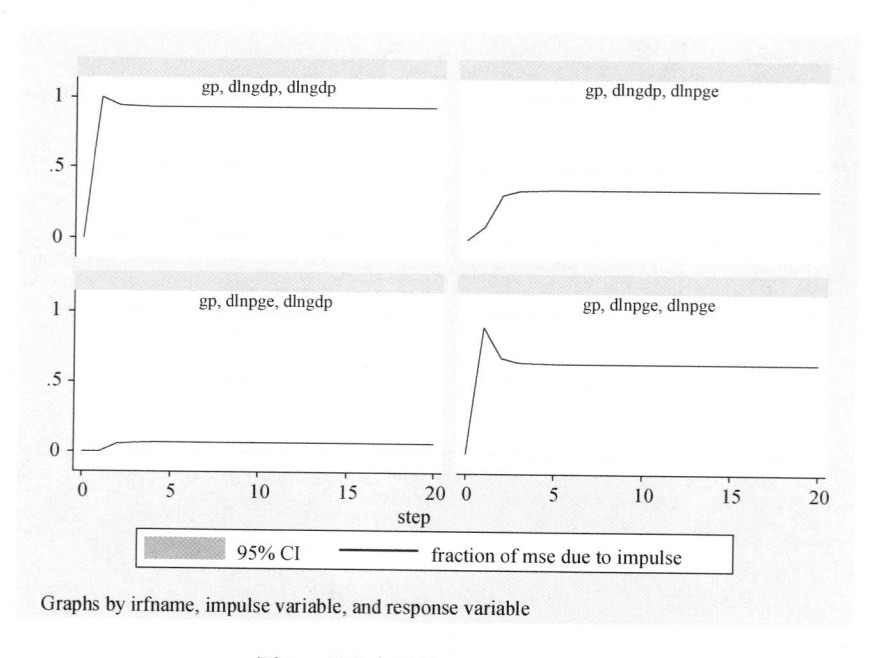

图 7 所有变量的预测方差分解图

四 结论与建议

本文立足于改革开放四十年间财政支出与经济增长的关系研究，以广州市为例，利用 VAR 模型深入探讨了二者之间的关系。研究认为，广州市财政支出与经济增长互为格兰杰因果关系，经济增长可以促进财政支出的增长，财政支出的增加也可以促进经济的增长，但是这种促进作用稍微弱些，这可能是因为财政支出结构中不同类型的支出对经济增长的作用不同，存在作用抵消的可能。遗憾的是，囿于统计口径的变化，造成 2007 年前后的财政支出结构数据难以比较，进而无法对改革开放四十年来财政支出结构与经济增长间的关系进行深入研究，这是本文研究内容的最大不足之处。

但是，本文研究确实发现财政支出会对经济增长产生影响，财政支出政策的变动也会对经济产生影响。新时代下广州需要探索经济高质量发展新路径，奋力建成社会主义现代化先行区，离不开新经济业态的支撑，离不开高新技术产业的引领，离不开创新驱动发展战略的实施，这方方面面更离不开财政的大力支持。因此，未来的发展中，广州市政府部门需要进一步地扩大财政支出规模和优化财政支出结构，合理地运用财政支出政策对经济发展进行调节和引导，实现经济高质量发展，更好地服务于人民和企业。

参考文献：

[1] Shantayanan Devarajan, Vinaya Swaroop, Heng-fu Zou, "The Composition of Public Expenditure and Economic Growth," *Journal of Monetary economics*, 1996.

[2] 陈天祥、赵慧：《从财政支出结构变迁看地方政府职能转变——基于广东省 1978—2013 年的数据分析》，《中山大学学报》（社会科学版）2016 年第 6 期。

[3] 陈高、王朝才：《中国地方财政支出与经济增长关系研究——基于 1990—2012 年省际数据的线性混合模型分析》，《财政研究》2014 年第 8 期。

[4] 潘文卿、范庆泉、周县华：《消费性财政支出效率与最优支出规模：基于经济增长的视角》，《统计研究》2015 年第 11 期。

[5] 彭志文、郭路：《财政支出结构、最优税率区间与经济增长》，《财政研究》

▶▶▶ 延伸阅读

2011 年第 3 期。

［6］石奇、孔群喜：《动态效率、生产性公共支出与结构效应》，《经济研究》2012 年第 1 期。

［7］唐小鹏、孙静、赵彬、戴东阳：《国防支出与经济增长的向量自回归模型分析》，《军事经济研究》2011 年第 9 期。

［8］张明喜、陈志勇：《促进我国经济增长的最优财政支出规模研究》，《财贸经济》2005 年第 10 期。

［9］庄子银、邹薇：《公共支出能否促进经济增长：中国的经验分析》，《管理世界》2003 年第 7 期。

有效管控地方债务风险是深化财税体制改革的重要挑战[①]

党的十八届三中全会提出了要全面建立现代财政制度的要求，在此基础上，党中央还提出了全面深化财税体制改革的总体方案。笔者认为，所谓现代财政制度，其内涵之一就是要建立公开透明的预算管理制度，要让纳税人清清楚楚、明明白白地交税，而政府也要在纳税人的监督下谨慎理财，用好钱袋子里的每一分钱。然而，要实现这个目标，不可回避的问题就是处理好中央与地方的事权与财力之间的关系，换言之，要让地方政府为老百姓做事，提供优质的公共服务，中央政府需要让地方政府掌握足够的财力，姑且勿论现行的分税制是否合理，在现行分税制下如何处理好中央和地方的事权与财力之间的关系已经成为自 2014 年以来我国财税体制改革的难啃的"硬骨头"。事实上，包括广东省在内的多个省区在不断地探索如何理顺事权与财力之间的关系，然而，由于事权的划分非常复杂，加上这些事权还需要在中央和地方之间、不同层次的地方政府之间进行分配，使得这项改革不太容易取得突破性的进展。此外，关于财力的讨论，因为涉及分

---

① 林江：《财政监督》2015 年第 12 期。

税制改革下相关税种的收入在中央和地方之间的分成比例，也涉及是否需要取消一些税种和增加另一些税种，况且随着人们法治意识的不断增强，自然会对为什么要增加新税种提出质疑，更有甚者，有人还提出要实行彻底的分税制，即取消共享税，保留中央税和地方税，属于中央税的税种收入地方政府一分钱不要，而属于地方税的税种收入中央一分钱不拿，故2014年对于分税制改革的讨论尚处于起步阶段。综上所述，2014年我国财税体制改革讨论的聚焦点之一是中央和地方事权与支出责任的划分，以及地方财力的分配。笔者认为，这个问题固然复杂，但是迄今为止还没有重大突破，另一个重要原因就是地方政府的债务风险该如何评估和化解，还没有得到根本的解决。

2010年国家审计署曾经对全国的地方债进行了审计，发布的数据是，截止到2010年6月底，政府负有直接偿还责任的债务为10.4万亿元；2013年审计署又进行了一次地方债务的摸查，公布的数据是，截止到2013年6月底，政府负有直接偿还责任的债务接近20万亿元。当然，如果以债务除以GDP计算，我国地方债务的风险尚处于可控的范围，更重要的是，只要中国经济依然能够维持在7%左右的发展速度，我国依然在世界范围内独领世界经济的风骚。加上"一带一路"作为国家战略的实施，过剩的国内产能依然能够在国际市场上找到机会。更重要的是，中国的产品能够以较优的价格性能比在东南亚、非洲等国家和地区受到欢迎，加上亚投行等辅助性设施的帮助，相信中国企业在"走出去"的同时，还会吸引一大批有相当质量的外资企业"走进来"，从而让地方经济得以可持续增长。问题来了，要吸引外资企业"走进来"，除了地方政府要不断提升治理水平，包括实行负面清单和施政清单管理，营造一个与国际接轨的营商环境外，基础设施的建设也是必不可少的，那么从事基础设施建设的资金来自何方？事实上，尽管20万亿元的地方债务风险尚处于可控水平，可是如果中央政府出于对地方政府债务风险的考虑而对包括地方投融资平台在内的地方债采取"一刀切"的办法，估计地方就难以寻找到合适的渠道为基础设施建设进行融资。例如，2014年年末，国务院发布64号文，

▶▶▶ 延伸阅读

明确规定地方政府不能再依托地方投融资平台进行举债，已经建起来的地方投融资平台也需要定期清理完成。可问题是，地方部分大型在建项目已经与银行签订了贷款协议，只是贷款必须分期分批到账，如此就面临两难局面：按照64号文的要求，如果完全撤销地方投融资平台，势必造成地方政府违约，商业银行有权追责；但是如果按照贷款协议接受银行贷款，其实就形成了地方新增债务，明显违反了64号文的要求。怎么办？中央政府需要给这些"老项目"或者在建项目予以暂缓实施64号文的待遇吗？此举是否会削弱64号文的政策功效？甚至是否会削弱刚刚于年初生效的新预算法关于地方政府举债只能采取发行地方政府债券等法律条文的效力？这都是必须思考和斟酌的问题。另外，关于地方政府债务风险衡量的定义，笔者个人理解中央有关部门也做出了修改。例如三年前，按照旧版的定义，华南地区某主要城市还处于地方债务风险的警戒边缘，可是如今按照新版定义，该城市的地方债务忽然得到了较显著的改善，已经再也不是债务风险较高的城市了。究其原因，可能与中央有关部门修订了地方债务风险衡量的定义有关。换言之，当中央有关部门把相关地方债务分类为经营性政府债务、非经营性政府债务、准经营性政府债务时，地方政府就会想方设法在把尽可能多的地方债务归类到经营性的政府债务之中，结果就是地方政府债务风险骤然下降。其实，笔者并不太相信只是两三年的时间，一个城市的债务风险和环境会发生如此大的变化！而且，新预算法规定，只有省级政府才有资格发行地方债，省级以下政府必须通过省级政府的渠道向财政部申请发债额度和指标，在额度和指标内进行发债。该条文固然是为了有效控制地方债务风险，可是问题也是存在的：计划单列市因为享受省级经济管理权限，其有资格发行地方债券，而省会城市则由于只属于副省级城市，其要发债的话还必须纳入省政府的指标和额度计划之内。然而，一个省拥有多个地级市，如果都有发债的意愿，那么能够分配到省会城市的额度会有多少呢？结果可想而知。那么，我们是否可以申请让省会城市也可以拥有单独发债权呢？站在中央政府的角度，如果批准有个省会城市拥有单独的发

延伸阅读 ◀◀◀

债权，另有个省会城市也来申请，该如何处理？如果都予以批准，那么是否需要修改预算法呢？还是预算法条文是一回事，政府审批又是另一回事，如此一来又如何实现依法治国呢？最后，当人们纷纷指责地方政府坐视房地产价格飙升，不应受制于土地财政之际，中央政府提出地方政府应该认真研究公私营合作的模式，即充分利用民间资金来解决基础设施建设的投融资来源问题。可是，在过去的2014年里，尽管财政部推出了30多项PPP的示范工程，可是效果并不十分理想，主要原因是民营企业和民间资金对于投融资项目的回报率是有要求的，这有别于政府一般而言从非营利的角度来看待基础设施建设。如何把政府的意图和民间社会的想法结合起来，需要在基础设施的投融资体系改革问题上进行创新。而目前地方政府恰恰缺乏创新的意愿和勇气，通常是等待中央政府给予红头文件式的认可和支持，如何通过扩大对外开放来倒逼包括地方投融资体制的改革和创新，是新常态下我国深化财税体制改革、建立现代财政制度的一项重要挑战。

后 记

自 1978 年改革开放以来，中国经济社会的巨大变化举世瞩目。作为改革开放的排头兵、先行地和实验区，广东在改革开放四十年中紧密围绕党和中央的战略部署，一直将财政体制改革作为经济体制改革的重要突破口，创造了市场取向改革的神话——从一个落后农业省份一跃成为全国第一经济大省，为全国树立了先进典范。在改革开放四十年之际，我国正处于全面深化改革的攻坚期，面对国内外形势变化所带来的机遇和挑战，作为全面深化改革中心环节的财政改革能否顺利蹚过"深水区"，将直接关系到中国特色社会主义新时代的历史进程。同时，对于广东自身而言，其还面临着改革开放初期所享有的政策、劳动力和地理区位等比较优势逐渐衰退的境地，新时代的发展之路是"前有围堵，后有追兵"，亟待通过深化财税体制改革为经济社会发展注入新活力。因此，全面回顾和总结广东财政改革四十年的历程和经验具有重要的意义。

本书以广东财政改革为主线，分为财政改革、财政绩效、财政管理与创新三大专题，力图全面系统地探讨广东财政改革四十年的历程和成绩，萃取出值得全国借鉴的财政改革与实践经验。本书是项目组成员集体努力的成果。林江教授作为项目的负责人，负责研究思路和写作框架的确定，以及各章节内容的安排、修改和定稿。各章节撰写的具体分工如下：绪论，王琼琼博士研究生；上篇第一章、第二章，周少君博士；上篇第三章第一节，姚翠齐博士研究生；上篇第三章第

后 记

二节，王琼琼博士研究生；上篇第三章第三节，徐世长博士；上篇第四章，曹越博士；中篇第五章、第六章，林江教授、姚翠齐博士研究生；中篇第七章，姚翠齐博士研究生；下篇，徐世长博士；总结与展望，朱继武博士；广东财政大事记，姚翠齐博士研究生。各位作者尽管做出了努力，但是囿于条件和能力有限，深感总结和提炼广东财政改革四十年的经验并非易事，遗漏和不当之处难免存在，敬请各位专家和读者批评指正！

在本书撰写过程中，广东省财政厅经济建设处副处长余玩冰等提供了许多支持和便利。同时，本书是在中山大学岭南（大学）学院领导和科研管理部门的关心、协调和帮助下完成的。对此，我们一并表示由衷的感谢！此外，本书引用了不少已有的研究成果，在参考文献和脚注中一一列出，对有关作者一并致谢，若疏忽有所遗漏，敬请海涵！

林　江

2018 年 8 月